IRMELA HANNOVER

Frauen mit roten Haaren

RÜTTEN & LOENING
BERLIN

Mit 44 Abbildungen

Meinen Eltern und rothaarigen Schwestern gewidmet.

Ich möchte mich bei allen bedanken, die mir Hinweise und Anregungen gegeben und mir viele interessante Geschichten und Anekdoten über Rothaarige erzählt haben. Mein besonderer Dank gilt meiner Schwester Bettina, die mir bei Kapitel 5 mit Rat und Tat zur Seite gestanden hat. Last not least bin ich meiner Familie sehr dankbar, daß sie mich dieses Buch hat schreiben lassen.

ISBN 3-352-00611-3

1. Auflage 1997
© Rütten & Loening, Berlin GmbH 1997
Umschlaggestaltung Bert Hülpüsch
unter Verwendung eines Fotos von Howard Schatz
Reproduktion LVD-GmbH, Berlin
Druck und Binden GRAFO S.A.
gedruckt auf EuroArt der SCA Fine Paper GmbH
Printed in Spain

Inhalt

Statt einer Einleitung
Redheads International
Auf der Suche nach den Rothaarigen im Internet
7

1. Kapitel
Wem droht wann ein Feuerkopf?
Die Mendelschen Gesetze und das allmähliche Verschwinden der Rothaarigen
16

2. Kapitel
Wer will Pippi Langstrumpf sein?
Die Rothaarigen in der Kinderliteratur
23

3. Kapitel
Von Hexen und fatalen Frauen
Der Mythos von der rothaarigen Hexe
39

4. Kapitel
Haben Sie Probleme mit Sommersprossen? Schwanenweiß hilft
Die Rothaarigen und die Kosmetik
52

5. Kapitel
»Sexy Hexy« und der »Heiligenschein der Sünde«
Stigmatisierungsmechanismen
60

6. Kapitel
Temperamentvoll, spröde, selbstbewußt
Sind Rothaarige wirklich andere Menschen?
71

7. Kapitel
»Aparte Erscheinungen«
Die Rothaarigen in der Fotografie
79

8. Kapitel
Von Malern, Musen und Mätressen
Die Jahrhunderte der Rothaarigen: Renaissance und Fin de siècle
85

9. Kapitel
Durchsichtige empfindliche Haut
Der »andere« Körper der Rothaarigen
129

10. Kapitel
Von falschen und echten Rothaarigen
Die Faszination des roten Haars
145

11. Kapitel
Die Macht der Schönheit
Oder warum gibt es so wenige rothaarige Models?
158

12. Kapitel
Rot ist doch g'wiß a schöne Farb
Titus Feuerkopf, Poil de carotte und Die Rote – Ein roter Faden durch die Literatur
168

13. Kapitel
Redheads International oder Die Weltherrschaft der Rothaarigen
Ein Streifzug durch Geschichte, Kultur und Klatsch
179

Anmerkungen
197

Verwendete Literatur
201

Bildnachweis
205

Statt einer Einleitung
Redheads International
Auf der Suche nach den Rothaarigen im Internet

»Recherchen über Rothaarige? Ist doch ganz klar: im Internet!« sagt mein Freund Wolfgang, als ich ihm von meinem Plan erzähle, ein Buch über Rothaarige zu schreiben. Schließlich hat er kürzlich eine Recherche über Bonobos im Internet gestartet und über 40 Einträge gefunden. Bonobos? Na, die Affen, die als einzige in der Tierwelt Sex nicht nur zur Fortpflanzung, sondern genauso wie der Mensch auch zum Vergnügen treiben. Nicht, daß er da eine Parallele zu Rothaarigen gezogen wissen wolle, er meine ja nur, von wegen der Exotik des Gegenstandes, und so häufig kämen Rothaarige nun auch nicht vor. Vielleicht etwas häufiger als Bonobos, zugegeben, aber er zum Beispiel kenne gerade mal zwei Rothaarige: mich und Annelie, ach Annelie, die feurige Rothaarige, mit der er immer im Bett gefrühstückt hat. Aber das ist eine andere Geschichte ...
Viele Rothaarige gibt es wirklich nicht. Ein bis zwei Prozent in Deutschland, soviel wie etwa auch in Frankreich, Italien, Polen, Rußland, ein paar mehr vielleicht in Skandinavien und Amerika, noch mehr natürlich in England, Schottland, Irland. Dann ist aber auch schon so ziemlich Schluß, sieht man mal von ein paar Versprengten in anderen Erdteilen ab. Aber, so weiß mein Freund Wolfgang, exotische Themen liebt das Internet. Je exotischer, desto lieber. Die paar Rothaarigen mit ihren natürlich sehr viel zahlreicheren Liebhabern weltweit zusammenzubringen, sei eine geradezu klassische Herausforderung für den Cyberspace! Sagt jedenfalls Wolfgang. »Wir surfen mal gemeinsam eine Nacht.«

Und so versammeln wir uns eines späten Abends in Wolfgangs Firma: er selber, Freund Andre, eine Flasche Rotwein, eine Dose Erdnüsse und ich – zwei Rothaarigenverehrer und eine Rothaarige, ausgerüstet mit dem Notwendigsten für die lange Suche nach Gleichgesinnten. Das Modem rauscht und knattert, wir wählen uns ein ins weltweite Datennetz. Als erstes nehmen wir uns die deutsche Sektion vor. »Rote Haare« gibt Wolfgang ein und schickt die Suchmaschine los: »Keine passenden Einträge«, sagt der Bildschirm. »Macht nichts«, sagt Wolfgang und tippt: »Rothaarig«. Wieder keine Einträge. Auch bei »Rotschopf« wird die Maschine nicht fündig. »Nimm einfach ROT«, meint Andre. Jetzt taucht ROT immerhin in einem so beziehungsvollen Wort wie EROTikartikel auf. »War wohl nichts«, grienen Andre und ich. Da werd ich's wohl doch mal in der Bibliothek versuchen müssen. Aber Wolfgang bleibt ruhig: Die Deutschen seien doch völlig verklemmt, für die sind rote Haare ein Synonym für Unanständigkeit, also bekennen sie sich auch im Internet nicht dazu, konstatiert er trocken. Da könnte was dran sein, gebe ich zu. Hatte mich doch der Lektor eines angesehenen Verlages wissen lassen, solch »anzügliche« Themen wie »Rote Haare« seien nichts für ein seriöses Verlagshaus wie das seine. Ich hatte das gar nicht verstanden. Wieso denn »anzüglich«?

Aber Wolfgang hat schon weitergeklickt. Er versucht es jetzt bei den Amerikanern. »Die stehen auf *redheads*«, weiß Wolfgang. Jetzt muß er es ja gestehen: er hat schon mal vorgesurft und seine Lieblings-Redhead-Eintragung unter seinen *Personal Favorites* abgespeichert: *Redhead Brewery* oder *The story of Todd and Belinda*. Die Geschichte ist schnell erzählt: Belinda ist eine schöne Rothaarige, die ihrem Todd zu Weihnachten eine Art Brauerei-Baukasten (*brewery kit*) schenkte. Aus Dankbarkeit, und weil er seine *lovely* Belinda so liebt, nennt Todd seine daraufhin gestartete Heim-Brauerei *Redhead-Brewery*. Auf dem Bildschirm erscheinen nun alle möglichen Sorten Bier, von *Redhead Ale*, über *Redhead Amber* bis zu *Redhead Dunkel Bock – a German traditional*. Das Grundrezept für *Redhead beer* wird auch via Bildschirm geliefert. Leider wollen sich die sogenannten *thumbnails* – kleine Symbole für Bilder, die zum Aufbau einige Zeit brauchen – nicht auflösen. »Ich will Belinda sehen«, ruft Andre, durch das erste Weinglas schon ein wenig kindisch geworden. Aber abends um diese Zeit sind sie alle unterwegs im globalen Datendorf, und unsere Weltkugel am oberen rechten Bildschirmrand dreht sich nur sporadisch und ruckend: die Informationspäckchen sind auf ihrer Reise von Seattle, wo Todd seine Bier-Infos einspeist, nach Köln, wo wir sie abrufen, auf der Datenautobahn in den Stau geraten. »Wir schauen uns lieber mal woanders um«, meint Wolfgang, »vermutlich verbergen sich hinter den *thumbnails* eh nur verschiedene Bierflaschen.« »Mit der rothaarigen Belinda drauf!« Da ist sich der enttäuschte Andre sicher.

Doch weiter. Wolfgang befragt nun im *world wide web* die Suchmaschine *webcrawler*: *161 documents found*, läßt er uns wissen. Wow! Wo fangen wir an? Eintragung Nr.1: *Celebrity Redhead Homepage*: Klick. Wir befinden uns nun offensichtlich in Berkeley, in der Universität von Kalifornien, wo ein Mr. Mike Nguyen eine Seite mit berühmten Rothaarigen eingerichtet hat. Als erstes Miss America 1996, eine gewisse Shawntel Smith, von der wir bisher nur ein *thumbnail* haben, aber *please click for the full-sized image*. Da! Shawntel! Eine Rothaarige! Als Miss America! Wer hätte das gedacht! Wo doch Rothaarige in Amerika auch bevorzugt als *carrot top*, *red* und *firetruck* beschimpft werden! »Sieht ziemlich amerikanisch aus«, befindet Wolfgang enttäuscht. Er hatte sich wohl was Schärferes erhofft als diese ordentlich gescheitelte Rotblonde mit spießigem Klunker im Ohr, die er da auf seinen Bildschirm geklickt hat. Aber Mike Nguyen ist begeistert: *Go Li'l Red!* ruft er ihrem Bildnis zu, was auf Internet-Amerikanisch soviel heißt wie: »Vorwärts, kleiner Rotschopf!« »Wahrscheinlich ist die doof wie Brot«, muß nun auch Andre noch seinen Senf dazugeben. »Rothaarige sind nie doof!« kontere ich pikiert, zur

Abwechslung mal ein positives Vorurteil gegenüber Rothaarigen anführend: Rothaarigen wird nämlich überdurchschnittlich oft hohe Intelligenz zugesprochen! Allerdings, wenn ich mir so Shawntel betrachte ... Aber Mike lenkt uns von solch tiefschürfenden Überlegungen schnell ab. Er hat nämlich noch mehr zu bieten. Zum Beispiel *Laura Leighton of Melrose Place*, was eine amerikanische Soap Opera auf dem Fox-Kanal sein muß, denn *This page is in no way affiliated with FOX broadcasting*! Das hat Mike Nguyen vielmehr ganz allein gemacht. Sieben *thumbnails* von Laura bietet er uns an, die wir alle anklicken, und schon strahlt uns die rothaarige Laura siebenmal vom Bildschirm an. »Schade, daß ich keinen Farbdrucker habe«, sagt Wolfgang bedauernd und jagt Laura in Schwarzweiß durch den Laser: »Für dich zum Mitnehmen«, meint er, »damit du Laura nicht vergißt.« Wie könnte ich! Allerdings, ob Laura der Konkurrenz von Nicole Kidman gewachsen ist? Mikes Angebot an uns: *1. Nicole 2. More Nicole 3. THE Nicole Kidman Worship Page*. Nicole sei *definitely to die for*! meint Mike Nguyen. Wir brauchen nur zu klicken. »O nein«, stöhnt Andre, »das ersparen wir uns jetzt aber.« Er möchte statt dessen ein Foto von Mike sehen, vielleicht ist er ja ein kleiner rothaariger Vietnamese? Doch Mike hält sich vornehm zurück, jedenfalls was das eigene Äußere anbetrifft. *Feedback* allerdings ist gefragt: Unter seiner E-Mail-Adresse.

Feedback ist eine gute Idee, befinden Wolfgang und Andre begeistert. Sie wollen dem glühenden Rothaarigen-Verehrer ein Konterfei von mir anbieten. Damit er in seiner Berühmten-Galerie auch was Ordentliches hat, wie sie frohlocken! Die zwei sind völlig aus dem Häuschen, und ich bereue schon, zur Recherche den Rotwein mitgenommen zu haben. »*Hi Mike*«, schreibt Wolfgang los, »*many greetings from a fabulous looking German redhead.*« Ich wußte gar nicht, daß die Jungs so gut Englisch können. *Fabulous!* Wo die das wohl herhaben. Naja, mir soll's egal sein, der arme Mr. Nguyen wird's eh nicht überprüfen können. »*Please tell us, if there is any chance to place her on your celebrity redhead homepage*«, jubeln Wolfgang und Andre, nun so richtig im Internet-Fieber. E-Mail-Adresse angegeben und Tschong! schon sind die Zeilen abgeschickt nach Berkeley, California. »Mal schauen, ob wir da heute nacht noch Antwort kriegen. Wahrscheinlich ist der Beamter in der Universität, langweilt sich gerade und ist froh, mal wieder was von einer Rothaarigen zu hören«, mutmaßt Andre.

Das ist ja alles sehr komisch, aber ich würde gerne weitermachen, vielleicht gibt es doch noch was Vernünftiges über Rothaarige bei 161 Eintragungen. Meine beiden Internet-Begleiter klicken die nächste Nummer an: *Redhead Worshiping Center*, das Rothaarigen-Anbetungs-Center. Fünf halbnackte rotmähnige Schönheiten entfalten sich auf unserem Farbmonitor. *Goddesses walk amongst us*, verkündet uns jemand, der unter twkisner.dem.valpo.edu firmiert. Valparaiso – sind wir jetzt in Chile? *This is my tribute to those who are often overlooked, however hold a grandious place in many hearts, though we may be few in number we are great in passion. ANY GIRL WHO WANTS TO BE WORSHIPPED AND IS A REDHEAD NEED ONLY E-MAIL ME AND SHE SHALL BE*

INCLUDED! Natürlich wollen Wolfgang und Andre mich schon wieder hinbeamen, aber diesmal schreite ich resolut ein. Es reicht, daß dieser valpo.Mensch *Richelle, The Almighty Redhead, Michelle Berry* und *Radish the Great* – wer immer sie auch sein mögen, sie haben alle rote Haare und sind weiblich – anbetet und ihnen jeweils einige ziemlich blödsinnige Zeilen widmet. Aber jetzt gerate auch ich in Aufregung: *I would like to plug a great redhead resource for all those who need to worship those greater than us.* Valpo erzählt von einer Organisation mit Namen *Redheads International*, die die vermutlich größte Organisation Rothaariger sei. Sie gäbe eine Zeitung heraus, *The Redheader*, und das ultimative Buch über Rothaarige, die *Readhead Encyclopedia*. Tonnen von Informationen über Rothaarige, verspricht er uns. Super! Wo ist die E-Mail-Adresse? Was, keine E-Mail-Adresse? So was Hinterwäldlerisches! Ich muß mir einen Stift und Papier suchen und die Adresse vom Bildschirm abschreiben. Für 22 Dollar ist das Buch zu haben. *Shipping included.* Klar, daß ich mir das bestellen werde. *Via snail mail*, wie der gestandene Internet-Surfer zur herkömmlichen Luft- und Landpost sagt.
Wolfgang und Andre wollen weiter. Sie klicken den *Redhead Of The Month* an. *Here she comes: Ms March Kelly Donohue*, großes und kleines Bild, leuchtend rote Haare. Ms March gibt zu, daß sie in ihren frühen Jahren einigen Ärger wegen ihrer roten Haare hatte, aber jetzt, »wo sie ein großes Mädchen ist, weiß sie, was von Vorteil (*asset*) ist«. Sie liebt Karameläpfel, die Farbe Rot (allgemein) und mag keine ungeladenen Gäste im Haus (Spinnen). Man sagt ihr nach, sie sehe aus wie die Schauspielerinnen Ann Margaret und Nicole Kidman und auch wie die Sängerin Tori Amos. Ziemlich viel Aussehen auf einmal, finde ich. Valpos Kommentar: *All I know she is hot!*
Aber was ist das? Valpo hat ein *serious problem*: Es gibt noch keine Ms April! Leere starrt uns vom Bildschirm an. Valpo entschuldigt sich: »*I don't get a lot of email from redheads, so I pretty much ask everyone. I had a volunteer for April, but I haven't heard from her in a while, and I then got another volunteer, but she does not have a scanner, so I have to wait for her to send me pictures via snail mail. Until then, I am afraid, there will be no new one. If you're a redhead, you can help, email me and volunteer, so such a travisty does not happen again.*« »Das ist ja furchtbar«, kichert Andre, nun schon ganz weinselig. »So eine arme Socke! Willst Du nicht helfen?« Nein, will ich nicht. Ich will weg von Valpo.

Also die nächste Eintragung. *Homeless Redheads*. Hä? Wolfgang kennt sich aus: Das sind keine obdachlosen Rothaarigen, das sind irgendwelche Rothaarigen-Fans, die keine eigene Homepage mehr haben und nun eine neue Internet-Unterkunft suchen. Weiter. *Day dream believer – lesbian lovers*. Wolfgang klickt, aber nichts tut sich. *Server has refused to link*, wird uns schließlich mitgeteilt. Zensur, ereifern wir uns schon angenehm aufgeregt, aber Wolfgang kommentiert nur lapidar: Der *browser* hat 'nen Schuß. Ah ja – welcher *browser* eigentlich? Aber bitte keine technischen Erläuterungen, denn Andre will jetzt unbedingt die *Free Nudie Pictures* sehen. *Redhead Babes* werden uns da angekündigt. Aber erst müssen wir uns ein paar Warnungen durchlesen: *If you are a moralistic person you might feel offended.* Andre wird jetzt echt hippelig, aber Wolfgang winkt ab: »Ami-Sex«, sagt er abfällig, »die haben wenn's hoch kommt, 'nen knappen Slip an oder so was.«

Die Weltkugel rechts oben im Monitorbild dreht sich wie verrückt. Babe Nr. 1 braucht zum Aufbau ihres Bildes 190 000 Bites. Das dauert. Wir sind erst bei 24 Prozent, sagt der Rechner. Andre macht uns einen Kaffee. Wolfgang entschuldigt sich und geht aufs Klo. Um diese Zeit ist es schwierig im Internet, die Weltkugel dreht sich jetzt gar nicht mehr. Verdammt! Babe Nr. 1 schafft es nicht. Was hatten sie uns vorher gesagt: *Be a man, look at some half-naked women! Half-naked*, und dann klappt es noch nicht mal! »So richtig zum Antörnen ist das hier ja nicht gerade«, murrt Andre mit einem scheelen Seitenblick auf mich. Ich gieße mir noch einen Rotwein ein.

Versuchen wir also Babe Nr. 3. Hat immerhin nur 113 000 Bites. »Mit einem ISDN-Anschluß wäre das alles doppelt so schnell«, fängt Wolfgang nun zu fachsimpeln an, während ich etwas gelangweilt dem Aufbau der Bites zusehe: Erst 36 Prozent. Auch Babe Nr. 3 scheint es nicht zu schaffen. Jetzt hat Wolfgang aber eine Idee. Wir holen uns das über *JPEG-weaver* oder sowas rein. Und da ist sie auch schon: Babe Nr. 1, eine flammende Rothaarige im weißen Mieder. Toll, daß sie da ist. Wenngleich ... wozu haben wir uns jetzt eigentlich die letzte halbe Stunde um die Ohren geschlagen. Um DAS zu sehen? Wolfgang hat ganz rote Ohren von der aufregenden Suche. »Der Weg ist alles, das Ziel eher nebensächlich«, sagen sie. Aber Andre ist noch immer voll dabei: Ob Mike von der *Celebrity Redhead Homepage* schon geantwortet hat? Wolfgang schaut mal eben schnell in seiner Mailbox nach. Nein, noch keine Nachricht von Meister Nguyen. »Schade«, sagen Wolfgang und Andre. Tja, vielleicht glaubt Mr. Nguyen nicht an *fabulous looking redheads* aus Germany.

Unterwegs im Internet ...

Weiter. *Redhead Equipment Ltd.* bietet unverwüstliche Ausrüstungen für Bergwanderungen an und heißt offensichtlich nur so, weil der Präsident des Unternehmens auf den Namen Gary L. Redhead hört. Wie kann man nur so heißen! Na ja, weiter zu *Thomas W. Kisner's Home Page. You are visitor 383.242.069 here*, verkündet er uns ziemlich eingebildet. Ein Blick auf den Dateinamen: Valpo? Du schon wieder? Der *thumbnail* entblättert nun einen blasiert dreinschauenden pubertierenden Jüngling, der uns lang und breit Auskunft über seine Studienprobleme gibt. Seine Eltern zahlen ihm keinen Penny mehr, weswegen er von Valpo, Kurzform für Valparaiso, wegmußte und nun wieder daheim in Texas sitzt – wo er sich ganz offensichtlich nicht so wohlfühlt. Thomas' zweites Problem: *I adore and admire redheads (female that is) and truly hope to marry one some day. If you are a redhead, and are female, I more than graciously accept mail, email, pictures, poetry, etc. If you are so inclined I can make you the redhead of the month as well. I'm not mental or anything, I just have a sort of preference toward them.*

Wir beschließen, daß Thomas doch irgendwie *mental* oder so was ist und seine Eltern ihm völlig zu Recht das Studiengeld gestrichen haben, kann er doch noch nicht einmal vernünftig Englisch! Wir überlassen Thomas seinem Studien- und Rothaarigen-Problem und wollen jetzt auch *CHEROKEE'S PRETTY YOUNG THINGS* nicht mehr sehen. Auch *IMAGE LAND (Images of Beautiful Women)* interessiert uns nicht so. Wie wär's dagegen mit *One Bitchin' Hoame Paige? Sounds funny*, immerhin. Wir sind *curious visitor 088467. Let me start off by saying that redheaded women are the most incredible women on the planet!!!! Attractive, single redheads (ah ... female only please) who are reading this now can send marriage proposals, pictures of themselves, or their phone number with the best time to call ...* und so weiter.

Und hier können wir sie anklicken: *The Redhead Gallery and Redhead Of The Week! WARNING!* schreit es uns da wieder vom Bildschirm entgegen, *There exists the possibility that the Redhead Of The Week may include images with partial or total nudity.* Das darf sich nur angucken, wer *AT LEAST* 18 Jahre alt ist *(if you are a dog, you must be at least 2 fi!).* Außerdem muß man folgender Erklärung zustimmen: *You are not offended in any way, shape, or form by pictures or images of the human body in various states of undress, including total nudity (i.e. when you say »birthday suit«, you don't mean one made by Armani).* Mein Gott sind die Internetter witzig! Derweil dreht sich unsre Weltkugel wieder äußerst langsam im oberen rechten Bildschirmrand, stockt, dreht sich langsam weiter. Stunden später: Eine tatsächlich völlig nackte Rothaarige groß auf dem Bildschirm. »Und das törnt nun an?« will Andre wissen. »Was weiß ich«, maule ich, nun schon etwas müde, »ich finde das Ganze sowieso ziemlich frauen- und rothaarigenfeindlich.« »ROTHAARIGENFEINDLICH«, strahlen Andre und Wolfgang mich da an. Das Wort kannten sie ja noch gar nicht! Aber bisher kannten sie ja auch das Internet in Sachen *redheads* noch nicht. Genau wie ich, die ich nun immerhin weiß, warum der Verlagslektor das Thema »anzüglich« fand. Ob der auch heimlich im Redhead-Internet surft?

Die Verbindung ist mal wieder abgestürzt, das Modem gibt durch sein Rauschen ein Gefühl von der Weite des Weltraum-Äthers, bis wir endlich wieder eingeklinkt sind. Wir nehmen uns jetzt eine andere Suchmaschine, vielleicht gibt es da ein wenig Seriöseres. 544 Eintragungen zum Stichwort *redheads* meldet uns *lycos*. Um Gottes willen! Es ist bereits nach Mitternacht!

»Egal, da müssen wir jetzt durch«, sagt Wolfgang, der weiß, daß eine ordentliche Internet-

Nacht nie vor drei Uhr morgens endet. Also ran. *The Redhead Page*, die insbesondere die rothaarige Sängerin Tori Amos anbetet, sparen wir uns. Unter *Mike's Home Page* verbirgt sich offensichtlich schon wieder Mr. Nguyen. *Gallery o'Internet Redheads* scheint etwas Neues zu sein. *I must admit that I've always had a thing for redheads (well, female redheads ...), and I've never been one much to hide it. Thus, at risk of limiting myself via an obvious bias towards redheads, I present the Gallery o'Internet Redheads. Think of this as a tribute to people insane enough to post their photos confirming their redheadedness.* Also doch nichts Neues. Eben Leute, die verrückt genug sind, sich per Foto im Internet zu ihren roten Haaren zu bekennen. »Gibt es eigentlich nur rothaarige Frauen?« fragt da Andre etwas ketzerisch. Wolfgang überfliegt die nächsten 30 Einträge der insgesamt 544 einschlägigen Notierungen und findet nichts »Männliches«. Er versucht es nun mit der Suchmaschine *yahoo*. Hier gibt es lediglich zwölf Einträge zum Stichwort *redhead*, was die Sache übersichtlich macht.

Und da treffen wir auch auf Michelle Berry, von der uns schon Thomas Kisner vorschwärmte. Ihre Seite heißt *These boots are made for walking – Insight into the mind of a 23 year-old redhead*. Bei Michelle sind wir *masochist number 7540*, und sie erzählt uns, daß sie es haßt gefragt zu werden, ob sie *a real redhead* sei. *I really, really hate that.* Ich kann das nachvollziehen, es ist die vornehme Art, eine Rothaarige nach der Farbe ihrer Schamhaare zu befragen. Aber was haben wir denn da: *Justin's Koool Page: a look at life, fun, dating redheaded guys, and everything else from a gay twenty-something's point of view.* Justin hat sich echt Mühe gegeben mit seiner Homepage. Bunt entfalten sich alle möglichen hübschen Überschriften und da, da haben wir ja auch noch ein paar *thumbnails* zusammen mit der üblichen Warnung. Nackte rothaarige Männer? Unsere Weltkugel dreht sich wieder schrecklich langsam, stockt, dreht sich wieder. Endlich: ein langmähniger, rothaariger Mann in einem offenen, weißen Bademantel, daneben ein muskulöser Schönling mit freiliegendem Gemächt im rötlichen Haargekräusel. Leider so klein! Aber für die *full-sized images* haben wir jetzt keine Geduld. Schade eigentlich. Das erste Mal, daß uns auch was männlich Rothaariges geboten wurde. Aber Wolfgang erinnert an die 540 weiteren Einträge bei *lycos* ...

Andre und mir fallen schon die Augen zu. Irgendwie haben wir auch die Hoffnung aufgegeben, daß uns noch was anderes als nackte Rothaarige begegnet. Aber da müssen wir jetzt durch. Recherche ist Recherche. Immerhin, hier scheint auch was von rothaarigen Frauen selber zu kommen: *Cori (the Redhead) & Donna (the one who isn't a Redhead)*. Ah ja. *We haven't showered, we haven't eaten, and we haven't seen any bands yet, but we are still having a bitchin' time!* We schön für Cori, den Rotschopf, und Donna, die kein Rotschopf ist, was für die beiden eine ausreichende Lebensphilosophie zu sein scheint.

Ein paar Einträge später beschwert sich eine Heather bitterlich: *I don't know what it is, but for some reason red hair provokes. It makes little boys run up and scream in your face*

»Eww. Your hair is RED!« It invariably causes postal men, panhandlers, truck drivers and 8th Avenue winos alike to yell *»Hey red«, as if it's gonna garner them a smile (or a quarter). Wrong. You'll never get neither a smile nor a quarter from a redhead with that line.* Genau, Heather, gib's ihnen! Als wenn man nicht selber wüßte, daß man rote Haare hat. Und Lächeln oder 'ne Mark gibt's für die saublöde Anmache »Hey, Rotfuchs« auch für die Alkis vom Kölner Bahnhof nicht. Endlich spricht mir gegen 2 Uhr morgens mal eine aus der internationalen Rothaarigen-Seele: Auch Heather kann es nicht leiden, wenn man sie fragt *Hey, are you a natural redhead?*, während der schamlose Blick schnurstracks Richtung Schritt gleitet. *That line ensures that you are never, ever gonna find out, mister.* Klar, dein Leben ist langweilig und dein Bedarf nach Farbe deswegen hoch, *but we redheads are tired of being reduced to a fetish!* Bravo, Heather, laß dir nichts gefallen, bloß warum hast du zu diesen wütenden Zeilen den Unterkörper einer Schaufensterpuppe eingescannt? Weil die gar keine Schamhaare hat? Egal, deine Eintragung hat mir bisher am besten gefallen.

Von mir aus können wir jetzt Schluß machen. »Und was ist mit *The Redhead and the Preacher?*« will Wolfgang etwas beleidigt wissen? Geschenkt. *Wiseman's Home Page?* »Das ist doch wieder der alte Käse, wetten?« »Nee«, grient Wolfgang, »so was Schönes hatten wir bisher noch nicht: *Rufae erunt magnissimae (Latin for »Redheads are the greatest«. My personal motto).* Ein echt weiser Spruch von Mr. Wiseman. Nur daß es *sunt magnissimae* heißen müßte. Egal, klingt auch falsch gut. Seine Farbvorschläge für Rothaarige sind allerdings hinterwäldlerisch: *dark green, royal blue, white, red (only in the shade that matches hair shade)* – ach nee! – *black (only true reds, no auburn).* Das Auto sollte am besten schwarz sein und als *general rule* gilt: *Stay away from orange!!!!* So ein ausgemachter Quatsch. Wo uns Orange doch so gut steht! Spießer-Amis! Mir reicht's.
Wolfgang guckt ein bißchen traurig. Es ist erst halb drei und was ist mit den *500 and something* anderen Einträgen? Ein andermal. Schließlich ist auch der Rotwein ausgetrunken, die Erdnüsse verknabbert und der Kaffee kalt. Die entscheidende *message* haben wir doch mitbekommen: *Rufae sunt magnissimae! Female that is* und am liebsten natürlich *half-naked*. Vielleicht sind mir die verklemmten Deutschen doch lieber, stelle ich nach sechs Stunden Internet für 44,50 DM Ortsgebühren fest. Die behalten ihre dümmlichen Sexualprojektionen wenigstens für sich. Und in die Bibliothek werde ich sowieso gehen müssen.

Nachtrag
Bisher bin ich von Mr. Nyugen noch nicht in seine *Celebrity Redhead Homepage* aufgenommen worden. Ob aus Mangel an Schönheit, Berühmtheit oder Interesse vermag ich nicht zu sagen. Etwas zum Verdruß meiner beiden Kompagnons möchte ich nämlich keinen weiteren E-Mail-Kontakt mit Mr. Nyugen unterhalten. Wolfgang will aber immer mal wieder nachgucken und mich dann sofort benachrichtigen. Ehrlich gesagt hab' ich ein bißchen Angst, daß er mich dabei unterwegs doch noch *Valpo* als *Ms April* anbietet ...

Dafür hat sich aber *Redheads International* per *snail mail* gemeldet. *Redheads International President* Stephen Douglas schreibt, daß sie leider noch keinen eigenen Sitz im Internet haben, *but we hopefully will have one in the near future.* Bisher würden sie nur Huckepack genommen von Leuten, die *redheads* liebten. Daß diese *redheads-fans* alle dem Klischee der rothaarigen Sexhexe frönen – ohne allerdings jemals das Wort »Hexe« oder »Sex« auch nur zu gebrauchen, schließlich befindet man sich in Amerika! – damit scheint Mr. Douglas sich zu arrangieren. Jedenfalls hätte ihnen der Aufenthalt im Internet schon jede Menge zusätzliche Kontakte weltweit verschafft! Sein dicker Briefumschlag ist voller Informationsmaterial. Aufkleber (*Redheads do it in Color* und *Don't mess with Red*), Fotos von Treffen mit lauter Rothaarigen, Zeitungsausschnitte über die Organisation und die von ihnen veranstalteten Schönheitswettbewerbe *for redheads only*, die Zeitschrift *The Redheader* und das ultimative Buch, die *Redhead Encyclopedia.* Vom Stichwort *Teasing* über *Beauty Tips* bis zu *Famous Redheads* alles fein säuberlich aufgelistet und im Eigenverlag veröffentlicht. Na endlich! Infos über Rothaarige! Und wenn ich will, kann ich für 15 Dollar auch Mitglied der etwa 25 000 rothaarige Männer und Frauen umfassenden Lobby-Organisation werden, das Beitrittsformular liegt bereits auf meinem Schreibtisch. Stephen Douglas, so lese ich, war es einfach leid gewesen, den auf ihn und seinesgleichen gemünzten Spruch *I'd rather be dead than red on the head* zu hören und verkündet nun der erstaunten Weltöffentlichkeit, insbesondere der im sonnigen Kalifornien, daß er und seinesgleichen stolz darauf sind, rote Haare zu haben. *Proud To Be A Redhead!* – nach Black Power und Frauenbewegung nun die neue Emanzipationsbewegung? Wenn es nicht nur so wenige von uns gäbe! Aber wären wir nicht so wenige, wären wir auch nichts Besonderes, und das Stigmatisierungsproblem, typisch für alle Minderheitengruppen, gäbe es auch nicht. *Please tell your readers in Europe that ordering the Redhead Encyclopedia overseas costs 5 Dollars in addition*, bittet mich der Kämpfer für die Gleichberechtigung aller Rothaarigen, Stephen Douglas, in seinem Brief. Was ich hiermit tue. Und weil Sie vielleicht noch keinen Internet-Anschluß haben, hier auch noch seine Adresse:

Redheads International
537 Newport Center Drive
Newport Beach
CA 92660

1 Year-Membership: 15 Dollars.
The Redhead Encyclopedia: 22 Dollar plus 5 Dollars for overseas shipping. Only dollars accepted!

1. Kapitel
Wem droht wann ein Feuerkopf?
*Die Mendelschen Gesetze
und das allmähliche Verschwinden der Rothaarigen*

> Erlenholz und rotes Haar
> sind auf gutem Boden rar.
> *Volksweisheit*

> Roti Haar und spitzig Chin,
> wohnt der Tüfel mitte drin.
> *Kanton Bern*

> Was rout is, is Fux,
> und des is nix nutz.
> *Böhmen*

> Dö hat a leichtsinnige Hebamm g'habt,
> weil's Haar hat verrosten lassen.
> *Mittelfranken*

> Rotes Haar nimm dich in acht,
> hat noch jedem Leid gebracht
> *Oberpfalz*

> Rote Haare, Gott bewahre!
> *Volksweisheit*

»Auf ihrem Köpfchen waren einzelne Büschel verklebter Haare, gleichmäßig angeordnet wie die Wellen auf dem See Genezareth eines mittelalterlichen Malers, und mit Genugtuung stellte ich fest, daß diese Härchen rötlich waren.« Tagebucheintragung meiner brünetten Mutter an einem Tag im April des Jahres 1954. Ich war das erste Kind meiner Eltern, und schon allein deswegen herrschte große Begeisterung. »Rothaariges Töchterchen geboren!« soll mein dunkelhaariger Vater meiner Großmutter telegrafiert haben – oder wurde das »rothaarig« doch erst bei den Zwillingen extra angemerkt, die nach einem blonden Bruder und einer weiteren rothaarigen Schwester im Jahre 1960 zur Welt kamen? Wie auch immer, ich und meine rothaarigen Schwestern haben mächtiges Glück gehabt mit unseren Eltern. Die zu dieser Zeit durchaus übliche Abneigung gegen rotes Haar auf den Köpfen von Nachkommen teilten sie ganz offensichtlich nicht. Im Gegenteil: eine menschenfreundliche Grundhaltung und eine sich schon in den Fünfzigern dem Zeitgeist verweigernde liberale Sicht der Dinge ließ sie die vielen Kinder mit roten Haaren nicht nur gelassen, sondern geradezu begeistert aufnehmen. So blieb uns das Schicksal anderer kleiner Rotschöpfe erspart, deren Mütter verärgert und verschämt die leuchtenden Locken ihrer Sprößlinge wo immer möglich unter einer Wollmütze verschwinden ließen, wie eine rothaarige Frau meinen Alters in einer Hans-Meiser-Talkshow zum Thema rote Haare von ihrer Mutter zu berichten wußte. Und wenn meine Mutter vielleicht auch mich gegen das

Licht hielt und meinen roten Flaum überprüfte, dann, weil sie sich darüber freute und nicht, weil sie fürchtete, der Fluch einer Zigeunerin könnte in Erfüllung gehen und ihr Kind mit dem flammenden Brandmal kennzeichnen. Diese Angst hatte vielmehr die Mutter einer Kollegin, die während ihrer Schwangerschaft einer hausierenden Zigeunerin die Tür gewiesen hatte. »Auf daß dein Kind rote Haare bekomme!« hatte die daraufhin geflucht. Ein Schock! Monatelang wurde das Kind prüfend ans Licht gehalten, doch Klein-Ute kam und blieb zur Erleichterung ihrer Familie dunkel. Selbst heute geraten Großmütter offensichtlich noch aus der Fassung, wenn man ihnen ein rothaariges Enkelkind präsentiert, wie mir die Mutter eines sieben Monate alten rothaarigen Babys erzählte. Auch die Schwiegermutter habe geschluckt und zu berichten gewußt, daß man seinerzeit bei ihr im Dorf einem rothaarigen Kind bereits mit einem Jahr das Haar gefärbt habe.

Meine Eltern schienen schon aus Freude über ihre Kinder gegen derlei dumpfe Abneigung gefeit, und da sie sich bevorzugt in guterzogenen, gutbürgerlichen Kreisen bewegten, sind ihnen vermutlich auch Fragen nach dem rothaarigen Briefträger erspart geblieben, der bei rothaarigen Kindern von nicht-rothaarigen Eltern gern ins Spiel gebracht wird. Immerhin hatte es auf der Seite meiner Mutter jede Menge Rothaarige in der Familie gegeben. Ihr Vater, mein Großvater mütterlicherseits also, war ein rothaariger Typ, der Vater meiner Großmutter war rot, ebenso die Urgroßmutter und ihre Schwester. Nach den Mendelschen Gesetzen kann ein Generationensprung da durchaus möglich gewesen sein, wenn mein Vater auch ein paar rote Gene mit in die Ehe gebracht hat. Doch trotz bester Stammbaumerforschung konnte mein Vater keinen rothaarigen Vorfahren ausmachen. »Ob Mendel da immer so recht gehabt hat?« gab meine Mutter zu bedenken, die sich, genauso wie mein Vater, über ihre vielen rothaarigen Kinder wenig den Kopf zerbrochen hat. Doch dann starb meine Patentante, die Kusine meines Vaters, und wir erbten die Ahnengalerie, die zurückreicht bis ins Jahr 1740. Und da entdeckte ich ihn: Johann Georg Christian Hannover, geb. am 11. IX. 1782 in Schwerin, gestorben am 22. II. 1858 daselbst, Kaufmann und Steueraccessist, ist auf dem gemalten Porträt ganz eindeutig rothaarig! Am 29. IV. 1814 heiratete er die dunkelhaarige Maria Sophia Catharina Brumckow oder auch Brunnkow, und sie bekamen einen Sohn, meinen Ururgroßvater Carl Friedrich Heinrich Hannover, der auf der Schwarzweiß-Fotografie eher dunkelblond aussieht. Die Rothaargene von

Rothaarige Schwestern: Irmela, Jantje, Almut und Bettina Hannover im Jahr 1971

Georg Hannover sollten sich noch drei weitere Generationen lang versteckt halten, bis sie bei uns dann schließlich zum Durchbruch kamen. Hätten wir von Johann Georg Christian Hannover schon eher gewußt, uns armen Schwestern wäre viel erspart geblieben! So verbrachten wir unsere Jugend nämlich damit, anzügliche Bemerkungen zum massierten Auftreten Rothaariger in der Familie Hannover angemessen zu parieren und ansonsten interessierte Fragen nach bestem Wissen zu beantworten. Meist mit einer Einfachst-Variante der Gesetze des Brünner Augustinerpriors.

Johann Gregor Mendel war Mitte des 19. Jahrhunderts in seinem Kloster den Rätseln der Fortpflanzung mit Hilfe von Erbsensamen und Wunderblumen auf die Spur gekommen. Seine Erkenntnisse waren bahnbrechend, wenngleich dies erst später erkannt und gewürdigt wurde: Kreuzt man Erbsen, die seit Generationen nur gelbe Samen hatten (reinerbige Individuen), mit solchen, die seit Generationen nur grüne Samen hatten, so erhält man völlig einheitliche Nachkommen: alle Samen sind gelb. Die erste Mendelsche Regel besagt demnach, daß bei der Mischung zweier reinerbiger Individuen, die sich in einem Merkmal unterscheiden, in der ersten Nachfolgegeneration alle Nachkommen uniform sind, in diesem Fall also alle Samen gelb. Grund: das Merkmal Gelb ist gegenüber dem Merkmal Grün dominant. Doch die gelben Samen der ersten Generation sind nicht mehr »reinerbig«, sie sind sogenannte Hybriden oder Bastarde, tragen ein Vererbungsmerkmal für gelbe und eins für grüne Samen in sich. Der Phänotyp ist Gelb, der Genotyp, also die genetische Anlage, ist jedoch Gelb/Grün. Kreuzt man nun Nachkommen der ersten Folgegeneration untereinander, so tritt erstaunlicherweise das rezessive Merkmal Grün wieder auf. Von 8023 von Mendel ausgewerteten Erbsensamen waren in der zweiten Generation 6022 gelb und 2001 grün gefärbt, was einem Verhältnis von ungefähr 3:1 entspricht. Die in der ersten Nachfolgegeneration vorhandenen genetischen Anlagen Grün/Gelb werden bei der Fortpflanzung nämlich aufgespalten in Grün und Gelb. Die zweite Mendelsche Regel, auch die Spaltungsregel genannt, besagt, daß bei der Verschmelzung von Samen und Eizellen, die immer nur jeweils eine Anlage-Information enthalten, die Kombination Gelb/Gelb, Grün/Gelb und Grün/Grün möglich ist. Während die ersten beiden Varianten wegen des dominanten Merkmals immer Gelb werden, ergibt die Kombination von zwei rezessiven Faktoren die Farbe Grün. Es handelt sich hier um einen sogenannten dominant-rezessiven Erbgang.

Gäbe es bei den Haarfarben nur die Farben Dunkel und Rot, dann wäre der Generationensprung in unserer Familie also leicht erklärt: Dunkel ist dominant, Rot rezessiv und kann sich nur dann durchsetzen, wenn zwei rote Erbmerkmale zusammentreffen. Hätte der Vater also die Merkmale Dunkel/Rot und die Mutter ebenfalls, dann wären die Kombinationen Dunkel/Dunkel, Dunkel/Rot und Rot/Rot denkbar – nur das letzte Kind aber hätte rote Haare und das bei zwei dunkelhaarigen Eltern. Wäre der dunkelhaarige Vater allerdings in seinem Genotyp Dunkel/Dunkel und nur die Mutter Dunkel/Rot, dann hätte der rote Anteil der Mutter keine Chance, sich in ihren Kindern durchzusetzen. Irgendwo mußte in der Ahnenreihe meines Vaters also ein Roter gewesen sein – besagter Johann Georg Christian Hannover eben.

Komplizierter noch wird die Sache jedoch dadurch, daß es nicht nur zwei, sondern eigentlich vier Haarfarben gibt, nämlich Schwarz, Braun, Blond und Rot und innerhalb dieser Haarfarben auch alle denkbaren Abstufungen möglich sind. Mit der schlichten Aufteilung in dominante und rezessive Erbfaktoren ist es also nicht getan, Blond gilt zum Beispiel auch als rezessiv. Will man nicht unterschiedliche Dominanzabstufungen annehmen, etwa in dem Sinne, daß sich das rezessive Blond gegenüber dem sozusagen noch rezessiveren Rot durchsetzt, könnte man zwischen den beiden rezessiven Erbfaktoren auch einen intermediären Erbvorgang vermuten, das heißt, nicht ein Gen überlagert das andere, sondern beide zusammen ergeben eine Mischung. Mendel hat dies an der japanischen Wunderblume gezeigt, bei der das reinerbige Merkmal Rot zusammen mit dem reinerbigen Merkmal Weiß in der ersten Nachfolgegeneration Rosa ergab und sich erst in der folgenden Generation in rote, weiße und rosa Blüten aufspaltete. Dann müßte ein blonder Mann, der wegen der Rezessivität von Blond im Genotyp die Anlagen Blond/Blond hat, mit einer rothaarigen Frau, deren Genotyp Rot/Rot ist, nicht nur blonde, sondern auch rotblonde Kinder bekommen können.

Bei der Vererbung der Hautfarbe läßt sich ähnliches beobachten: Ein Schwarzer und eine Weiße bekommen zusammen Mulatten-Kinder, deren Hautfarbe einen Mischton der beiden Hautfarben ihrer Eltern zeigt; in der nächsten Generation sind praktisch alle Abstufungen von Schwarz bis Weiß möglich. Hier geht man davon aus, daß mehrere Genpaare die Hautfärbung in additiver Weise bewirken, also die mehrfach vorhandene, gleiche genetische Information, »Bildung einer gewissen Pigmentmenge«, sich bei der phänotypischen Umsetzung in der zweiten Generation unterschiedlich addiert.

In der Humangenetik hat man es in der Regel mit sehr viel komplexeren Erbvorgängen zu tun, als dies die Mendelschen Gesetze nahelegen. Oft nämlich sind mehrere genetische Informationseinheiten und verschiedene Umweltfaktoren an der Ausprägung eines Merkmals beteiligt. Wird ein Merkmal von unterschiedlich vielen Genen kodiert, spricht man von Polygenie, und die wird bei der Merkmalsausprägung »rote Haare« auch vermutet. Interessanterweise ist die Genetik der Haarpigmente noch weitgehend unklar. So wird für ein Pigment für rote Haare eine sogenannte Allelie mit blonden Tönen angenommen, also dasselbe Gen kann in zwei unterschiedlichen Zustandsformen auftreten und einmal die Information für rotes und einmal für blondes Haar abgeben. Nach Ansicht von Humangenetikern läßt sich die Art des familiären Vorkommens roter Haare weder ausschließlich mit Dominanz noch mit Rezessivität vereinbaren. Es spricht jedoch vieles dafür, daß sich Rothaarigkeit rezessiv vererbt, es also zur Manifestation zweier Rothaargene bedarf. Gelegentlich – so vermutet man – setzt sich aber die rezessive Erbanlage Rot auch gegen eine andere durch, weil offensichtlich noch andere Gene an der Ausprägung des Merkmals »Rothaarigkeit« beteiligt sind. Mit anderen Worten, wie das *Lexikon der Syndrome und Fehlbildungen* (!) zum Stichwort »Rothaarigkeit/Rutilismus« vermerkt: »Genetisch bedingte Haarfärbung mit unklarer genetischer Grundlage« – nichts Genaues weiß man nicht.

Wem droht wann ein Feuerkopf?

Insofern sind wir heute auch nicht viel weiter als zu Zeiten, als es noch eine echte Schmach war, unverhofft ein rothaariges Kind zu bekommen. Die armen gebeutelten dunkel- oder blondhaarigen Frauen, die rote Kinder zur Welt brachten, hatten bis zur Mitte des 19. Jahrhunderts keine Möglichkeit, diese augenscheinliche Absonderheit zu erklären. So waren sie schnell dem Verdacht ausgesetzt, sich außerhalb des Ehebettes herumgetrieben zu haben, gar mit dem Teufel im Bunde zu stehen oder eine Gottesstrafe zu erleiden. Ein rothaariges Baby warf immer ein zweifelhaftes Licht auf seine Eltern und war daher selten willkommen. Werdende Eltern trafen deswegen allerlei Vorkehrungen, um so ein »malefizblondes« Kind zu verhindern. So durfte im Schwarzwald dem Volksglauben zufolge ein Kind nur bei zunehmendem Mond gezeugt werden, anderenfalls es rote Haare bekäme. Auch war es weit verbreiteter Brauch, der Mutter Gottes in einer Kapelle eine rote Kerze zu opfern, um Schlimmes zu verhüten – namentlich, wenn ein Elternteil schon rothaarig war. Das »Schlimme« war allerdings kaum mehr aufzuhalten, wenn eine Schwangere ein brennendes Haus sah oder in einen Backofen schaute – dem Volksglauben in einigen deutschen Gegenden zufolge rühren Feuermale und rote Haare vom Erschrecken Schwangerer vor dem Feuer. Sie mochten aber auch vom giftigen Blick der mit buschigen Augenbrauen ausgestatteten Dämonen kommen, an denen sich schwangere Frauen »versehen« hatten, und deren Leibesfrucht danach mit einem elbischen Zeichen, etwa roten Haaren, zur Welt kam. Rothaarig geboren zu werden war ein Fluch, weswegen ältere Rothaarige in der Dachauer Gegend steif und fest behaupteten, ihnen sei das rote Haar erst später, als sie einmal allein zu Hause waren, von Zigeunern angezaubert worden. Und wenn weder Teufel, Zigeuner noch Feuer für das Unglück verantwortlich zu machen waren, dann mußte die Geburtshelferin dran glauben. Wie jene Hebamme aus dem Badischen, die von einem neunjährigen Buben mit Schimpfworten aus dem Haus gejagt wurde, weil sie ihm ein »rotes« Schwesterlein gebracht hatte.

Ein Vorgänger Mendels, der Augustiner Ignatius Ertl (1645 – 1713), berichtete in einer seiner Predigten sogar von einem göttlichen Fluch, den ein Spottvogel ereilte: »Es verlachete jener Spey-Vogel den heiligen Bischoff Winefridum (hl. Bonifatius) um seinen rothen Bart und Haar.« Aber weil Gott jede »Unehr und Verachtung, so seinen lieben Heiligen noch auf Erden in ihrem Leben wird angethan«, bestraft, so erhielt auch jener »Spey-Vogel« seine Strafe, denn »alle von seinem Geschlechte gebohrne seynd mit gleichen Fuchsrothen Haaren zur Welt hervorkommen«. Man beachte: Gott rächt hier einen beleidigten Rothaarigen! In Stein im Aargau kommen sogar alle Buben rothaarig zur Welt, weil die Knaben dort einmal den heiligen Florian verspottet haben. Ein böses Los für die armen Eltern! Kein Wunder, daß junge Mädchen in der Oberpfalz nur in äußersten Notfällen einen Rothaarigen, der als Abkömmling Kains oder Judas galt, heiraten wollten. Eines soll einen reichen Bauernsohn mit roten Haaren mit der Bemerkung weggeschickt haben: »Da will ich lieber einem Schwarzhaarigen ins Elend folgen als einem Roten ins Glück.«[1]

Heute, so sollte man vermuten, haben nicht-rothaarige Eltern kleiner Rotschöpfe keine solchen Probleme mehr. Doch Dear Abby, die Kummerkastentante der *Los Angeles Times*, mußte noch 1986 eine diesbezügliche Anfrage geplagter Eltern beantworten: »Dear Abby, ich bin eine Naturblonde, und die Haare meines Ehemannes sind schwarz. Wir haben eine dreijährige Tochter, deren Haare flammenrot sind. Wir haben natürlich all die netten Bemerkungen über Briefträger, reisende Handelsvertreter usw. gehört und weggesteckt. Aber was soll unsere Tochter sagen, wenn sie gefragt wird, woher sie ihre roten Haare hat?« Dear Abby vermittelte statt einer eigenen Antwort die Erfahrung eines weiteren geplagten Elternpaares: Als deren rothaariger Sohn vier Jahre alt war und Leute ihn fragten, woher er seine roten Haare hätte, brachten sie ihm bei zu sagen: »Sie kamen mit meinem Kopf.«[2]

Auch eine Erklärung. Jedenfalls eine einfachere als die Mendelschen Gesetze! Die Notwendigkeit für solche Erläuterungsbemühungen wird aber immer geringer werden. Wenn Mendel nicht völlig danebengelegen hat – und die moderne Genetik hat nichts Diesbezügliches herausgefunden – dann sterben die Rothaarigen nämlich schlicht aus. Wie bereits die Stämme der Wikinger und Kelten verschwunden sind, so werden auch ihre überall verstreuten Abkömmlinge immer weniger werden. Schon heute soll es in Deutschland nur etwa zwei Prozent Rothaarige geben, in Amerika und England immerhin vier Prozent. Und das, obwohl die Stammvölker der Deutschen und Angelsachsen, die Germanen, Kelten und Wikinger, zu einem großen Teil rothaarig waren. Heute gibt es die meisten Rothaarigen nicht etwa in Irland, sondern in Schottland, nämlich bis zu elf Prozent, nach anderen Quellen sogar 14 Prozent. Allerdings setzen die sich zu einem großen Teil aus irischen Auswanderern zusammen, die der damals in Irland herrschenden Diskriminierung entflohen. Irland liebte seine Rothaarigen gar nicht. Sie galten als Abkömmlinge der Dänen, die die grüne Insel als erste überfallen und grausam und blutig beherrscht hatten. Die Iren sehen deswegen im roten Haar das Abzeichen gemeiner Herkunft, niedriger List und grausamer Falschheit. Den irischen Rothaarigen blieb oft nichts anderes übrig, als mit den Zigeunern als Kesselflicker über die Lande zu ziehen. Bauerntöchtern war es verboten, die roten »Vagabunden« zu heiraten, so daß viele rothaarige *tinker* es vorzogen, in die schottischen Highlands umzusiedeln. In Irland selbst gibt es heute nur noch drei Prozent Rote, in etwa soviele wie im Norden Frankreichs, wohin es wiederum die Kelten aus England verschlagen hat. Angeblich sollen rote Haare in allen Teilen der Welt vorkommen, allerdings in nur verschwindend geringen Anteilen, wie zum Beispiel 0,15 Prozent bei den Japanern oder 0,03 Prozent in Papua Neuguinea. Einer Untersuchung vom Ende des 19. Jahrhunderts zufolge soll es wiederum unter polnischen Jüdinnen einen besonders hohen Anteil Rothaariger gegeben haben, nämlich 5,6 Prozent. Letztere Zahl könnte die These untermauern, die Abneigung gegen Rothaarige trage antisemitische Züge, da unter den Juden Zentraleuropas rote Haare recht verbreitet seien. *A Roijter is a ramj* – ein Roter ist ein Betrüger – heißt es übrigens im Jiddischen.

Was auch immer an diesen Erhebungen dran ist – denn schon die Definition »rote Haare« dürfte schwierig sein und Vergleichszahlen unzuverlässig machen –, Tatsache ist, daß es weltweit immer weniger werden. Wo die dunklen Anteile durchsetzungsfähiger sind als ihre hellen Gegenpole, da haben Rote auf die Dauer keine Chance. So ist die Wahrscheinlichkeit einer ganz und gar blonden Bevölkerung ja auch viel kleiner als die einer völlig dunkelhaarigen – man denke an das Vorkommen dunkler Schweden im Verhältnis zu blonden Chinesen – eben weil auch Blond rezessiv ist. Doch was schon Hitlers Rassenwahn langfristig nicht aufhalten konnte, wird auch die restriktive Einwanderungspolitik der Bonner Republik nicht verhindern: eine zunehmende Vermischung der Rassen. Darüber zu lamentieren ist müßig. Wer wirtschaftspolitisch das globale Dorf will, darf sich über die Einebnung aller kulturellen und ethnischen Unterschiede nicht beklagen. Von uns Rothaarigen wird es also immer weniger geben. Immerhin hat sich unsere Familie große Mühe gegeben, diesen Abwärtstrend kurzfristig ein wenig abzubremsen.

Und so wird der Tag kommen, wo wir uns wie die Ente-Fahrer anhupen oder wie der Schwarze in der weißen Diaspora statt mit »Hey, Brother« oder »Hey, Sister« mit »Hallo Rotschopf« begrüßen. Wir werden eine echte Rarität sein.

2. Kapitel
Wer will Pippi Langstrumpf sein?
Die Rothaarigen in der Kinderliteratur

> Wenn der Fuss nach Hause kommt,
> dann ist die Mutter froh.
> Dann braucht sie keine Lampe mehr,
> der Fuss, der leuchtet so.
> *Kölscher Kinderreim*

> Roter Fuchs, dein Haar brennt an,
> schütt a Kübele Wasser dran.
> *Schwäbischer Kinderreim*

> Rotfuchs, de Ecke brennt,
> de Feuerwehr kommt anjerennt.
> *Berliner Kinderreim*

Ich wuchs also inmitten einer Schar von vier rothaarigen Schwestern, einem blonden Bruder und einem dunkelhaarigen Nesthäkchen auf. Obwohl unsere Eltern keinerlei Abneigungen oder Bevorzugungen uns Kindern gegenüber erkennen ließen, waren wir vier Rothaarigen uns einig, daß die jüngste, dunkelhaarige Schwester eindeutig die Schönste, um nicht zu sagen: die *einzig* Schöne von uns war. Im Sommer wurde sie braun! Welch ein Privileg! Daß unser Selbstwertgefühl angekratzt war, mag nicht unwesentlich daran gelegen haben, daß man uns als Kind mit allerlei Spitznamen belegte. »Streichholz« war noch das freundlichste, »Rotfuchs« das gebräuchlichste. Feuermelder, Dachziegel, Kupferdach, Karottenkopf, Rotschopf, Hexe, roter Zornikel – der Namen waren viele. Gerne wurde uns auch »Pippi Langstrumpf« nachgerufen. Erwachsene meinten immer, daß das doch eigentlich ein Kompliment für uns sei. Wir sahen das etwas anders.
Falls jemand Pippi Langstrumpf nicht kennen sollte, hier ihre Originalbeschreibung:
»Ihr Haar hatte dieselbe Farbe wie eine Möhre und war in zwei feste Zöpfe geflochten, die vom Kopf abstanden. Ihre Nase hatte dieselbe Form wie eine ganz kleine Kartoffel und war völlig von Sommersprossen übersät. Unter der Nase saß ein wirklich riesig breiter Mund mit gesunden weißen Zähnen. Ihr Kleid war sehr komisch. Pippi hatte es selbst genäht. Es war wunderschön gelb; aber weil der Stoff nicht gereicht hatte, war es zu kurz, und so guckte eine blaue Hose mit weißen Punkten darunter hervor. An ihren langen dünnen Beinen hatte sie ein Paar lange Strümpfe, einen geringelten und einen schwarzen. Und dann trug sie ein Paar schwarze Schuhe, die genau doppelt so groß waren wie ihre Füße.«[1]
Wer, bitte schön, will Pippi Langstrumpf sein? Eben.
Astrid Lindgren scheint sich bei der Kreation dieser provokanten Witzfigur nicht viel gedacht zu haben. Ihre Tochter lag krank im Bett und wünschte sich von der Mutter eine Geschichte über eine Pippi (= Verrücktheit) Langstrumpf. Und die Mutter begann zu phan-

tasieren und schuf ein verrücktes, nonkonformistisches Kind, das offensichtlich auch in Schweden rothaarig sein muß. Später bezog sie sich gegenüber ihrem Verleger auf eine Schrift von Bertrand Russell *Education and the social order* und begründete die Pippi-Kreation mit dem vorherrschenden Wunsch der Kinder nach Macht.

Zugegeben, Macht hat Pippi, und Macht zu haben findet man als Kind eine wunderbare Vorstellung. So gibt es in den Büchern auch Szenen, die gerade die Herzen von rothaarigen Mädchen höher schlagen lassen, zum Beispiel als sich der blöde Benno, vor dem sich wegen seiner Prügeleien alle fürchten, auch an Pippi vergreifen will. Sie hatte sich ihm und seinen Freunden in den Weg gestellt, als diese gerade den kleinen Willi verprügeln wollten. Benno kann es nicht fassen:

»›Habt ihr gesehen, was für Haare die hat? Das reine Feuer! ...‹ Dann griff er einen von Pippis Zöpfen, ließ ihn aber schnell wieder los und schrie: ›Au, ich hab mich verbrannt!‹ Und dann umringten alle fünf Jungen Pippi und sprangen herum und schrien: ›Rotfuchs! Rotfuchs!‹ Pippi stand mitten im Kreis und lachte ganz freundlich. Benno hatte gehofft, daß sie böse werden oder anfangen würde zu weinen. Wenigstens ängstlich aussehen müßte sie. Als nichts half, gab er ihr einen Schubs. ›Ich finde, daß du kein besonders feines Benehmen Damen gegenüber hast‹, sagte Pippi.«[2]

Und dann legt sie los. Benno landet im Baum, ein anderer im Blumenbeet, wieder einer auf einem Torpfosten usw. Zum Schluß sagt sie kühl:

»›Wenn du noch mehr über meine Haare oder meine Schuhe zu sagen hast, dann sag es am besten gleich, bevor ich nach Hause geh.‹ Aber Benno hatte nichts mehr über Pippis Schuhe zu sagen und auch nicht über ihre Haare.«[3]

Das ist schlicht wunderbar. Hätte man nur einmal so reagieren – und nebenbei auch noch ein gutes Werk am kleinen Willi vollbringen können! Von ähnlich aufbauender Wirkung ist auch der Dialog mit dem feinen Herrn, einem Spekulanten, der die Villa Kunterbunt kaufen will, um sie abzureißen. Noch weiß er nicht, daß Pippi die Besitzerin des wilden Anwesens ist:

»›Der feine Herr sah auf Pippis rotes Haar und beschloß, sich ein bißchen darüber lustig zu machen, während er wartete. ›Weißt du, was für eine Ähnlichkeit zwischen dir und einem frisch angesteckten Streichholz ist?‹ fragte er. ›Nein‹, sagte Pippi. ›Aber das wollte ich schon immer wissen.‹ Der feine Herr zog Pippi heftig am Zopf. ›Ja, siehst du, bei beiden brennt der Kopf! Hahaha!‹ ›Man muß sich viel anhören, bevor einem die Ohren abfallen‹, sagte Pippi. ›Daß mir das nicht eher eingefallen ist!‹ Der feine Herr schaute sie an, und dann sagte er: ›Ich glaube wahrhaftig, du bist das häßlichste Balg, das ich je gesehen habe.‹«[4]

Nach weiterem Wortwechsel droht der feine Herr Pippi schließlich Prügel an, landet aber statt dessen in hohem Bogen im Baum. Auf den Kauf und Abriß der Villa Kunterbunt verzichtet er daraufhin selbstredend.

Doch diese Szenen sind nur deswegen so erbaulich, weil sich Pippi im Gegensatz zu uns sterblichen Rothaarigen ihrer häßlichen Haut zu wehren weiß. Einfacher wäre es, man müßte sich gar nicht erst wehren, weil man nicht »anders« ist, sondern genauso banal aussieht wie alle anderen. Pippi ist aufgrund der Andersartigkeit ihrer Physiognomie, ihrer Kleidung und ihrer Begleitung durch einen Affen und ein Pferd eine »Fremde«, ein, wie Astrid Lindgren selber öfters bemerkt, »merkwürdiges Mädchen«. Ein Mädchen, das eben auch anders ist als seine kindlichen Leser. Pippi ist ein Kind, das man um seine Frechheit, Direktheit und Stärke bewundert, aber letzlich doch lieber nicht sein möchte.

Auch ich wollte lieber schön als stark sein. Selbst wenn mir als kindlicher Leserin das äußerst erfolgreiche Werk Astrid Lindgrens die Möglichkeit bot, aufgestaute und unbefriedigte Aggressionstriebe in harmloser und unschädlicher Weise abzureagieren, wie Psychologen in den fünfziger Jahren anerkennend vermerkten, ich wollte lieber normal sein. Auch war mir egal, ob dies wiederum »eskapistische« Auswege und Fluchten in Phantasiewelten ermöglichte und der Pippische Humor nur disziplinierend wirkte, wie in den Siebzigern ideologiekritisch analysiert wurde. Für mich bot Pippi kein von erwachsener Bevormundung befreites Paradies, und ich teilte auch nicht die Begeisterung für die »rotbezopfte Anarchistin«, als die sie bald darauf von antiautoritären Pädagogen wieder gefeiert wurde.

Ich habe den Verdacht, daß es sich bei dieser Begeisterung sowieso nur um eine Draufsicht von Erwachsenen handelt, die sich darüber freuen, daß die von ihnen nicht mehr durchbrochenen Normen wenigstens von einem phantastischen »Überkind« ad absurdum geführt werden. Auch Kinder sind natürlich begeistert, wenn Pippi mit Polizisten, die sie ins Kinderheim stecken wollen, Fangen spielt, Einbrecher auf den Schrank setzt oder den stärksten Mann der Welt im Zirkus besiegt. (Und wie sehr solche Szenen autoritär geprägte Erwachsenenwelten offensichtlich bedrohen, belegt die Tatsache, daß in der französischen Ausgabe des Verlages Hachette das Fangenspielen mit den Polizisten herausgekürzt wurde!) Auch die Szenen, in denen sie sich gegen Ungerechtigkeiten einsetzt, zitieren Kinder immer gern, wenn sie nach Pippi gefragt werden – wie etwa die Geschichte von dem Mann, der sein altes, schwaches Pferd schlägt und dafür erst in die Luft fliegt

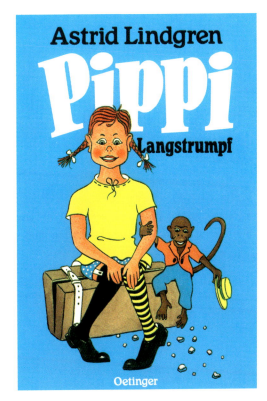

und dann seinen Sack selber nach Hause tragen muß, während Pippi das Pferd in den Stall trägt. Doch andere Geschichten, wie der Besuch von Pippi bei Frau Settergrens Kaffekränzchen, sind schlicht peinlich. Es geht los mit ihrem Outfit:

»Das rote Haar trug sie des besonderen Anlasses wegen offen herunterhängend, und es lag wie eine Löwenmähne um ihre Schulter. Ihren Mund hatte sie mit einem Rotstift knallrot gemalt, und dann hatte sie sich die Augenbrauen mit Ruß geschwärzt, so daß sie beinahe gefährlich aussah. Auch ihre Nägel hatte sie mit Rotstift bemalt, und auf ihren Schuhen hatte sie große, grüne Schleifen befestigt.«[5]

Bei Frau Settergren, der Mutter der wohlbehüteten Bürgerkinder Thomas und Annika, benimmt sie sich dann derartig daneben, daß es auch den größten Lausekindern peinlich sein muß. Wenn man darüber lacht, dann, weil Pippi so unglaublich dumm ist. Wie kann sie nur nicht wissen, daß man sich nicht einfach allen Kuchen nimmt, schon gar nicht unaufgefordert, und in einem Haps verspeist? Und daß man sein Gesicht nicht in die Sahnetorte drückt und sie anschließend ebenfalls verschlingt? Und daß Streuzucker nicht dazu da ist, auf dem Boden verteilt zu werden, und daß man nicht ständig mit eigenen Geschichten dazwischengeht, wenn die Damen sich unterhalten wollen. Kinder wissen das natürlich und haben nicht vor, sich selbst ebenso lächerlich zu machen.

Nur wer so verrückt, so häßlich, so anders ist, kann sich so danebenbenehmen. Aber welches Kind will schon anders sein? Ein Blick in einen beliebigen Kindergarten, eine beliebige Schule lehrt jeden Erwachsenen, der sich um Individualität und Nonkonformität bemüht: Kinder wollen vor allem dazugehören, sie wollen genauso sein wie alle anderen auch. Herauszuragen, sei es mit besonderer Leistung oder besonderer Schwäche oder, noch schlimmer, mit einem besonderen Aussehen, ist ein Trauma für jedes Kind. Deswegen sagen sich auch die Kinder bei der Lektüre von Pippi: Herrlich, so mächtig und stark zu sein – aber bitte nicht um den Preis, so häßlich und einsam sein zu müssen. Denn Pippi ist nicht nur stark und mächtig; sie hat auch keine Mutter mehr, und der Vater weilt irgendwo als »Negerkönig« in der Südsee. Sie muß sich also selbst sagen, wann sie ins Bett gehen muß und ist auch sonst völlig selbständig. Eine Vorstellung, die für Kinder nur so lange attraktiv ist, wie sie sich gerade mal wieder über eine Anweisung ihrer Eltern ärgern. Ansonsten haben sie sie doch ganz gern um sich.

Als Pippi nun fünfzig Jahre alt wurde, konnte ich in einer Sendung hören, daß Kinder das heute genauso sehen: »Mit Mama und Papa hätte ich schon da gewohnt, in der Villa Kunterbunt, ohne Mama und Papa möcht' ich das nicht. Ich lieb' sie nämlich so«, sagte ein Kind, und ein anderes meinte: »Manchmal, wenn ich wütend auf meine Eltern bin, würde ich auch gerne so alleine wohnen, aber meistens braucht man ja doch seine Eltern, wenn sie einen trösten oder so was.« Ein Junge verstand nicht, warum Vater Langstrumpf seine Tochter nicht mit aufs Schiff nimmt, und ein Mädchen konstatierte, sozusagen den Komplex Pippi abschließend: »Ich möchte lieber Eltern haben – aber die hab' ich ja.«[6] Es ist deswegen nur konsequent, »daß sich die kindlichen Leser ... dennoch oft mehr mit Pippis Gespielen, mit Thomas und Annika, den Repräsentanten der Wohlanständigkeit, anfreunden als mit der nonkonformistischen Pippi Langstrumpf«[7], wie das Lexikon der Kinderliteratur eher überrascht konstatiert. Und da schlägt die vermeintlich antiautoritäre Wirkung der Bücher dann in ihr Gegenteil um, denn Annika ist das Klischee eines sich wohlverhaltenden, extrem ängstlichen Mädchens.

Als Kind, das anders sein *mußte*, hat mich immer geärgert, daß diese Ambivalenz in der Figur der Pippi Langstrumpf von den Nicht-Rothaarigen, und hier insbesondere von den Erwachsenen, nicht gesehen wurde. Statt stark und häßlich wollte ich schlicht schön sein. Und zum Karneval mochten die anderen von mir aus als Pippi gehen, ich war lieber Prinzessin – und wenn mich meine Wahrnehmung nicht täuscht, gehen auch nicht-rothaarige Mädchen heute in der Mehrzahl vorzugsweise als schöne, schließlich auch ziemlich mächtige Prinzessinnen zum Karneval. Wenn man will, kann man Pippi nämlich auch ganz anders sehen, wie jetzt auch neuere Publikationen aus dem Institut für Jugendbuchforschung zeigen. Danach ist Pippi zwar eine Figur mit großer Ich-Stärke, doch diese narzißtische Ich-Grandiosität hat ebenso starke infantile und entwicklungsgehemmte Züge. Man bewundert Pippi nicht nur in ihrem Übermenschentum, sondern lacht auch über sie, weil sie oft in einem Maße Naivität und Unwissenheit zeigt, daß Kinder nur noch überlegen über sie schmunzeln können. Pippi ist letzlich ein unreifes, ichbezogenes Kind, das nicht erwachsen werden kann und sich damit als Heldin von geheimer Tragik entpuppt.
Aufgrund ihres Äußeren und ihrer übermenschlichen Fähigkeiten hat Pippi hier und da sogar etwas von einer Hexe; sie kann toll und unheimlich sein. »Die großartige und wegen ihrer Gerechtigkeit so gepriesene Pippi führt offenbar ein Doppelleben, dessen geheimnisvoller, dunkler Part jedoch nur für kurze Augenblicke aufblitzt. Diese andere, fremd anmutende Seite der janusköpfigen Pippi-Figur hat eine dämonische, unberechenbare Facette.«[8] Da haben wir ihn: Den Archetyp der unheimlichen Rothaarigen!
Ich glaube, Pippi Langstrumpf ist eine positive Figur für kleine Kinder, die sich noch in der Phase selbstsicherer Ichbezogenheit befinden, um Äußerlichkeiten nicht kümmern und die Verstöße gegen die Regeln, die zu lernen sie sich selbst noch so schwer tun, schlicht genießen.
Für ältere Kinder gilt wohl eher das, was ein etwas altkluges 14jähriges Mädchen schon 1956 dazu schrieb: »Wenn unsereins jahrelang ohne jede Schule und Erziehung auf dem Meere umhergefahren wäre, würde es sich auch wie Pippi benehmen. Ich empfehle das Buch allen Kindern; vielleicht lernen sie daraus, sich richtig zu benehmen und es besser zu machen wie Pippi.«[9]
Es besser machen als Pippi, das wollte ich auch.

Ein Vorbild hätte mir da eigentlich die legendäre Rote Zora sein können, die zweite große rothaarige Mädchenfigur in der Kinderliteratur. Ich begann das Abenteuerbuch zu verschlingen, als ich *Hanni und Nanni* endlich über hatte. Zoras Vorteil gegenüber Pippi Langstrumpf: sie ist nicht nur als realistische Person gezeichnet, es hat sie, so will es jedenfalls die Anekdote, auch wirklich gegeben. Der Autor, Kurt Held, alias Kurt Kläber, war Zora, la Rouquine und ihrer Bande auf einer Reise nach Dalmatien in den dreißiger Jahren wirklich begegnet. Die Rote Zora ist eine Außenseiterin, ein klassischer Outlaw, und daß sie leuchtend rote Haare hat, macht ihr das ständige Flüchten vor den dörflichen Autoritätspersonen nicht einfacher. Sie hat mit einer Gruppe ausgestoßener und verwaister Jungs die Bande der Uskoken gegründet, die unter ihrer mutigen und klugen Führung um das karge Überleben in einer verlassenen Burg kämpft. Nicht Romantik, sondern Hunger und Not haben sie zusammengebracht. Das hohe Ehrgefühl insbesondere von Zora verhindert, daß die Kinder dabei kriminell werden. Trotzdem sind sie ständig auf der Flucht vor ignoranten Erwachsenen, ein großer Teil des Buches handelt von abenteuerlichen Verfolgungsjagden. Halt finden die Kinder in diesem harten Überlebenskampf aneinander und zum Schluß an dem alten Fischer Gorian, der sich ihrer annimmt und sie aus der ewigen Flucht befreit. Kurt Held, der sich selbst als »Berufsrevolutionär für die Gerechtigkeit« bezeichnete und nach dem Reichstagsbrand aus Deutschland fliehen mußte, hat in der Roten Zora ein lebendiges, gesellschaftskritisches Bild vernachlässigter Kinder gezeichnet.

Die Rote Zora ist eine durch und durch positive Figur, und sie hätte wirklich eine positive Identifikationsfigur für mich abgeben können, wenn nicht auch ihr wieder eine gewisse Tragik innewohnen würde. Zora und ihre Bande sind den Normen und Zwängen der Erwachsenenwelt enthobene Kinder, doch wie schon bei Pippi ruft dies beim Leser eher Mitleid als Bewunderung hervor. Zora ist ein Waisenkind, und auch die anderen Kinder der Bande sind entweder echte oder soziale Waisen – sind also die denkbar schutzlosesten Wesen einer Gesellschaft. Ihre Stärke ist eine Tugend, die sie aus ihrer Not machen müssen. Zora ist eine Heldin – doch eine Heldin, die die Kinder wohl lieber nicht sein möchten. Symbolhaft wirken auch hier die roten Haare, die sogar zum Bestandteil ihres Namens werden. Das auffällige Rot auf Zoras Kopf assoziiert in der Zeichensprache des kommunistischen Erzählers sowohl Ausgestoßensein als auch Widerstandsgeist, Aggression genauso wie Feuer und Wärme. Die Rote Zora ist der Racheengel der Gerechtigkeit, freiheitsliebend und widerspenstig, eine Art weiblicher »Robin Hood der Kinderwelt«. Sie vereinigt in sich die Züge einer Idealmutter, die sich fürsorglich um die Jungen kümmert, wenn sie in Gefahr sind, und der Gruppe Stabilität gibt, gleichzeitig ist sie Spielkameradin und der androgyne Typus des freien und wilden Kindes. Einerseits also ein unerreichbares feministisches Idol für Mädchen, die selten in die Verlegenheit kommen, eine Jungenbande anzuführen, andererseits das altmodische Ideal der aufopfernden Frau und Mutter. In den Worten eines Mannes: »Zora ist ein moderner Frauentyp, denke ich: Sie erkämpft sich eine unangefochtene Position in einer Männergruppe. Ihre Gefühle verbirgt sie. Sie ist der pragmatische Partner, von dem ein Mann nicht schwärmt, aber bei dem er gern bleibt.«[10]

Das scheint Branko, der Sohn eines fahrenden Geigers und einer vor kurzem verstorbenen Tabakarbeiterin, den Zora aus dem Gefängnis befreit, genauso zu sehen. Als die bei-

den nach einer langen Verfolgungsjagd erschöpft hinter einer schützenden Brombeerhecke liegen, macht Branko sich so seine Gedanken über Zoras Aussehen:
»Zora hatte die Augen geschlossen, und er konnte sie unverwandt ansehen. Es lag etwas Weiches und Mädchenhaftes in ihrem Gesicht, während sie bisher ernst und knabenhaft, ja manchmal sogar hart und böse ausgesehen hatte. Das rote Haar war durch die Hände verdeckt, und die Sommersprossen waren im Schatten der Ranken kaum sichtbar. Sie sah jetzt nicht nur mädchenhaft, sondern geradezu schön aus.«[11]
Da das natürlich nicht immer so sein konnte, bleibt es nicht aus, daß Branko sich 200 Seiten später in die Schwester eines Gymnasiasten verliebt, der mit seiner eingebildeten Clique die Underdogs der Uskoken heftig bekämpft. Zlata ist nicht nur älter und verständiger als ihre sozialen Klassengenossen, sondern auch groß und schön.
»Unter dem welligen, bräunlichen Haar war eine hohe, weiße Stirn. Die Augen schienen gelb und von einer solchen Helle, daß er kaum in sie hineinsehen konnte. Die Nase war kühn und groß ... Der Mund war klein und die Zähne blendend weiß. Aber das allein war es nicht, was Branko so in Erstaunen versetzte und gleichzeitig so freudig betroffen hatte. Es war das ganze Gesicht. Das helle Rot der Backen, die bräunliche Schwärze der Augenbrauen, die roten Lippen, die leichte Bräune, die über dem Kinn lag und sich im Hals verlor.«[12]
Hier mußte nichts verdeckt werden und nichts unsichtbar sein. Zlata ist einfach schön, und in der Folge riskiert Branko Kopf und Kragen, nur um in der Nähe des schönen Mädchens zu sein. Zora beobachtet Brankos Verliebtsein mit Verärgerung. Als er einmal auf der Flucht vor den Gymnasiasten von einem hohen Felsen, auf den er Zlata gefolgt war, ins Meer gesprungen ist, fragt Zora ihn: »›Liebst du sie?‹ Sie sah Branko an. ›Ich weiß nicht‹, sagte Branko, und nach einer Pause setzte er hinzu: ›Sie ist so schön.‹«[13]
In ihrer Eifersucht macht dann das sonst so souveräne und überlegene Mädchen sich lächerlich, indem es versucht, ebenfalls schön zu sein. Sie hatten sich beim alten Gorian mit Fischen Geld verdient, das Zora in scheußlichen Plunder investiert, um Zlata Konkurrenz zu machen.
»Er erkannte sie kaum. Über dem brandroten Haar saß ein viel zu großer, mit bunten Blumen bedeckter Hut. Um den schönen, schlanken Hals zogen sich dicke rote, blaue und grüne Ketten. Über dem festen, braunen Körper, der sonst in einem kurzen Hemd und einem bunten Rock steckte, hing wie ein zu großer Sack, in der Mitte gerafft, eine rötliche Fahne, und ihre festen, braunen, muskulösen Beine steckten in hohen Schuhen und dünnen Strümpfen. Das Mädchen hatte sich auch geschminkt. Ihre Augenbrauen waren mit zwei schwarzen Strichen nachgezogen, auf ihren Backen leuchteten rote Farbkleckse, die wieder mit einem rosa Puder bestäubt waren, und die schmalen Lippen leuchteten so rot, als habe sie das Mädchen mit frischem Ochsenblut bestrichen. Zora stellte sich vor Branko auf, bog ihren Kopf nach rechts und nach links, blitzte ihn an und sagte: ›Jetzt bin ich so schön wie deine Zlata.‹ ... ›Nein‹, meinte er unter Lachen, ›du hast aus unserer stolzen roten Zora nur eine scheußliche Vogelscheuche gemacht.‹«[14]

Die Ähnlichkeit zur peinlichen Aufmachung von Pippi bei Frau Settergrens Kaffekränzchen ist frappierend. So sieht es offensichtlich aus, wenn Rothaarige versuchen, schön zu sein. Es stellt sich dann aber bald heraus, daß Zlata zwar schön, aber falsch ist. Sie sperrt Branko, der sich mal wieder zu ihr in den Pavillon geschlichen hat, dort ein und verrät ihn bei der Polizei, aus Wut darüber, daß die Bande ihrem Vater, dem Bürgermeister, einen Streich gespielt hat. Wieder muß Zora eingreifen und Branko befreien, und es kommt zu einer tränenreichen Versöhnung zwischen den beiden. Aber geliebt wird Zora deswegen von Branko noch lange nicht. Sie sind und bleiben gute Kameraden. Zum Verlieben ist Zora eben einfach nicht weiblich und schön genug. Ein Schicksal, das mir aus meiner frühen Jugend bekannt vorkommt. Irgendwie versuchte auch ich, meine äußerliche Unvollkommenheit durch Kumpelhaftigkeit und Draufgängertum auszugleichen. Wenn man schon nicht liebenswert war, dann wollte man wenigstens bewundert werden!

Auf diese Variante der Selbstbestätigung verlegt sich auch *Die feuerrote Friederike* von Christine Nöstlinger. Das Mädchen Friederike »hatte sonderbare Haare. Ein paar Strähnen waren rot wie Paradeiser. Die Stirnfransen hatten die Farbe von Karotten. Die meisten Haare aber waren so rot wie dunkelroter Wein. Außerdem hatte es Sommersprossen und war ziemlich dick.«[15]

Schlimmer geht's nimmer. Es gibt auch noch eine Annatante, die früher auch rothaarig war, jetzt aber weißhaarig und mutlos ist, und außerdem eine rote Katze, die versucht, die gequälte Friederike zum Widerstand anzustacheln. Friederike wird von ihren Mitmenschen übel mitgespielt. Die Erwachsenen lachen über sie, und die Kinder singen hinter ihr her:

> »Da kommt die feuerrote Friederike!
> Feuer, Feuer! Auf der ihrem Kopf brennt's!
> Achtung, die Rote kommt!«[16]

Friederike versucht, ihre roten Haare loszuwerden, was natürlich nicht gelingt. Wenn sie sie unter einer Mütze versteckt, reißen sie ihr die Kinder vom Kopf, ziehen an den Haaren und rufen: »Das gilt nicht.« Der einzige, der zu ihr hält, ist der Briefträger – und der ist farbenblind! Friederike geht genauso wie die Annatante und der Kater kaum mehr aus dem Haus, aber zur Schule muß sie ja, und das ist jedesmal die Hölle für das arme Kind. Der Kater drängt schließlich die Annatante, ihrer Nichte doch das Geheimnis ihrer roten Haare zu verraten. In ihnen steckt nämlich eine große Zauberkraft, mit der sie Feuer sprühen und sogar fliegen kann. Friederike traut sich jedoch nicht, diese Zauberkraft gegen ihre Peiniger einzusetzen. Erst als die Kinder sie in eine Einkaufstasche setzen und in den Bach werfen wollen, sagt sie den Zauberspruch, und alle Kinder verbrennen sich an Friederikes glühenden Haaren. Die Ruhe ist jedoch nur von kurzer Dauer; bald schöpfen die Kinder und ihre Anführer wieder Mut und rächen sich mit Steinen, die sie hinter Friederike herwerfen. Der Briefträger macht daraufhin einen Umweg auf seinem vorgeschriebenen, täglichen Gang, um Friederike zur Schule zu bringen und wieder abzuholen.

Das und die Tatsache, daß er eines Tages dabei ein steinewerfendes Kind verhaut, beschert ihm die Entlassungsurkunde. Nun sind es schon vier, oder besser fünf Ausgestoßene, denn des Briefträgers Frau, obgleich nicht farbenblind, ist auch voller Mitgefühl. Schließlich entdeckt Friederike im roten Buch der Tante einen Brief ihres ihr unbekannten Vaters:
»Meine liebe Tochter!
Ich weiß nicht, was für ein Mädchen aus Dir werden wird. Vielleicht bekommst Du blonde Haare und wirst sehr glücklich. Jetzt bist Du ein Baby mit langen roten Haaren. (Die Annatante meint, die Haarfarbe könne sich noch ändern.) Ich reise ab. Weil Du noch klein bist, kann ich Dich nicht mitnehmen. Wenn Du diesen Brief lesen kannst, dann bist Du schon so groß, daß Du genau weißt, ob Du glücklich bist. Wenn Du nicht sehr glücklich bist, dann komm zu mir ... In dem roten Buch steht genau aufgeschrieben, wie ihr zu mir kommmt. Komm bitte bald. Dein Vater.«[17]
Da Friederike definitiv weiß, daß sie nicht glücklich ist, machen sie, die Annatante und der Kater sich zunächst an die Entschlüsselung des roten Buches und anschließend unternehmen sie auf dem Dachboden Flugübungen, für die sie aber erst einmal abnehmen müssen. Die Annatante läßt sich von einem rothaarigen Vetter, der ein verschrobener Professor ist, ein Mittel zum Rotfärben ihrer Haare geben, denn mit weißen Haaren kann man natürlich nicht fliegen. Endlich sind sie soweit, sich in das Land aufzumachen, in dem es keine Diskriminierung und Verfolgung von Rothaarigen gibt und überhaupt alle Menschen glücklich sind. Und den Abgang mit Hilfe der roten, glühenden Fliegehaare – der Briefträger und seine Frau sind, in einem Wäschekorb sitzend, natürlich dabei – zelebrieren sie auf dem Marktplatz. So kosten sie wenigstens zum Schluß ihren Triumph über die Boshaftigkeit der Mitmenschen aus. Der Bürgermeister, ob dieses roten subversiven Fluchtunternehmens in der Mitte seiner Stadt stark beunruhigt, organisiert schnell Seiltänzer und Feuerschlucker, um die Leute abzulenken. Was auch gelingt. »Na, dann kann ich ja auch alles vergessen«, sagt er zufrieden, legt sich auf sein Sofa und schläft ein.
Das ist natürlich auch keine schlechte Variante, dem Schicksal der Andersartigkeit einigermaßen triumphal zu entkommen. Während Pippi sich aus ihrer Physiognomie angeblich nichts macht und Anmache rotzfrech kontert, entspricht Friederike schon eher dem Bild eingeschüchterter Außenseiter. Aber auch sie kommt, genauso wie Pippi, nicht ohne phantastische Magie aus, um sich ihrer Peiniger zu entledigen. Die eine wirft die Leute in die Bäume, die andere entflieht selbst über die Bäume. Und was machen die sterblichen Rothaarigen? Sie erdulden und wünschen sich genauso wie Friederike blonde Haare.
Pädagogen, die das Werk wegen seiner klassischen Außenseitergeschichte gern im Unterricht einsetzen, kommen mit dieser resignativen »Lösung« des Problems allerdings schlecht zurecht. Sie werfen Christine Nöstlinger vor, in einer »zeitgenössischen Hexengeschichte« das Abweichende zu dämonisieren und die Erfahrung von Außenseitertum, die jedes Kind schon einmal gemacht habe, durch die magische Rettung keiner positiven

Lösung zuzuführen. Dadurch böte die Autorin für die Erniedrigungen im realen Leben nur Kompensatorisches an. In den didaktischen Überlegungen für die Primarstufe 1 wird deswegen angeregt, das Phänomen der Ausgrenzung den Kindern durch eigene Erfahrungen deutlich zu machen: »Jeder, der anders ist als die Masse, der vom Üblichen abweicht, ist Zielscheibe für Aggressionen.« Etwa so: »Ein Schüler/eine Schülerin hat anstatt der roten Haare ... einen zu kurzen Fuß, einen Buckel, einen Sprachfehler, einen komischen Namen.« Schließlich sollen die Kinder Friederike einen Brief in das Land, in dem alle glücklich sind, schreiben und sie zur Rückkehr auffordern! Was ihnen da wohl einfällt, außer dem unglaubwürdigen Versprechen, ihr Gerechtigkeit widerfahren zu lassen oder sie gar zu beschützen? Oder, regt der Didakt am Ende an: »Der Schluß wird umgeschrieben, Friederike reist gar nicht ab. Was tut sie dann?«[18]

Ja, was tut sie dann? Die Kinder werden vorschlagen, wie der Autor aus Erfahrung schon weiß, daß Friederike die magische Kraft ihrer Haare öfter benutzt und das Argument, daß Aggression Gegenaggression erzeugt, nicht gelten lassen. Wenn man schon so ein wunderbares Mittel hat, um sich zu wehren, sollte man es nutzen, denkt jedes vernünftige Kind. Da eine Friederike, die nicht davonfliegt, aber gar keine magische Kraft hat, wird ihr nur übrigbleiben, sich in ihr Schicksal zu fügen. 1974 als Erstlingswerk von Christine Nöstlinger geschrieben, braucht Friederike ja nur darauf zu warten, daß dieselben Mitmenschen, wenn Friederike dann in den Achtzigern erwachsen ist, ihr rotes Haar plötzlich attraktiv, weil »so anders« finden. Den Schaden an ihrer Seele hat sie dann allerdings schon weg ...

Christine Nöstlinger selbst konnte zum Motiv für diese Erzählung nicht mehr viel sagen: »Ich habe *Die feuerrote Friederike* vor 27 Jahren geschrieben, das ›Warum‹ liegt also bereits im Nebel der Erinnerung. Daß es bei roten Haaren natürlich immer irgendwie um Außenseiter geht, und daß sich Kinderbuchautoren speziell gerne der Außenseiter annehmen, ist ja klar.«[19] Im Buch selbst fühlt sie sich aber, angesichts der Faszination, die Magie für Kinder zu haben scheint, zu folgendem Nachwort bemüßigt:

»Gestern ist Katinka wieder zu mir gekommen ... Und da sagte sie ... zu mir: ›Du, Tante ..., eigentlich muß diese Friederike den anderen Kindern dankbar sein. Wenn die Kinder nicht so gemein gewesen wären, wäre sie ja nie in dieses herrliche Land gekommen.‹ ... Also – ich war einfach platt. Falls nun irgendeiner meiner Leser auf ähnlich hübsche Gedanken kommen sollte, möchte ich ihm zweierlei zu bedenken geben: 1. Unter einer Million Menschen gibt es höchstens einen, der rote Zauberhaare hat, aber Tausende, denen es ergeht wie Friederike. 2. Selbst wenn die Gemeinheit der Kinder Friederike in das herrliche Land verholfen hat: ich jedenfalls würde mich zu einer solchen Hilfe nicht hergeben.«[20]

1983 nahm sich Christine Nöstlinger noch einmal der rothaarigen Außenseiter an. In *Jokel, Jula und Jericho* trifft der rothaarige Jokel auf die rothaarige Jula:

»Die Augen vom Jokel waren sehr hellblau. Die Haare vom Jokel waren sehr rot. Fuchsfellrot mit Ringellocken. Auf der Nase und auf den Wangen hatte der Jokel Sommersprossen. Im Sommer, wenn oft die Sonne schien, bekamen die Sommersprossen Kinder. Ganz braungetupft war das Gesicht vom Jokel dann. ... Sooft er nur konnte, ließ sich der Jokel das Gesicht von der Sonne anscheinen. Er mochte nämlich seine Sommersprossen nicht leiden, und da dachte er: Wenn sich die Biester in der Sonne vermehren, werden sie vielleicht so viele, daß man zwischen ihnen gar keine weiße Haut mehr sehen kann. Dann merkt niemand, daß ich Sommersprossen habe, und die Leute halten mich für einen Halbneger!«[21]

Eines Tages begegnet er im Park der Jula, die ebenfalls fuchsfellrote Haare hat.
»Es gibt nicht sehr viele Kinder mit fuchsfellroten Haaren und sehr hellblauen Augen. Wenn zwei solche Kinder einander treffen, staunen sie.«[22]

Zumal, wenn die zwei Kinder noch unter einem zusätzlichen Mangel leiden: sie haben beide zwei ungleich große Füße, der eine Fuß hat Größe 30, der andere Größe 29. Da man solche ungleichen Schuhpaare aber nicht kaufen kann, trifft es sich gut, daß bei Jula die ungleichen Fußgrößen genau umgekehrt verteilt sind. Also tauschen sie ihre jeweilig zu kleinen drückenden Schuhe aus und laufen nun mit einem roten und einem blauen Schuh durchs Leben. Zwischen den beiden »Andersartigen« ist es Liebe auf den ersten Kinderblick. Die Schulkameraden neiden dem Jokel Jerschabek seine neue Freundschaft und singen nun hinter ihm her:

> »Das braungetupfte Jokerl
> hat rote Hundsfell-Lockerl!
> Dünner, kleiner Jerschabek,
> gleich liegst im Dreck!«[23]

Doch Jula, die im Gegensatz zum Jokerl aus völlig chaotischen Familienverhältnissen kommt und nun bei ihrem reichen Großvater und der Haushälterin lebt, entpuppt sich als eine Art ich-grandiose Pippi-Figur, die sich mit solchen Nebensächlichkeiten wie Freunden, Anerkennung und Äußerlichkeit gar nicht abgibt. Die beiden ziehen sich gemeinsam mit Hund Jericho in ihre Freundschaft zurück und teilen neben den Schuhen auch bald Eltern, Schwester, Omilein und Geld. Fuchsfellrote Haare und Sommersprossen-Biester sind fürderhin kein Thema mehr, das einzige, was den Jokel jetzt noch ängstigt, ist ein möglicher Verlust seines Alter ego Jula. Doch Jula schwört ihm Treue, selbst als sie in den Ferien erst zum Vater nach Amerika und dann zur Mutter nach Schweden reist – mit Jokels Goldhamster auf dem Schoß; denn der hat im Tausch den großen Bernhardiner Jericho dabehalten.

Jokel Jerschabek ist die erste richtig sympathische Rothaarigen-Figur, die mir in der Kinderliteratur begegnet ist – seltsamerweise auch die einzige männlichen Geschlechts. Sieht man mal von seinen ungleichen Füßen ab, ist er ein ziemlich normaler Junge, nur eben mit diesen Haaren und den Sommersprossen geschlagen. Und mit seinem diesbezüglichen Leiden, das nicht so dramatisch ist wie bei Friederike, aber verständlich und nachvollziehbar, kann

man sich als ebenfalls Rothaarige(r) gut identifizieren. Mit Jula schon weniger – sie ist wieder zu schräg und zu selbstbewußt. Aber so ein ich-starkes Alter ego zur Seite zu haben, wenn's um Hänseleien und Ausgrenzungen geht, das wünschten wir uns auch alle ...
Man braucht ja nicht gleich so weit zu gehen wie Peter Pohls Jan, der sich in dem mit dem Deutschen Jugendliteraturpreis ausgezeichneten schwedischen Jugendroman *Jan, mein Freund* gleich eine ganz neue Identität zulegt. Der rothaarige schmächtige Junge hat so weiche Gesichtszüge, daß viele ihn auf den ersten Blick für ein Mädchen halten. Auf den zweiten und letzten Blick am Ende des Buches ist er auch eins. Weil es sich nur mit Schlägen vor Anpöbeleien zu retten weiß, täuscht es seinen Freunden bis zuletzt den rotzigen Macker vor.

Auch in Kanada haben Kinder offensichtlich Probleme mit roten Haaren, jedenfalls war dies zu Anfang dieses Jahrhunderts noch so. 1908 schon schrieb Lucy Maud Montgomery die Geschichte der rothaarigen *Anne of Green Gables*, die innerhalb kürzester Zeit zur berühmtesten kanadischen Novelle wurde. Deutschen Kindern wurde sie bis in die späten Achtziger mangels deutscher Übersetzung vorenthalten. Mittlerweile ist die Erzählung in rund 30 Sprachen übersetzt, 1985 verfilmt und 1986 vom ZDF zum ersten Mal ausgestrahlt worden. 1988 und noch einmal 1995 wurde die Serie wiederholt, und auch meine elfjährige Tochter saß nun gerührt vor dem Fernseher.
Anne ist die kanadische Variante des deutschen *Trotzkopf* – und rothaarig! Und Waisenkind und dünn. Trotz dieses erschütternden Schicksals ist Anne mit einer robusten, selbstbewußten Psyche ausgestattet, und man fragt sich nach der Lektüre des ersten Bandes, warum nicht viel mehr Menschen elfjährige häßliche Waisenkinder adoptieren, wo sie sich doch so prächtig entwickeln könnten wie Anne. Am Anfang ist aber auch der Schreck von Annes Adoptiveltern, eines ältlichen Geschwisterpaares, über dieses Mädchen groß:
»Es war etwa elf Jahre alt und trug ein sehr kurzes, sehr häßliches Kleid aus gelbgrauem Flanell und dazu einen verblichenen braunen Matrosenhut, unter dem zwei dicke, rote Zöpfe herausschauten. Das schmale, blasse Gesicht ... war mit Sommersprossen geradezu übersät.«[24]
Eigentlich hatte man auch einen Jungen erwartet, der auf der Farm mit anpacken sollte – und nun dies. Zu allem Überfluß redet dieses häßliche Mädchen auch noch wie ein Wasserfall und zwar derart geschwollen und altklug, daß man seine Herkunft zumindest in einem Professorenhaushalt vermuten würde. Doch Anne hat bis dahin so gut wie keine Schule besucht. Schon bei der Fahrt vom Bahnhof auf die Farm werden die roten Haare zum Thema: Anne ist angesichts der Aussicht, ein Zuhause zu finden, *ziemlich* glücklich:
»›So richtig glücklich kann ich nie sein, weil ... meine Haare ... wie würden Sie diese Farbe nennen?‹ ... Matthew war in der Beurteilung weiblicher Locken nicht gerade erfahren, aber in diesem Fall gab es keinerlei Zweifel. ›Rot, oder?‹ Mit einem tiefen Seufzer, der allen Kummer ihres jungen Lebens verriet, ließ das Mädchen den Zopf wieder fallen. ›Ja, meine Haare sind rot‹, sagte sie verdrossen. ›Jetzt verstehen Sie, warum ich nie vollkom-

men glücklich sein kann. Kein Mensch mit roten Haaren könnte das. Alles andere macht mir nicht soviel aus: die Sommersprossen, die grünen Augen, meine hagere Figur. Ich kann mir ja immer vorstellen, ich hätte einen lilienweißen Teint und große veilchenblaue Augen. Sogar Grübchen in den Ellenbogen kann ich mir vorstellen. Nur meine roten Haare, die kann ich mir nicht wegträumen, sosehr ich es auch versuche.«« [25]

Denn ansonsten ist Anne, sehr zum Verdruß ihrer bodenständigen Adoptivmutter, gut im Träumen. Da kann man das elternlose und herumgestoßene Dasein offensichtlich schon mal wegschieben, nur das Trauma der roten Haaare ist unbezwingbar. Aus lauter Wut über ihr Schicksal wird sie im sittenstrengen Kanada der Jahrhundertwende zur Heidin und verweigert das Beten, da nach Auskunft einer ihrer vielen Ziehmütter »Gott mir *mit* Absicht rote Haare gegeben hat, seitdem interessiert er mich nicht mehr.« [26]

Zum Eklat kommt es, als die neugierige Nachbarin vorbeischaut, um sich das neue Kind anzusehen, und spontan ausruft: »Na, deiner Schönheit wegen haben sie dich bestimmt nicht ausgewählt, das ist schon mal sicher. ... Komm mal her, Kind, und laß dich anschauen. Du lieber Himmel, hat man jemals so viele Sommersprossen auf einem Fleck gesehen? Und ihre Haare sind so rot wie Karotten!« Anne überkommt ein heiliger Zorn: »Ich hasse Sie! ... Wie können Sie sagen, ich hätte Sommersprossen und Haare wie Karotten? Was sind Sie für ein gemeiner, gefühlloser Mensch!« Schließlich würde sie sie ja auch nicht eine »alte Vettel ohne jeden Funken Phantasie« nennen. [27] Danach starker Abgang und starrköpfiges Sitzen im Dachzimmerchen. Zu einer Entschuldigung ist Anne nicht bereit.

Hier zeigen sich weitere typische Eigenschaften der Rothaarigen: ein aufbrausendes und unbeherrschtes Benehmen und Starrsinn. Nur das flehentliche Bitten des schüchternen Adoptivvaters vermag sie zu erweichen, und um ihm einen Gefallen zu tun, entschuldigt Anne sich schließlich doch. Zum Dank erzählt ihr die Nachbarin von einem brandrothaarigen Mädchen aus ihrer Schulklasse, deren Haar mit dem Alter dunkelte und schließlich ein schönes Kastanienbraun wurde. »Oh, Mrs. Lynde! ... Sie geben mir Hoffnung. Ich werde Sie stets als Wohltäterin in Erinnerung behalten. Ach, ich könnte alles ertragen, wenn ich nur wüßte, daß meine Haare später kastanienbraun würden! Es ist soviel einfacher, brav zu sein, wenn man schöne kastanienbraune Haare hat, meinen Sie nicht?« [28]

Nun ja, die Haare dunkeln erst mal nicht nach, und deswegen widerfährt der armen Anne auch noch das ein oder andere Mißgeschick. Sie erfreut sich dennoch zunehmender Beliebtheit bei Mitschülern, Adoptiveltern und Pfarrersfrau und wird sogar vom schönsten Jungen der Klasse verehrt. Doch sie – mal wieder typisch! – lehnt ihn schroff ab, da er sie auch einmal wegen ihrer roten Zöpfe aufgezogen hat. Das verzeiht sie ihm nie, bzw. erst auf der letzten Seite des Buches, und da ist es dann auch nicht mehr weit bis zur Hochzeit in Band 5. Anne wird Klassenbeste, gewinnt Stipendien, begeistert bei Gedichtwettbewerben, und als sie schließlich auch ein Kleid mit Puffärmeln bekommt, sieht sie manchmal geradezu hübsch aus. Da ist dann auch die Episode mit den grün gefärbten

Haaren, die eigentlich schwarz hatten werden sollen und deswegen abgeschnitten werden mußten, schnell vergessen. Am Schluß bekommt Anne sogar ein »richtiges Kompliment«: Auf einem Wohltätigkeitsfest sitzt ein Amerikaner, ein gutaussehender Künstler mit kohlrabenschwarzen Haaren im Publikum und bemerkt, als Anne ihr Gedicht vorträgt: »Wer ist das Mädchen mit den wundervollen tizianfarbenen Haaren? Sie hat ein Gesicht, das ich gerne malen würde.«[29]

Ende gut, alles gut, möchte man da fast sagen, wenn nicht anschließend noch der Adoptivvater sterben und in den nächsten Bänden manch anderes Unheil warten würde. Aber Anne ist vom häßlichen, trotzigen Entchen zum vernünftigen, ansehnlichen Teenager gereift. Mit der nötigen Pflege und Liebe kann man eben auch aus einem rothaarigen Waisenkind ein vollwertiges Mitglied der Gesellschaft machen – vorausgesetzt, das rothaarige Waisenkind nimmt freiwillig größte Kraftanstrengungen auf sich. Jedenfalls sah man das am Anfang des 20. Jahrhunderts in Kanada so – und, wie der anhaltende Erfolg von Buch und Fernsehserie zeigt, diese Message wird auch am Ende des Jahrhunderts noch gern vernommen. Statt der Geschichte vom Tellerwäscher, der zum Millionär wurde, hier die weibliche Variante von der unansehnlichen Asozialen, die sich zur angesehenen Dame der Gesellschaft hocharbeitet. Es gab und gibt noch Hoffnung für die Ausgestoßenen der weißen Rasse! Oder, wie es die Pressesprecherin vom Loewes Verlag ausdrückte: Der Bedarf an »heiler Welt« sei, wie zu Trotzköpfchens Zeiten, auch heute ungebrochen. Diesem Drang erlägen ja auch wir Erwachsene, die im übrigen gleichfalls zu den Lesern der *Anne* gehörten, hin und wieder. Wohl wahr – zumal wenn man sein eigenes »Häßliches-Entchen-Schicksal« so wundersam mitgewendet sieht.

Bleibt noch von Pumuckl zu berichten. Der Erfolg des kleinen rothaarigen Kobolds reicht bald an den der Pippi Langstrumpf – und so ganz unähnlich sind sie sich ja auch nicht. Beides sind phantastische, unrealistische Figuren, die durch unvernünftiges, infantiles und eigensüchtiges Verhalten ihre Umgebung gründlich durcheinanderwirbeln, aber auch gerade deswegen von den Kindern, die kopfschüttelnd über die Streiche der beiden lachen können, geliebt werden. Pumuckl ist ein kleiner Kobold, der unsichtbar ist und nur vom Schreinermeister Eder gesehen werden kann. Meister Eder ist mit einer unendlichen Geduld gesegnet; denn Pumuckl treibt in seiner maßlosen Eifersucht und seiner großen Naivität pausenlos nur Unfug, ärgert Kunden, schmeißt alles mögliche um, quält Katzen und macht ohrenbetäubenden Krach. Eine kindliche Nervensäge par excellence. Mich hat diese Gestalt, der ich erst als vorlesende Mutter im Erwachsenenalter begegnet bin, immer schrecklich genervt. Aber meine Kinder finden sie, wie wohl alle Kinder, toll. Im *Lexikon der Kinderliteratur* wird eine mögliche Erklärung für die überaus große Popularität des »karottenroten, neun Jahre jungen, 20 cm kleinen Pumuckl« angeboten:

»Die Identifikation des Lesers mit der Koboldfigur, die Umweltautoritäten ein Schnippchen zu schlagen versteht und sich nur mit ihresgleichen (d.h. mit denen, die an sie glau-

ben) verbrüdert, führt möglicherweise zur psycho-hygienischen Entlastung, wirkt, über die bloße Erheiterung und Belustigung hinaus, ichstärkend.«[30]
Möglicherweise. Dann aber nur für die Nicht-Rothaarigen, denn psycho-hygienisch fühle ich mich eher belastet, wenn mal wieder ein rothaariges Wesen durch Dummheit, Frechheit und Häßlichkeit auffällt, mal ganz abgesehen davon, daß es in seinen positiven Eigenschaften (z.B. Unsichtbarkeit) wieder nur ein Fabelwesen ist. Die Autorin, Ellis Kaut, Geburtsjahr 1920, sieht das anders. Sie hat dem Pumuckl rote Haare verpaßt, weil Rot für sie für Vitalität und Temperament steht. Pumuckl, so erläuterte sie mir in einem Telefongespräch, ist frech und antiautoritär, da paßt Blond nicht. Schwarz ginge, aber es ist nicht lustig. Sie habe die Farbe der Haare aber nicht bewußt gewählt, die Figur sei spontan entstanden. Rot sei auch ihre Lieblingsfarbe, alles in ihrem Zimmer sei rot, sie sei schließlich auch ein ziemlich temperamentvoller Mensch. In ihrer Jugend habe sie sich sogar ihr Haar tizianrot gefärbt! Allerdings müsse sie zugeben, daß das alles mit wirklich rothaarigen Menschen nichts zu tun habe. Sie habe in der Schulzeit eine rothaarige Freundin gehabt, die sei ganz sanft und still gewesen.

Tja, so ist das wohl mit den wirklichen Rothaarigen und der Symbolik, für die sie – nicht nur in der Kinderliteratur – herhalten müssen. Auch die neuste Fabelwesenkreation von Paul Maar bietet da keine Abwechslung. Sein Sams ist rothaarig, verrückt und ausgesprochen häßlich. Genaugenommen ist das Sams die häßlichste rothaarige Kinderbuchfigur überhaupt: Es hat nicht nur rote Bürstenhaare, sondern auch noch eine Rüsselnase, blaue Punkte im Gesicht und meistens einen Taucheranzug mit Flossenschuhen an. Natürlich ist das Sams wieder ausgesprochen witzig und liebenswürdig und macht aus dem schüchternen Herrn Taschenbier, den es sich einfach als »Papa« adoptiert, schließlich einen lebenstüchtigen Mann. Aber nun gut, wenn er seiner Erfindung blaue Wunschpunkte statt brauner Sommersprossen ins Gesicht gibt und sie ständig in Reimen sprechen läßt, dann ist diese Menschenfreundlichkeit der häßlichen Erscheinung wohl das Mindeste an Wiedergutmachung, das der Autor dem lädierten Ruf der Rothaarigen schuldet.
Letztlich sind sie sich alle sehr ähnlich, diese von Erwachsenen ersonnenen rothaarigen Fabelwesen, die heimat- und elternlos sich an sympathische irdische Wesen klammern und ihre ständigen Verlustängste in allerliebsten Eifersuchtsszenen zelebrieren. Wirkliche Kinder haben es Gott sei Dank besser, auch wenn es bei ihnen vielleicht etwas langweiliger zugeht. Ich und meine Schwestern jedenfalls zogen es vor, die ganz normalen Geschichten von Hanni und Nanni, von den fünf Freunden und der ersten Liebe auf dem Reiterhof zu lesen. In diesen unspektakulären und pädagogisch nicht sonderlich wertvollen Büchern waren die Mädchen meist blond, braungebrannt und schrecklich durchschnittlich. So richtig geeignet, um sich mit ihnen zu identifizieren! Heute kann man Eltern kleiner rothaariger Kinder immerhin das hübsche Buch *Lilly Rotschopf* von Emma Damon empfehlen. Lilly hat lockiges, zotteliges, wirbelndes, verzwirbeltes, leuchtend gekräuseltes, verteufelt verknäultes knallrotes Haar. Klar, daß Lilly ihr Haar, das in dem Pop-up-Buch in

Form orangefarbener Wollfäden zwischen den Seiten hervorquillt, abgrundtief haßt. Bei der letzten Schulaufführung mußte Lilly mit ihrem großen roten Haarschopf einen Apfelbaum darstellen. Doch im nächsten Jahr hat die Lehrerin eine überraschende Idee. Sie möchte, daß Lilly einen Engel spielt, weil ihr knallrotes Haar den Himmel erleuchten wird. Am Abend der Aufführung verwandeln silberne und goldene Bänder Lillys Haar in ein Feuerwerk. Die Zuschauer sind begeistert von ihr. Und fortan liebt Lilly ihr lockiges, zotteliges, wirbelndes, verzwirbeltes, leuchtend gekräuseltes, verteufelt verknäueltes einzigartiges knallrotes Haar. Die Originalausgabe des Buches kommt aus England. Kann man vielleicht nur dort auf die Idee kommen, daß auch Engel rothaarig sein können?

3. Kapitel
Von Hexen und fatalen Frauen
Der Mythos von der rothaarigen Hexe

> Und ich sah eine Frau auf einem scharlachroten Tier sitzen, das war voll lästerlicher Namen und hatte sieben Häupter und zehn Hörner. Und die Frau war bekleidet mit Purpur und Scharlach und geschmückt mit Gold und Edelsteinen und Perlen und hatte einen goldenen Becher in der Hand, voll Greuel und Unreinheit ihrer Hurerei, und auf ihrer Stirn war geschrieben ein Name, ein Geheimnis: Das große Babylon, die Mutter der Hurerei und aller Greuel auf Erden.
> *Neues Testament, Offenbarung 17,3-5*

> Wenn ein alter, hochverdienter Gelehrter noch mit 70 Jahren seine Familie verläßt und eine zwanzigjährige, rothaarige Schauspielerin heiratet, dann – wissen wir – haben sich die Götter wieder ein Opfer geholt. So zeigt sich bei uns dämonische Übergewalt. Bis vor kurzem wäre es noch ein leichtes gewesen, diese junge Person als Hexe abzutun.
> *C.G. Jung, Über die Archetypen des kollektiven Unbewußten*

> Rotes Haar hat's Fegefeuer schon auf dieser Welt.
> *Volksweisheit*

Als ich zu einem langen und dünnen Mädchen heranwuchs, rechneten es sich meine netten Kinderfreunde offensichtlich als Verdienst an, mich trotz meiner feuerroten Haare bis dato am Leben gelassen zu haben. Im Mittelalter nämlich, so ihre hämische Bemerkung, wäre ich doch schon längst als Hexe verbrannt worden! Was ich da doch für ein Glück hätte, im aufgeklärten 20. Jahrhundert geboren worden zu sein. Ich sah das, ehrlich gesagt, ähnlich, denn ganz sachlich betrachtet war es um einiges angenehmer, nur als »Hexe« beschimpft zu werden, und nicht auf dem Scheiterhaufen zu verbrennen. Als allerdings auch der Religionslehrer mich damals etwa Zwölfjährige haßerfüllt vor sich hingrummelnd als »Hexe« beschimpfte, war ich doch getroffen. An die Neckereien der Kinder hatte ich mich schon gewöhnt, die »Hexe« gehörte zum üblichen Repertoire kindlicher Grausamkeit, das bereits das solide Fundament meines Minderwertigkeitsgefühls gelegt hatte. Aber wegen einer schlichten Unaufmerksamkeit von einem Lehrer als »Hexe« beschimpft zu werden, das war eine neue Qualität. Dabei war mir die Ungeheuerlichkeit, daß ausgerechnet der Religionslehrer sich zu dieser Beschimpfung hinreißen ließ, nicht einmal bewußt. Von Hexenverfolgung und Hexenverbrennungen war im Religionsunterricht selbstverständlich keine Rede. Ob aus Unkenntnis oder Unverstand, mag dahingestellt bleiben. Die Tatsache, daß mein Religionslehrer genau wie meine kleinen Feinde dem althergebrachten Klischee von der rothaarigen Hexe huldigte, spricht im Grunde für beides. Immerhin schien er zu wissen, daß die Geschichte des Christentums nicht gerade arm an grausamen Taten ist; da traute er Gottes Vertretern auf Erden offensichtlich auch die Irrationalität zu, Frauen aufgrund ihrer Haarfarbe zu denunzieren. Schließlich tat er es ja selbst!

Auch Boulevardblätter spielen gern mit der Assoziation rothaarige Frau und Hexe. »Frauen, die kleinen Jungen noch heute angst machen: Der Typ Rita Hayworth und die böse Hexe« titelt beispielsweise die *Bunte* in ihrer Ausgabe vom 12. September 1991 und breitet darunter über zwei Seiten lasziv auf einem Handtuch ausgestreckt die (leider nur gefärbte) rothaarige Rita Hayworth aus. Etwas kleiner, in der Ecke, die Reproduktion einer Hexenverbrennungsszene aus dem 19. Jahrhundert von Gottfried Franz. Unterzeile: »Rote Haare waren das Kainsmal der Hexen. Vom Mittelalter bis zu Hänsel und Gretel.«
Nun ist der letzte Hinweis noch relativ schnell als volkskundliche Falschmeldung zu erkennen, denn keiner, der in seiner Kindheit die Grimmschen Märchen zu hören bekam, hätte je etwas davon erfahren, daß die Hexe bei Hänsel und Gretel oder irgendeine andere Märchenhexe rote Haare hatte. Sie waren alle alt, häßlich und bucklig und trugen zumeist ein Kopftuch. Hierunter konnten sich allerdings die im Alter verblichenen roten Haare verbergen, wofür auch der für Hexen übliche Buckel ein Indiz sein könnte. Der Buckel war in früheren Zeiten eine typische Folge der Osteoporose, die wiederum bei Menschen, die sich vor direkter Sonneneinstrahlung schützen mußten und deswegen unter Vitamin D-Mangel litten, besonders verbreitet war. Zu dieser Gruppe Sonnenflüchtiger zählten zweifellos auch schon zu Zeiten einer noch intakten Ozonschicht rothaarige Personen. Also auch unsere Märchenhexe? In den Märchentexten finden sich keinerlei Hinweise auf die roten Haare der bösen alten Weiber und schon gar nicht wird ein direkter Bezug zwischen ihrer Boshaftigkeit und etwaigen roten Haaren hergestellt. Zwar wird den Haaren in vielen Märchen mythische Kraft zugesprochen – doch außer dem Teufel, der ganz rot, also auch rothaarig ist, spielt das rote Haar im Märchen keine Rolle. Allenfalls werden die roten oder rotumränderten Augen der Hexen als schauerliches Detail angeführt. Die Märchenhexen also sind offensichtlich nicht rothaarig. Waren es dafür die »echten« Hexen, die Opfer der Hexenverfolgungen? Waren »rote Haare« wirklich ein tödliches Kainsmal?
Die Hexenverfolgung ist keinesfalls, wie der historische Laie oft annimmt, ein Phänomen des finsteren Mittelalters. Erste Hexenprozesse fanden im vorreformatorischen 15. Jahrhundert statt, der Höhepunkt der Hexenprozesse in Deutschland datiert jedoch zwischen 1560 und 1630 – folgt also auf die Zeit der Renaissance, die mit der Herausbildung der modernen Welt, mit Rationalität, Humanismus und dem Beginn der bürgerlichen Gesellschaft verbunden wird. Hexenprozesse und -verbrennungen zogen sich bis ins 18. Jahrhundert! So wurde in Dresden noch im Jahre 1694 der Mutter einer Mätresse des verblichenen Kurfürsten Johann Georg von August dem Starken der Prozeß gemacht, angeblich weil sie seinen Bruder Johann Georg erst von ihrer Tochter abhängig und ihn dann wie die Tochter an den Blattern hat sterben lassen. Zwei ihrer »Hexen-Mittäter« starben an den Folgen der Folter – ein grandioser Auftakt für eine von unzähligen Liebschaften und zügelloser Prasserei gekennzeichnete Regentschaft.
Wie viele Menschen insgesamt den Verfolgungen zum Opfer fielen, ist umstritten. Auch wenn die Zahlen nach neuesten Forschungen nach unten korrigiert wurden und man »nur

noch« von etwa 60 000 bis 100 000 Todesopfern in Europa spricht, denen aber weitaus mehr Verdächtigte und Gefolterte als physisch und psychisch Gepeinigte hinzugerechnet werden müssen, so steht doch außer Frage, daß der Hexenglaube das Leben von Frauen in dieser Zeit prägte. Denn achtzig Prozent der als Hexen verfolgten Personen waren Frauen.

Trotzdem kann man schlecht von einem »Hexenwahn« sprechen, denn der Glaube an Dämonen, Geister und Hexen gehörte zum Leben insbesondere der damaligen Landbevölkerung und ging zum Teil auf alte matriarchalische Göttinnenkulte der Antike, der Germanen und Kelten zurück. Unerklärliche Phänomene wie Naturkatastrophen, Krankheiten und plötzliche Todesfälle erklärte sich der Volksglaube mit dem Wirken übernatürlicher und magischer Kräfte, denen der »Schadenzauber« zugeschrieben wurde. Zur Abwehr setzte man entsprechende magische Mittel ein, entweder Amulette und andere abwehrende Gegenstände, oder ein mit entsprechendem Wissen ausgestatteter »Hexenbanner« half mit Beschwörungen. Die christliche Kirche verbot und bekämpfte schon im Mittelalter diesen heidnischen Aberglauben, doch erst seit den Ketzerprozessen durch die Inquisition im 13. und 14. Jahrhundert wurde auch die »Zauberei« zunehmend verfolgt. Hexen und Zauberer wurden nun zu Häretikern, die Gott abgeschworen und sich mit dem Teufel in sogenannten Hexensekten verbündet hatten – der ehemals als unchristlicher Aberglaube abgetane Volksglaube wurde nun Teil der kirchlichen Ideologie. Das Vorliegen eines bestimmten »nachweisbaren« Schadenszaubers als Voraussetzung für die erst im 15. Jahrhundert selbständig aufkommende Hexenanklage wurde dabei immer unwichtiger, der Bund mit dem Teufel, der durch erfolterte Geständnisse »bewiesen« wurde, war ausreichend für die Verurteilung zum Tode. In den einzelnen deutschen Regionen ergaben sich zeitweise richtige Verfolgungswellen, weil Frauen unter der Folter andere »Gespielinnen«, die sie beim Hexensabbat gesehen oder von denen sie ihre Zauberkünste gelernt haben wollten, »besagen« mußten. So hoffte man, ganze Hexensekten auszurotten.

Diese archaisch anmutende ›Theorie‹ war paradoxerweise Ergebnis modernen aufklärerischen Gedankenguts, das die naturwissenschaftlich nicht zu erklärenden Phänomene zum Teufelswerk und den Teufelsbund damit zur Voraussetzung für Hexereien erklärte. Dieser Teufelsbund wurde entsprechend dem aufkommendem bürgerlichen Gedankengut als freiwilliges Bündnis gleichberechtigter Partner angesehen – weswegen die Strafe um so härter ausfallen mußte, denn der Entschluß, statt dem Guten dem Bösen zu dienen, fand in voller Entscheidungsfreiheit statt. Das hieß aber in der Konsequenz, Hexe konnte jede(r) sein, nicht Äußerlichkeiten, wie Aussehen, Kleidung oder Alter waren Indiz für die Bosheit, sondern allein der Wille zum Bösen, dessen Eingeständnis durch die Folter erzwungen werden mußte. Zwar suchte man noch nach äußerlichen Anzeichen wie dem Hexenmal, das mit einer Nadel angestochen kein Blut von sich geben durfte, doch fand man ein solches Brandzeichen des Teufels nicht, so hieß das nichts weiter, als daß der Teufel sich dieser Verbündeten besonders sicher war. Womöglich werden auch Sommersprossen für die armen Verdächtigten kein gutes Omen dargestellt haben, über dieses »Körperzeichen« findet sich in den Chroniken jedoch nichts.

Am Anfang traf es insbesondere alte, arme Frauen, vor allem auf dem Land. Unverheiratete Frauen, Witwen, zum Teil wunderliche Außenseiterinnen, die noch am ehesten unserem Märchenhexenbild entsprechen, wurden als erste verdächtigt, wenn beim Nachbarn das Kind schwer erkrankte, die Kuh blutige Milch gab oder die Ernte verhagelte. Später, in der Hoch-Zeit der Verfolgungen, traf es in einzelnen Regionen durchaus junge hübsche Frauen, sogar solche aus der Ober- und Führungsschicht, wie gegen Ende auch immer mehr Männer und sogar Kinder mit dem Hexenvorwurf konfrontiert wurden. Allerdings findet sich nirgendwo ein Hinweis darauf, daß die roten Haare der Verdächtigten als Indiz für die Hexerei oder gar als auslösend für den Hexenvorwurf gewertet wurden. Das Aussehen spielte offensichtlich keine Rolle, der Hexenverdacht konnte, je mehr die Theorie vom Teufelsbund Allgemeingut wurde, jede und zunehmend auch jeden treffen.

Die Sache wird endgültig kompliziert, wenn man bedenkt, daß ausgerechnet in der Renaissance in Italien, aber auch in England, wo das rötliche Haar von Elisabeth I. zur allgemeinen Modefarbe avancierte, das rötliche Blond oder auch sogenannte Tizianrot zum ersten Mal gesellschaftsfähig und sogar schick wurde. Diese Mode schlägt sich nicht nur augenfällig in der weltlichen Malerei nieder, sondern auch im religiösen Marienkult. So finden sich unter den vielen Madonnen und Engeldarstellungen schon des Mittelalters zahllose Rothaarige – sofern man goldene und rotblonde Haare nicht in künstlerisch aufgewertetes Blond uminterpretieren will. Daß dies nicht ins heutige Rothaarigenbild paßt, zeigt der Text unter einer Abbildung der rothaarigen Muttergottes aus der Wallfahrtskirche Birnau am Bodensee in einem von der Firma *Wella* herausgegebenen Buch: »Zur gleichen Zeit ..., als der Bildhauer dieses Meisterwerk schuf, wurden andernorts Tausende junger Frauen ihres roten Haares wegen als Hexen gefoltert und verbrannt – und hier ein Muttergottesbild mit rötlichem Haar!«[1]

Aber auch in neueren Werken findet sich eine eigenartige Art des selektiven Sehens. So wird im Katalog des Bonner Frauenmuseums zur Ausstellung über die mittelalterliche *Stadt der Frauen* die Sünderin in Stefan Lochners *Weltgericht* korrekt als Rothaarige herausgehoben – allerdings stehen nur ein paar Zentimeter weiter die Reinen, Guten, die Einlaß ins Himmelreich begehren und sind ebenfalls rothaarig. Vielleicht ein wenig heller als die Sünderin, die – und das scheint mir das entscheidendere Erkennungsmerkmal zu sein – sich in den Klauen eines Teufels windet.

Im Mittelalter, soviel ist sicher, waren die Rothaarigen nicht gerade gut angesehen. In dem lateinisch geschriebenen deutschen Epos *Ruodlieb* aus dem Jahre 1050 warnt die erste von zwölf Lebensregeln Ruodlieb vor den Rothaarigen: »Non tibi sit rufus umquam specialis amicus«, was soviel heißt wie »Freunde dich nie enger mit einem Rothaarigen an«. Gerade auch das Christentum trug viel zur Diffamierung Rothaariger bei. Der bei den Germanen mit rotem Haar und rotem Bart versehene böse Gott Loki mutierte unter den

Christen zum roten Teufel. Immerhin verwandelte sich der ebenfalls rothaarige Donnergott Donar in den gutmütigen roten Petrus, der nunmehr den Donner erzeugt, indem er mit Unserer lieben Frau über das Himmelsgewölbe hinwegfährt. Beim guten Petrus ist es aber geblieben; alle anderen von den Bibelexegeten mit rotem Haar ausgestatteten Teilnehmer in der christlichen Theodramatik sind böse und falsch. Von der verführerischen Eva über die nicht minder verruchte Tänzerin Salome und die verräterische Delilah bis hin zum kindermordenden Herodes und dem Verräter Judas wird allen schlechten Gestalten der Bibel rotes Haar verliehen. Am unheilvollsten wirkte sich dabei das Bild vom rothaarigen Judas Ischariot aus. Die Vorstellung, daß Gott diejenigen besonders gezeichnet hat, denen er rote Haare gab, wird mit der angeblichen Rothaarigkeit des Verräters des Herrn begründet. So scheint sich auch der Glaube, daß rotes Haar wenig Gutes verspricht, erst mit der Einführung des Christentums in Europa durchgesetzt zu haben. Als Zauberfarbe und Farbe des Bösen wird Rot nun zur Lieblingsfarbe des Teufels und aller, die mit ihm im Bunde stehen, vor allem auch der Hexen. »Was rot ist, gehört dem Teufel« oder »Die Rothaarigen stehen mit dem Teufel im Bunde« hieß es, und noch heute erfreut man Rothaarige gerne mit dem Spruch »Rote Haare, Sommersprossen, sind des Teufels Artgenossen«. Hexen als Verbündete des roten Teufels wurden rotumrändete Augen,

Rothaarige in den Klauen des Teufels: Stefan Lochners *Weltgericht* (Ausschnitt)

Von Hexen und fatalen Frauen

rote Strümpfe und rote Röcke zugesprochen; sie opferten dem Teufel rote Hähne, zauberten mit roten Tüchern und hatten, so der bis heute gültige Volksglaube, rote Haare. Dieser mittelalterliche Aberglaube muß in Deutschland auch in der Renaissance lebendig gewesen sein – schließlich ist er es heute noch! Im einfachen Volke galt der Rothaarige weiterhin als falsch und verschlagen, egal wie sehr in reichen und gebildeten Kreisen einem tizianroten Schönheitsideal gehuldigt worden sein mag. Insofern ist es schon möglich, daß rothaarige Frauen, weil sie mißtrauisch geschnitten und damit zu Außenseiterinnen gestempelt wurden, genauso wie andere wunderliche Weiber dem Hexenverdacht schneller anheimfielen. Doch in den zeitgenössischen Quellen lassen sich für diese Vermutung keinerlei Beweise finden.

Die Vorstellung von der »rothaarigen Hexe«, die auf dem Scheiterhaufen loderte, hat mit historischen Fakten also wenig bis gar nichts zu tun, es sei denn, man behilft sich mit der allgemeinen Erklärung, daß die Minderheit der Rothaarigen offensichtlich auch schon im Mittelalter als Sündenbock herhalten mußte und damit ins anfänglich vorherrschende Muster der neuzeitlichen Hexenverfolgungen paßte. Meine Peiniger sind also allesamt einem historischen Irrtum aufgesessen. Der Mythos von der »rothaarigen Hexe« muß seine Wurzeln woanders haben. Bei Licht betrachtet, hat die Vorstellung von der roten Hexe ja auch weniger etwas mit einer buckligen Alten als mit einer verführerischen Schönen zu tun. So schön und verführerisch, wie man sich im 19. Jahrhundert die lasterhafte und bedrohliche *femme fatale* zusammenphantasierte. Und die *femme fatale*, wie schon der Artikel in der *Bunte* zeigt, hat sozusagen per definitionem rote Haare. Der Verdacht liegt da nahe, daß es sich bei unserer Vorstellung von der Hexe um eine Projektion handelt, die aus dem 19. Jahrhundert stammt. Die *femme fatale* als Ausgangspunkt und Endpunkt eines bösartigen Frauenbildes, das in der Neuzeit die Hexen schuf, sich über die Jahrhunderte ein wenig verfeinerte und dann im 19. Jahrhundert in der Vorstellung von der verführerischen Kokotte endete.

Das Frauenbild der patriarchalischen Gesellschaft, die sich mit dem Beginn der Neuzeit zunehmend herausbildete, war von Verachtung, Mißtrauen, ja geradezu Haß geprägt und beeinflußte auch die Vorstellungen von der Hexe. Als Höhepunkt theoretischer Erörterungen zum Wesen der Frau im Allgemeinen und der Hexe im Besonderen, das gleichzeitig zum ersten Mal den wissenschaftlichen Begriff von der Hexe grundlegend darlegte und zusammenfaßte, kann sicherlich der *Malleus maleficarum*, der sogenannte *Hexenhammer* der beiden dominikanischen Inquisitoren Heinrich Institoris und Jakob Sprenger aus dem Jahre 1487 angesehen werden. Er leitete die Verfolgung der Hexen durch die weltlichen Gerichte ein. Der Frauenhaß, der in dieser Schrift der beiden glühenden Marienverehrer zum Ausdruck kommt, ist schon pathologisch zu nennen. Es beginnt damit, daß *femina* übersetzt wird mit »die weniger Glauben hat« (abgeleitet von fe = fides, Glaube, minus = weniger). »Weiber sind in größerer Zahl als die Männer abergläubisch: weil sie leichtgläubig sind; weil sie von Natur wegen der Flüssigkeit ihrer Komplexion leichter zu beeinflussen sind zur Aufnahme von Eingebungen durch den Eindruck gesonderter Geister, weil ihre Zunge schlüpfrig ist.«[2] Aufbauend auf der aristotelischen Lehre von der Minderwertigkeit der Frau und den Theorien zahlloser Kirchenväter fahren sie fort: »Weil noch in den jetzigen Zeiten jene Ruchlosigkeit mehr unter den Weibern als unter den Männern sich findet ..., da sie in allen Kräften, der Seele wie des Leibes mangelhaft sind ... Was den Verstand betrifft, oder das Verstehen des Geistigen, scheinen sie von anderer Art zu sein als Männer ...«.[3] Entscheidend aber ist die Bedrohung des »Menschen« Mann durch das »unvollkommene Tier« Frau, das »immer täuscht« und nur seinen Trieben gehorcht, »... so daß unter Weib verstanden wird die Begehrlichkeit des Fleisches ..., weil sie fleischlicher gesinnt ist, als der Mann, wie es aus den vielen fleischlichen Untaten ersichtlich ist ... Alles geschieht aus fleischlicher Begierde, die bei ihnen unersättlich ist.«[4]

Der Teufelsbund wird nach Institoris/Sprenger besiegelt durch die sogenannte Teufelsbuhlschaft, also den Geschlechtsverkehr mit dem Teufel. Die wissenschaftlich heikle Frage, ob aus dieser fleischlichen Verbindung auch Nachkommen gezeugt werden können, wird mit der Theorie von den Incubi und Succubi gelöst: Da der Teufel als Geist keinen Samen hervorbringen kann, muß er sich erst in Frauengestalt (Succubus) einem Mann hingeben, um dessen Samen zu stehlen. Danach tritt der Dämon in Gestalt eines Mannes (Incubus) auf und schwängert die Hexe mit dem bereits erkalteten und damit verdorbenen fremden Samen. Solcherart phantastischer wissenschaftlicher Erklärung unterliegt auch die »Art, wie sie die Zeugungskraft zu hemmen « und die »männlichen Glieder wegzuhexen pflegen«. Auch der Hexenflug und die Verwandlung in Tiere werden »wissenschaftlich« untermauert.

Die von Kastrations- und sonstigen Sexualängsten sowie pornographischen Phantasien geprägten Hexenvorstellungen kulminierten in den Ende des 16. Jahrhunderts zu voller Blüte gelangten Vorstellungen vom Hexensabbat. Neben dem Hexenflug und dem ausgelassenen Hexensabbattanz fand hier die sodomitische Vereinigung mit dem Teufel, der auch in Geißbockgestalt auftreten konnte, direkt statt. Bei den Freßgelagen und sexuellen Orgien steckte man Frauen mit gespreizten Beinen und nach oben gereckten Hintern Kerzen in den Anus. Diese lebenden Lichtstöcke werden in einigen volkskundlichen Schriften als »vor allem rothaarige Hexen« bezeichnet. »Die Unhulden müssen zuvor mit ihrem Teufelsbuhlen Unzucht treiben. Hernach geht's durcheinander insgemein, [es] mut' ein Unhuld die ander an.« Es wird »allerhand greuliche, sowohl sodomistische als natürliche Unzucht getrieben, zwischen den Brüsten, unter den Axeln, hinter und fürwärts.«[5] In diesen Vorstellungen waren die nachreformatorischen Bemühungen um Anstand und Moral der Frau in der bürgerlichen Ehe gründlich durcheinandergebracht. In orgiastischer Sinneslust widerstanden die Hexen den klerikalen Moralvorstellungen, die sexuelle Enthaltsamkeit und Unterwerfung unter den Mann forderten. Eine verkehrte Welt, die in den Horrorvorstellungen der auf Vernunft und Kontrolle ausgerichteten neuzeitlichen Männerwelt immer auch mit Weibermacht assoziiert wurde. Der Archetyp der Teufelshure, Bestandteil abgespalteter perverser Männerphantasien, war geschaffen.

Von Hexen und fatalen Frauen

Auch zeitgenössische Hexendarstellungen stützten die Phantasie von der verführerischen und wollüstigen Frau. Im scheinbaren Widerspruch zum verstärkten Aufkommen von Aktdarstellungen in der Malerei machte sich in der neuzeitlichen Gesellschaft eine zunehmende Sittenstrenge breit, der weder die reformatorische Bewegung noch das humanistische Gedankengut im Wege standen. Im Gegenteil: Frauen brachten die Männer sozusagen »um den Verstand«, was für die Humanisten ein Greuel und damit Anlaß für eine fortgesetzte christlich-repressive Sexualmoral war. Die Wiederentdeckung der antiken Aktdarstellung hatte also wenig mit Sinnenfreude, dafür umso mehr mit projizierten Männerphantasien zu tun. Es dürfte kein Zufall sein, daß viele der Aktbilder Darstellungen von Hexen waren. Herausragend sind hier die Holzschnitte und Federzeichnungen von Hans Baldung Grien, die sich anfänglich noch eng an die in den Hexentraktaten entwickelten Bilder von den Ehebrecherinnen, Huren, Konkubinen, Hebammen und Kräuterfrauen orientierten, schließlich sich jedoch auf den nackten Körper der Hexe konzentrierten, der als solcher bereits Inbegriff aller Bedrohung war. Auffallend bei Griens wie bei allen anderen Darstellungen von Hexen ist, daß sie nie an Äußerlichkeiten, sondern immer nur an Attributen und Handlungen als solche zu identifizieren sind. So brauen sie in zwischen gespreizten Beinen eingeklemmten Kesseln Hexensalben, sie reiten auf Besen, die sie ebenfalls in eindeutiger phallischer Symbolik zwischen ihre Beine pressen, auf Forken

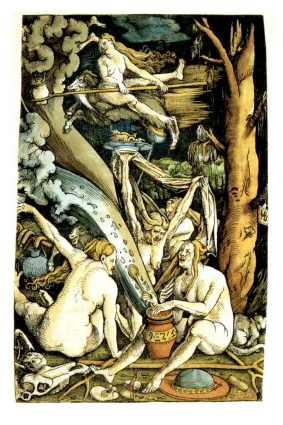

Hans Baldung Grien *Hexensabbat*

hängen wurstähnliche Gebilde – die weggehexten Penisse –, sie zünden sich an ihren Winden Kerzen an, sie genügen sich in autoerotischen und lesbischen Beziehungen auch zu älteren Hexen selbst, sie sind schließlich schon als Nackte, fernab jeden Schadenszaubers Hexe.

Der projektiven Phantasie, wie sie schon im *Hexenhammer* zum Ausdruck kam, waren keine Grenzen gesetzt. Die einzige Äußerlichkeit, die in den Hexendarstellungen zunehmend auffällt, ist das wallende, bei reitenden Hexen wehende, lange Haar. Während insbesondere in deutschen Landen die Frisur eher streng hochgesteckt und geflochten war oder gar ganz unter einer Haube verschwand – die in einigen Hexendarstellungen als einzige Bekleidung zu sehen ist – weht mit zunehmender Erotisierung der Hexendarstellung auch das verführerische lange Frauen- bzw. Hexenhaar, und zwar bei alten wie jungen Hexen. Denn nicht nur die schönen, jungen Körper werden dargestellt – Grien, genauso wie Dürer und andere Künstler ihrer Zeit zeigen auch den alten, verfallenen Körper. Alte Frauen sind dabei oft in der Position, junge Frauen anzuleiten, ihnen ihr Wissen weiterzugeben, eine Vorstellung von Frauenzusammenhalt, die Männer offensichtlich besonders geängstigt hat. Denn auffallend ist der Widerspruch zwischen der Darstellung insbesondere der verführerischen Frau und der Praxis der Hexenprozesse, in denen Schönheit keine Rolle spielte und in deren Verlauf auch mehr alte als junge Frauen zum Tode verurteilt wurden.

Die verführerische Hexe bleibt der Malerei und Literatur der folgenden Jahrhunderte als Thema erhalten. Dabei wird der Bezug zur Prostituierten und Kurtisane, nackt oder im Mieder, auf dem Besen, dem Bock oder dem Fahrrad reitend, immer unverhohlener. An letzterem Beispiel wird besonders deutlich, wie zaghafte Versuche von Frauen, sich aus Zwängen zu befreien, sofort dämonisiert werden. Auf dem Bild von Jean Veber, *Die Hexen einst und jetzt*, reiten zwei nackte Frauen auf einem Besen – eine von ihnen übrigens rothaarig! Unten, klein im Bild sitzt ein weiteres, allerdings angezogenes Frauenpaar auf einem Rad-Tandem.[6] Noch deutlicher wird die Botschaft bei Félicien Rops Zeichnung *Das Fahrrad*, bei der eine halbnackte Frau triumphierend auf einem Einrad in Form eines Riesenpenis sitzt. Sexuelle Libertinage, Bewegungsfreiheit und der Ausbruch aus vorherrschenden Normen sind Zeichen alter wie neuer Hexen. Auch Félicien Rops' Bild *Der wahre Spiegel der Hexerei* ist ein hübsches Beispiel für männliche Sexualphantasien des ausgehenden 19. Jahrhunderts. Ein als wohlhabender Bürger verkleideter Teufel präsentiert dem Betrachter drei junge, teils nackte Frauen in aufreizenden Haltungen: eine in schwarzen Strümpfen und mit nacktem Unterleib, eine mit hochgeworfenem Rock und nacktem Hintern; die dritte umklammert in beischlafähnlicher Haltung einen überdimensionalen Besen.[7] Ganz zu schweigen von der Ropsschen Darstellung der *Versuchung des Heiligen Antonius*, bei der eine nackte Frau mit wehendem rotem Haar statt eines Jesus ans Kreuz genagelt ist und den knienden Antonius aufreizend anlacht – immerhin erstaunlich, angesichts ihrer unbequemen Lage.

Anders als die Künstler der frühen Neuzeit konnten sich die Maler jetzt auch dem Thema

Hexenprozeß und Hexenverbrennung zuwenden. In den Darstellungen der Folter, der Suche nach dem Hexenmal und der Tränenprobe wird das bigotte, lüsterne Verhalten der Kleriker und weltlichen Richter deutlich, nicht zuletzt, weil es sich bei den Opfern durchweg um schöne, erotische Frauen handelt. Doch ihre Erotik wird im Leiden jetzt gleichsam überhöht zur wehrlosen Unschuld, die vermeintliche Hexe wird ihrem ewigen Pendant der Unbefleckheit, der Maria ähnlich. Gleichzeitig scheint ihre Schönheit ihr Schicksal provoziert zu haben: wer als Frau Gewalt erfährt, ist selber schuld, sagen auch diese Bilder. Dabei wird die grausige, unästhetische Realität wieder bewußt ausgeblendet; nicht zerschundene Folteropfer mit gebrochenen Gliedern und abgerissenen Brüsten werden dargestellt, sondern junge, schlanke, schöne Frauen mit langem Haar und einem irgendwo immer herauslugenden knackigen Busen.

Zu der Zeit, als diese Stiche und Bilder entstanden, herrschte eine ähnlich puritanische Sittenstrenge wie zur Zeit der Hexenverfolgungen. Die bürgerliche Frau im ausgehenden 19. Jahrhundert hatte nichts anderes zu tun, als zu gefallen und zu heiraten. Im Gefängnis der Ehe und des bürgerlichen Haushalts blieb ihr als Protest nur die Krankheit, die Hysterie. Die Chancen für Frauen, einen respektablen Beruf zu ergreifen, waren gering. Wollten sie nicht Lehrerin oder Gouvernante werden, blieb ihnen nur die »Halbwelt« der Schauspielerinnen, Tänzerinnnen oder Sängerinnen (siehe unter anderen die von Toulouse-Lautrec porträtierten Künstlerinnen Jane Avril, Yvette Gilbert, Sarah Bernhardt). Gleichzeitig versuchten immer mehr Frauen aus der Unterschicht durch Prostitution ihre kärglichen Fabrikarbeiterinnen- und Dienstmädchenlöhne aufzubessern und wurden Kokotten oder Kurtisanen. Eine Zeit schönster Bigotterie, in der die Männer sich durchaus wohlfühlten – eine ausgehaltene Geliebte galt als absolut standesgemäß. Die Haarfarbe dieser »fatalen Frauen« war rot – wenn auch wieder oft nicht in der Realität, so doch in der gemalten Imagination, die in dieser Zeit geradezu vom Motiv der *femme fatale* dominiert wird.

Daß eine der bekanntesten Lebedamen der Pariser Halbwelt, die aus England stammende Kurtisane Cora Pearl, rothaarig war, mag diese Symbolik befördert haben. Cora Pearl war besonders berühmt für ihren schönen Körper, mit dem sie ihre Liebhaber um Verstand und Vermögen brachte. Das Gesicht dieser Frau, die für die erstaunlich lange Zeit von 25 Jahren in Frankreich als Prototyp der modernen Kurtisane galt, fand dagegen wenig Gnade. Cora habe »ein Gesicht wie ein Clown, einen Mund wie eine Kloake und dazu einen lächerlichen englischen Akzent«, schrieb der Schriftsteller Alphonse Daudet über die begehrte Liebhaberin. »Ein häßlicher Kopf, aber ein geschmeidiger junger Körper.« Auf Fotos ist von Cora Pearls häßlichen Kopf allerdings nichts zu sehen; sie ist durchaus hübsch. Das rote Haar scheint den Herren selbst auf dem Kopf einer Kurtisane offensichtlich verboten ausgesehen zu haben, sozusagen »zuviel des Guten«. Cora Pearl verfügte aber zu ihrem Glück über weitere den Rothaarigen zugeschriebene Eigenschaften wie Eigenwilligkeit, Selbstbewußtsein und Verwegenheit. So bemühte sich Cora auch keineswegs, durch dezentes Schminken den Anschein von Natürlichkeit zu wahren, wie das zu ihrer Zeit üblich war. Die konturlosen Augen der Rothaarigen bemalte sie mit

»einem Schleier von himmelblauen Schmelz«, wie einer ihrer Verehrer schreibt. »Ihre festen Lippen wurden durch einen ziegelroten Farbton hervorgehoben. Mit dem Wangenrot, das die aufblühende Kupferfarbe, ein Erbteil ihrer Rasse, verbarg, gab sie sich das Aussehen einer Puppe. Ihr leuchtendes Haar war wie mit einem unmerklichen Stahlstaub bedeckt.« Ein durch und durch roter Skandal! In der sogenannten feinen Gesellschaft galt nämlich nicht nur rotes Haar als ordinär und entsprechend das Rotfärben als unschicklich – selbst der Gebrauch von Lippen- und Wangenrot war verpönt. In der Welt der fatalen Frauen war das Rot jedoch nicht erst seit Cora Pearl zu Hause – Rot war schon immer die Farbe der Liebe und des Luxus. Die Verbindung der Farbe Rot zu Lust und Laster ist alt, die Gedankenverbindung zwischen roten Haaren und aufreizender Sexualität kulminierte dagegen im bigotten 19. Jahrhundert. »In der Jugend eine Hure, im Alter eine Hexe« – das Sprichwort macht deutlich, welche Gedankenassoziationen bei der volkstümlichen Vorstellung von der rothaarigen Hexe im Spiel sind.

Von der lasterhaften Frau der frühen Neuzeit bis zur Kokotte, der Kreis schließt sich: »Und ewig lockt das Weib.« Es begann mit Eva oder besser noch mit der angeblich rothaarigen ersten Frau Adams, der jüdischen Lilith, als erster Hexe und endet mit der roten Venus und Hexe des Atomzeitalters, Rita Hayworth, die ja auch nicht wirklich rothaarig war. Entscheidend sind die Phantasien der Männer, von Adam über Luther bis zu Herrn Meier. Doch während Lilith sich noch weigerte, beim Geschlechtsakt unter Adam zu liegen, ihn floh und sich dann am Roten Meer mit Dämonen paarte und lauter greuliche Töchter gebar, die als die lüsternen Dämoninnen *lilim* durch die Träume der jüdischen Männer geisterten und diese zum Samenerguß brachten, quälte sich die arme Rita Hayworth gar nicht lustvoll durch fünf unglückliche Ehen bis zu ihrem einsamen Ende. Männerphantasien können oft grausam, manchmal sogar tödlich sein. Für mich hatte die Legende von den rothaarigen Hexen immerhin den Vorteil, daß ich glaubte, Glück im Unglück gehabt zu haben: wenn schon nicht blond, so doch wenigstens spät geboren! Welche Gnade!

P.S.:
Übrigens gibt es noch eine zweite Interpretationsmöglichkeit für den Mythos von der rothaarigen Hexe. Weitgehend unbekannt ist, daß sich auch der Nationalsozialismus des Themas »Hexenverfolgung« wissenschaftlich angenommen hat, offensichtlich um es politisch-ideologisch zu instrumentalisieren. So wurde auf Veranlassung von Reichsführer SS Heinrich Himmler im Jahre 1935 das sogenannte Sonderkommando H (Hexen-Sonderkommando) erst beim Sicherheitsdienst und später beim Reichssicherheitshauptamt gegründet. Seine Aufgabe war es, alle verfügbaren Quellen der Hexenverfolgung zu sammeln, zu archivieren und unter bestimmten Fragestellungen auszuwerten. Dies waren unter anderem Fragen der rassen- und bevölkerungsgeschichtlichen Auswirkungen der Hexenprozesse. Zur Bearbeitung der über 30 000 gesammelten Prozeßakten wurden offensichtlich auch KZ-Häftlinge herangezogen, die die Wege der Hexenwahnopfer zum

Scheiterhaufen in den Akten verfolgten, während ein paar hundert Meter weiter der Schornstein des KZ-Krematoriums qualmte.

Soviel Zynismus verdankt sich dem makabren Ziel dieser Quellenstudien, nämlich die Hexenverfolgung hochzustilisieren zur Vernichtung rassereiner germanischer Frauen und Mütter durch die römische Kirche. Der offenbar recht schludrig vorgenommenen Quellenarbeit war ein Weltanschauungskampf zwischen verschiedenen völkisch gesinnten Gruppierungen und der katholischen Kirche vorangegangen. Kampfschriften mit Titeln wie »Christliche Grausamkeit an Deutschen Frauen« (Mathilde Ludendorff) vertraten vehement völkische Thesen, die einen Vernichtungsfeldzug des Christentums gegen das Germanentum mit Hilfe der Hexenprozesse beschworen. Dabei seien insbesondere »hochwertige« Frauen verfolgt worden, »blonde Frauen und Mütter, die Trägerinnen nordischen Rasseerbes wurden ausgerottet«.[8] Bei den Germanen habe die Frau hingegen ein hohes sittliches Ansehen genossen. »Nicht die menschliche Dulderin, sondern die volkheitliche Heldin und Mutter mit jedem Blick auf ihr Kind die Frage im Herzen, was wird es meinem Volke sein, ist das Hochbild der deutschen Frau.«[9] So wird auch die abenteuerliche These aufgestellt, das Hexenwesen und die Hexenverfolgung seien Produkte orientalisch-jüdischer Kultur, die das Germanentum quasi überfremdet habe. Eine Behauptung, die selbst bei den Nationalsozialisten keinen Widerhall fand und auch von der Kirche nicht aufgegriffen wurde, weil schon damals nicht zu leugnen war, daß die tödliche Hexenverfolgung ausschließlich ein Phänomen des abendländischen Christentums war. Die Nationalsozialisten akzeptierten im Unterschied zu diesem militanten Germanenkult, daß es bereits bei den Germanen Hexen- und Zaubereiprozesse gegeben habe, vermuteten hierin aber einen gemeinschaftserhaltenden »Nutzkult« gegen schadenstiftende, fremdrassige Hexen und Zauberer. Dieser Kult sei durch das Christentum zum selbstzerstörerischen Wahn entartet, der wertvollstes germanisches Rassegut vernichtete.

»Wertvollstes germanisches Rassegut« konnte natürlich auch rotblondes Haar haben, schließlich war das rote Haar bei den Germanen durchaus verbreitet gewesen. Während das sogenannte »fuchsige« Rot als eine rasseunabhängige Abartigkeit galt, die schon Mitte der dreißiger Jahre die Rassehygieniker auf den Plan rief, war Rotblond eine akzeptierte arische Variante. Als die Nazis sich nach dem Reichskonkordat darauf verlegten, das Christentum nicht mehr zu bekämpfen, sondern es in ihre Ideologie zu integrieren, wurde auch Jesus Christus, so weit es ging, »arisiert«. Bereits im Jahre 1932 sinnierte ein Hans F. K. Günther in der Zeitschrift *Volk und Rasse* öffentlich über Christus Aussehen, und aufgrund eines alabasternen Christuskopfes aus dem 1. Jahrhundert n. Chr. kommt er zu der Erkenntnis, »daß man sich Jesus nicht als bezeichnend jüdisch vorstellen dürfe«. Der Kopf habe vorwiegend nordische Ausprägungen und das gänzliche Fehlen »vorderasiatischer Züge« sei in Hinblick auf Ort und Zeit auffallend. Ein Einschlag nordischer Rasse sei für das damalige Syrien und Palästina mehr als wahrscheinlich. »Wäre ein solcher Einschlag, der gerade auch für Galiläa anzunehmen ist, durch Erbhäufung innerhalb des Geschlechtes Jesu und bei ihm selbst so stark hervorgetreten, so müßte man ihn auch in leiblicher

Hinsicht als eine der Randerscheinungen (und also nicht Kernerscheinungen) des damaligen Judentums auffassen, als die er ja in seelischer Hinsicht auch erscheint«.[10] Und so wird kurzerhand aus dem Juden Jesus ein rassisch wertvoller Mensch, der von minderwertigen Juden verfolgt wird. Da man einen Semiten aber bei allem nordischen Einschlag schlecht völlig erblonden lassen konnte, wurde er offensichtlich oftmals als rothaarig vorgestellt. So findet man Jesus Christus auch bis heute in Aufzählungen berühmter Rothaariger, interessanterweise besonders in Amerika. Übrigens wurde Jesus schon vor den Nazis ebenfalls aus ideologischen Gründen als Rothaariger gedacht. So gab es im 17. Jahrhundert ein »artliches Tractätlein« über rote Haare, in dem ein Jesuit zur Verteidigung der Rothaarigen den Nachweis führte, daß Christus rotes Haar gehabt habe. Es sei daher nur folgerichtig, so der Kirchenmann, daß rotes Haar »aus dem besten Temperament, so Christus ohne Zweiffel gehabt habe, wachse«.[11]

Die Verehrung des germanischen Rotblond muß unter den Nazis so weit gegangen sein, daß der Volksmund den Rothaarigen eine besondere Nähe zu den Rassefanatikern unterstellte: »Rote Haare, Sommersprossen, sind die ersten Volksgenossen!« rief man den wieder einmal Geplagten in Abwandlung eines bekannten Schimpfes hinter vorgehaltener Hand nach. Es mag daher nahegelegen haben, auch Hexen, sozusagen als Opfer christlich-rassischer Verfolgung, nachträglich mit germanisch rotblondem Haar auszustatten.

Daß der Versuch der Nazis, Rotblonde und Hexen aufzuwerten, gegen alteingesessenen Volksglauben nichts ausrichten konnte, zeigt die Geschichte der »Hexe von Buchenwald«: Die Frau des KZ-Kommandanten von Buchenwald, Ilse Koch, ging als rothaarige und grünäugige Hexe in die Nachkriegsgeschichte ein, obwohl sie laut Ausweis blond mit graublauen Augen gewesen ist. Denn Ilse Koch bediente alle Ansichten, die das Volk über Rothaarige pflegt: Sie war süchtig nach potenten Kerlen, gierig auf Luxus und Lust, und die Männer waren wild auf sie. Sie war zudem extrem grausam, peitschte Menschen im Vorübergehen blutig und schikanierte KZ-Häftlinge zu Tode. Sie galt als attraktive Rothaarige, die Männern die Haut abziehen und Lampenschirme daraus fertigen ließ. Laut Häftlingsaussagen trug sie »absichtlich Kleidung, die die Gefangenen erregen sollte« – kurze Röcke, durchsichtige Blusen, keine Unterwäsche. Wenn einer sich nach ihr umsah, machte sie »obszöne Bemerkungen zu den Gefangenen« und drohte Strafe an. Als Ilse Koch von den Amerikanern in einem zweiten Gerichtsverfahren nicht mehr zu lebenslangem Zuchthaus, sondern nur noch zu vier Jahren Gefängnis verurteilt wurde, da man ihr die sadistischen Exzesse, sexuellen Ausschweifungen und das Anfertigen von Lampenschirmen, Handschuhen und Buchumschlägen aus tätowierter Männerhaut nicht nachweisen konnte, demonstrierten in Deutschland und Amerika Tausende gegen die weibliche Bestie. Nach der Entlassung aus der US-Haft wurde sie von den Deutschen erneut vor Gericht gestellt und nun doch zu lebenslanger Haft verurteilt. Ein Schicksal, das nur wenige ihrer grausamen Gesinnungsgenossen mit ihr teilen mußten. 1967 hat sich die »Hexe von Buchenwald« im Gefängnis erhängt.

4. Kapitel
Haben Sie Probleme mit Sommersprossen? Schwanenweiß hilft
Die Rothaarigen und die Kosmetik

»Aber wenn Sie vielleicht irgendwelches Zeug hereinbekommen sollten, von dem man noch mehr Sommersprossen kriegt, dann können Sie mir sieben bis acht Dosen zuschicken.«

Pippi in Astrid Lindgren, Pippi Langstrumpf geht an Bord

Ja Madam, – einen sehr wesentlichen Werth haben die rothen Haare. Das will ich – Ihnen und der Göttin Mode zum Trotz – allen roth- und gold gelbhaarigen Mädchen aber zum Troste – hier beweisen.
Man findet durchgehends, daß immer mit rothem Haare eine überaus weiche, zarte und schneeweiße Haut, so daß man die blauen Adern durchschimmern sieht, verbunden ist ... Und wie weich, wie sanft und empfindungsvoll muß erst das Herz eines solchen Mädchens seyn; wenn der Schluß von einem weichen und zarten Körper auf eine eben so sanfte und zarte fühlende Seele, wie Aerzte und Philosophen glauben, richtig und erwiesen ist? Alle Eigenschaften eines guten Herzens kann man also bey rothaarigen Schönen vermuthen, und welch ein Glück ist das!
»Etwas von den rothen Haaren«, in: Journal des Luxus und der Moden (1786-95)[1]

Meine gesamte Kindheit und Jugend haderte ich mit meinem Aussehen. Ein besonders unangenehmer Begleiteffekt der eh schon unangenehmen roten Haare war die weiße Haut. Sie bräunte beim besten Willen nicht, sondern verwandelte sich unter der Sonne entweder in ein schmerzhaftes Rot oder in fein zerstäubte braune Punkte. »Wie in den Ventilator geschissen«, beliebten meine kleinen Feinde zu meinen Sommersprossen zu bemerken. Nach den Sommerferien fand in der Klasse stets ein peinlicher Wettstreit statt, wer am knackigsten braun geworden war. Und ich hatte beim Aneinanderhalten der Arme immer nur eine weißrötliche Haut mit einigen Sommersprossen zu bieten. »Hähä, ich bin man viel bräuner als du!« höhnte da die braungebrannte Meute meiner Klassenkameraden. So manchen schmerzhaften Sonnenbrand riskierte ich in der Hoffnung, daß nach dem Abpellen der verbrannten Haut ein wenig Braun hervorkäme. Doch alles Leiden war umsonst; ich hatte nie den Hauch einer Chance gegen meine blonden und dunkelhaarigen Mitschüler und Mitschülerinnen. Nachts träumte ich davon, blond und braun zu sein, und mußte doch jeden Morgen aufs neue in mein sommersprossiges Bleichgesicht blicken.
Hautkrebs war noch kein Thema, aber ein Sonnenbrand war auch ohne das Wissen um die Risiken eine äußerst unangenehme Sache. Und doch erwischte es mich immer wieder. So zum Beispiel, weil ich es irgendwann leid war, mich mit der öligen Nußsonnencreme einzuschmieren, die mich in meiner Kindheit immer an den Strand begleitete. Schon die Flasche klebte voller Sand, und nach dem Einölen mutierte man zum Sandstreuselkuchen – was sich besonders angenehm bemerkbar machte, wenn die Haut schon leicht gerötet war und die Sandkörner wie Schmirgelpapier brennende Striemen schliffen. Oder ich hatte mich ordentlich von oben bis unten eingecremt, aber der Badeanzug zog sich beim

Laufen und Rennen über die nichteingecremten Pobacken hoch, so daß ich anschließend tagelang nicht sitzen konnte. Häufig war auch der Brand in Kniekehlen, am Ende des Rückenausschnitts des Badeanzugs, auf Schultern und natürlich auf Stirn und Nase. Wenn ich ehrlich bin, habe ich es natürlich auch immer wieder drauf angelegt: ein bißchen Bräune mußte doch auch mir vergönnt sein! Es brauchte ja nicht gleich so schlimm zu kommen wie damals auf den Felsen vor Marseille, wo ich mit meinem ersten Freund in der Sonne gelegen und mich zwischendurch immer wieder ins Wasser hatte fallen lassen. Abends beim Einkaufen fiel ich statt dessen dann erst in Ohnmacht und anschließend in heftiges Zittern und Frieren. Meine glühende Haut zog sich zu einer schmerzhaften Gänsehaut zusammen, und ich weiß nicht mehr, wie ich die Nacht in der Mädchenabteilung der Jugendherberge überlebt habe. Nur daß wir am nächsten Tag schnell wieder nach Hause gefahren sind, das weiß ich noch. Dieser Sonnenstich-Sonnenbrand war noch schlimmer als der, den ich mir als Kind am Wattenmeer geholt hatte, durch das wir arglos gewandert waren. Welch ein Hohn, auf der Heimfahrt mit glühendem Gesicht in der Deutschen Bundesbahn dann das schmale Reklametäfelchen lesen zu müssen: »Haben Sie Probleme mit Sommersprossen? Schwanenweiß hilft!«

Schwanenweiß gibt es heute nicht mehr und kein Pharmazeut kann sich heute mehr an das Bleichmittel mit dem poetischen Namen erinnern. Es scheint so, als wenn der jahrtausendelange Kampf gegen die »Roßmugga«, »Läusmucke«, »Gugascheckn«, oder wie die im Sommer sprießenden Sommersprossen auch immer genannt werden, nun endlich eingestellt wurde. Dabei war bis in unsere Tage die Geschichte der Kosmetik auch eine Geschichte des erbitterten Kampfes gegen die kleinen »bräunlich-roten Flecken«. Der Jahrtausende währende Kult des blütenweißen Teints, der dem Sonnenkult unserer Tage vorausging, stürzte Sommersprossige – wiewohl mit bleicher, aber leider nicht reiner weißer Haut gesegnet – in große Probleme. Galt doch bis in die Anfänge des 20. Jahrhunderts, daß nur, wer nicht arbeiten muß, sich eine von der Sonne verschonte Haut leisten kann. Ein weißer Teint war der Nachweis müßiggängerischer Vornehmheit, die von Wind und Wetter gegerbte und gebräunte Haut dagegen Stigma des arbeitenden Volkes.

Schon bei den Römerinnen galt deswegen ein weißer Teint als erstrebenswert. Einem Lehrgedicht des römischen Dichters Ovid (43 v. – 18 n. Chr.) kann man ein Rezept entnehmen, das zum Bleichen der Haut eine Mischung aus gerösteten Lupinen und Bohnen, Schaum vom rötlichen Nitrum, illyrische Iris und Bleiweiß empfiehlt. Um das Gesicht frei von Runzeln, zart und weiß zu halten, wusch die Römerin es bis zu siebenmal täglich in Eselsmilch, wenn sie nicht den ganzen Körper, wie schon Kleopatra, darin badete. Das Gesicht puderte sie mit dem giftigen Bleiweiß oder Kalk und melischem Weiß.

In der Renaissance wurde ebenfalls ausgiebig dem weißen Teint gehuldigt. Der Zauberstoff für vornehme Blässe bestand unter anderem aus Essig, Eiweiß und Bleiweiß. Die Sorte mit dem höchsten Bleianteil kam aus Italien, war am teuersten und verursachte Zahnausfall. Das britische Bleiweiß wurde mit Schlämmkreide gestreckt und galt deswegen als minderwertig, was dem langfristigen Erhalt der Schönheit aber sicherlich zuträglich war.

Das Blei zerfraß die Haut und gelangte so in die Blutbahn. Elisabeth I. von England (1533–1603) wurde wegen ihres weißen Teints die »Elfenbeinweltregentin« genannt. Als Rothaarige wird sie mit *freckles* zu kämpfen gehabt haben, die sie offensichtlich mit Bleiweiß wegzuätzen versuchte. Die Paste mußte die eitle Königin immer dicker auftragen, um die Knötchenbildungen und Risse in der Haut zu überdecken. Als der Zerfallsprozeß nicht mehr zu übersehen gewesen war, soll sie angeordnet haben, sämtliche Spiegel aus dem Palast zu entfernen, um sich selbst den gräßlichen Anblick zu ersparen.

Das Rokoko trieb es mit dem Kult des weißen Teints besonders toll: Weiße Schminke und Puder gehörten zur normalen täglichen Aufmachung auch von Kindern, sofern sie vornehmer Abstammung waren. Zum gepuderten Haar trug man eine weiße, reine Haut. Hautunreinheiten und Sommersprossen wurden mit weißer Schminke übertüncht und auf dieser Grundierung dann verschiedene Arten von Rouge aufgetragen. *Plâtrage*, Eingipsen, wurde dies anschaulich genannt. Die Rezepte für das berühmte Weiß variierten: Aus Eiweiß, Honig, Gummi und gestoßenen Schnecken mischte man eine Schminke, der man heute vermutlich ein »Bio«-Etikett voranstellen würde. Saturnweiß, Perlmutter oder Wismut dürften schon weniger hautfreundlich gewesen sein. Auch die Schminken des 18. Jahrhunderts enthielten das intensive Bleiweiß oder Quecksilber, das die Haut zwar wunderbar bleichte, sie jedoch auch zerfraß und die Gesundheit überhaupt angriff. Natürlichkeit, für die auch Sommersprossen standen, war verpönt. Wer sich ohne Schminke oder nur leicht gepudert zeigte, galt als vulgär – wer fein sein wollte, mußte alles Ursprüngliche möglichst dick übertünchen.

Sommersprossen waren ein Kennzeichen gemeinen, gewöhnlichen Lebens auf dem Lande. Gotthold Ephraim Lessing sinnierte: »Die Sommersprosse auf dem schönen Gesichte eines Landmädchens ist sehr natürlich; aber dieses Natürlichen ungeachtet, wünsche ich die Sommersprosse doch lieber weg.« Zu Lessings Zeiten empfahl man zur Sommersprossentherapie die Anwendung von Froschlaichwasser – ein Rezept, das Goethe später auch seinem Mephisto in den Mund legte, als diesem eine Frau ihr sommerliches Leid klagte: »Da sprossen hundert bräunlich rote Flecken,/ Die zum Verdruß die weiße Haut bedecken.« Mephisto weiß Rat für »so ein leuchtend Schätzchen«: »Nehmt Froschlaich, Krötenzungen, kohobiert,/ Im vollsten Mondlicht, sorglich distilliert,/ Und, wenn er abnimmt, reinlich aufgestrichen,/ Der Frühling kommt, die Tupfen sind entwichen.«

Auch im 19. Jahrhundert war der weiße Teint noch das vorherrschende Schönheitsideal. Doch wurden weißer Puder, Lippen- und Wangenrot nur noch sparsam eingesetzt. Statt dessen vermied man es nun, sich der Sonne auszusetzen. Sonnenschirm und Schutenhut waren im Biedermeier notwendiges Ausgehutensil. Auch warnte man immer mehr vor den ätzenden Wirkungen der weißen Schminken, insbesondere vor Mitteln, die mit Blei, Bleiessig, Zerussit und Ähnlichem hergestellt wurden und den Teint durch ihre salzigen und arsenikhaltigen Bestandteile zerstörten. Schminke und Puder spielten so schon am Anfang des 19. Jahrhunderts keine große Rolle mehr.

Umso erstaunlicher, daß der Kampf gegen die Sommersprossen bis zum späten 20. Jahrhundert mit harten chemischen Keulen fortgeführt wurde. Kündete doch schon in den fünfziger Jahren Peter Igelhoff mit dem Lied »Ich bin ja so verschossen, in deine Sommersprossen« eine vermeintliche Kehrtwende an: Natürlichkeit war gefragt, Sommersprossen, in geringen Mengen auf Nase und Wangenknochen verteilt, galten als süß – passend zum verniedlichenden Frauenbild der Zeit. Der Schönheitsratgeber meiner Mutter *Schön sein – Schön bleiben* von 1956 versuchte, die sommersprossigen Schönen aufzumuntern: »Viele Frauen leiden unter Minderwertigkeitskomplexen, weil sie Sommersprossen haben. Warum eigentlich? Auch dieser kleine Schönheitsfehler hat seine Reize. In Amerika hat man festgestellt, daß sommersprossige Mädchen fast immer geheiratet werden, häufiger sogar als ihre ungesprenkelten Konkurrentinnen. Bei einer Umfrage erklärten die amerikanischen Männer, daß sie Frauen mit Sommersprossen ›lustig‹ finden. Außerdem wären sie natürlicher, ehrlicher und bessere Kameraden.«[2] Wen das noch nicht überzeugt hatte, den forderte die Autorin auf: »Es ist viel gescheiter, mit herausfordernder Gleichgültigkeit und lächelnder Überlegenheit seine paar Sommersprossen zu zeigen, als sich darüber zu grämen ... Wenn der ganze Körper gesprenkelt ist, dann muß man diesen Schönheitsfehler mit Haltung tragen, denn man kann seine körperliche Konstitution nicht verändern. Wenn eine Frau gepflegt ist, Charme und Humor besitzt, dann kann sie sich auch ein paar Sommersprossen leisten.«[3] Für all jene, die diese glücklichen Eigenschaften nicht haben, hat der Ratgeber noch ein paar andere Hilfsmittel parat. Da gibt es die Lichtschutzsalbe mit Chinin oder die Karottenkur, das regelmäßige Betupfen mit Buttermilch oder auch Abreibungen mit verdünntem Zitronenwasser. Die Möglichkeit, Sommersprossen mit Wasserstoffsuperoxyd wegzubleichen oder sie gar durch Abschleifen zu entfernen, werden zwar auch erwähnt, jedoch nur empfohlen, »wenn man sich durch Sommersprossen stark entstellt fühlt; was häufig aber nur Einbildung ist.«[4]

Leider konnte von Einbildung oft keine Rede sein, denn sommersprossige Frauen wurden nicht nur in den fünfziger und sechziger Jahren noch ziemlich bösartig beschimpft: »Wasch dir den Fliegendreck ab!« wurde zum Beispiel Renate F. aufgefordert, die diese Demütigung in der Hans-Meiser-Show über rotes Haar zum besten gab. Keiner wollte mit ihr etwas zu tun haben, da Sommersprossen in ihrer Jugend als ansteckend galten. Einer anderen älteren Teilnehmerin riet man in ihrer Jugend, sich die Sommersprossen doch abzuschleifen. »Wenn die Schminke ab ist, läuft man weg!« höhnte der Chef, was die gebeutelte Frau nach einem kurzen Heulkrampf immerhin mit der Kündigung quittierte. Eine dritte Gesprächspartnerin, ein ausgesprochen hübsches rothaariges Mädchen, hatte jüngst ausprobiert, ob die Pünktchen mit Stutenmilch auszubleichen wären. Sichtbar ohne Erfolg. Und die rothaarige Kosmetikerin erzählte, wie sie ihre »Pigmentstörung« mit Gurkenscheiben und Cremes zu bekämpfen versuchte.

Das *Lehrbuch der Kosmetik* von Dr. Edmund Schrümpf in der 3. Auflage aus dem Jahre 1974 hätte die Damen eines Besseren belehren können: »Die Behandlung von bestehenden Sommersprossen ist nicht besonders erfolgversprechend«,[5] heißt es da lapidar, und weiter: »In den Büchern werden Bleichcremes ohne Zahl angegeben und angepriesen, doch ist ihr Erfolg mehr oder minder problematisch. Natürlich kann der Arzt die Sommersprossen durch radikale Schälung mit phenolhaltigen Medikamenten oder durch Abschleifen mit rotierenden Bürsten oder Schleifsteinen entfernen. Doch auch dieser Erfolg ist nicht von Dauer, da nach entsprechender Sonnenbestrahlung neuerdings Sommersprossen auftreten.«[6] Es wird deswegen empfohlen, »durch vorbeugende Maßnahmen wie Lichtschutzcremes und Vermeidung starker Sonnenbestrahlung ihr Auftreten nach Möglichkeit [zu] verhindern.«[7] Ein Rat, den man angesichts der martialischen Alternativen sicherlich zu beherzigen wußte.

Im *Kleinen Rezeptbuch für die kosmetische Praxis*, das Dr. Schrümpf seinem Kosmetik-Lehrbuch beifügt, findet sich das Rezept für eine »Sommersprossensalbe, quecksilberfrei«, die unter anderem aus Salicylsäure, Zitronensäure, Paraffinöl, Tegacid und dreißigprozentigem Wasserstoffperoxid besteht. Ebenfalls aufgeführt: Eine Bleichcreme nach einem Rezept der Deutschen Hydrierwerke, die aus Quecksilberpraecipitat weiß, Wismutnitrat, Amphocerin K und Erdnußöl gemischt wird. Giftiges Quecksilber und auch Chlor spielten noch bis vor kurzem eine unheilvolle Rolle bei der Herstellung eines fleckenlosen Teints. Wieviele Rothaarige sich mit Hilfe solcher Bleichcremes ihre Gesundheit ruiniert haben, ist unbekannt. Es dürften einige gewesen sein.

Eine Behandlung mit der nicht minder giftigen Karbolsäure empfiehlt das Werk *Kosmetik heute* von Dr. med. Heinz Weyhlredt und Dr. phil. nat. Liselotte Enderlein aus dem Jahre 1980, warnt aber zugleich: »Flächenhafte Verätzung mit Karbolsäure ist aber nicht ungefährlich. Vereinzelt sind schockartige Zwischenfälle unmittelbar nach der Behandlung vorgekommen. Bei Behandlung größerer Flächen kann es durch Resorption zu einer Phenolvergiftung kommen ... Die Behandlung ist schmerzhaft und bedingt eine mehrtägige Arbeitsunfähigkeit. Flächenhafte Phenolätzungen sind in vieler Hinsicht so heikel, daß sie nur in die Hand eines Arztes gehören.«[8]

Noch 1987 empfiehlt *Knaurs Großes Gesundheitslexikon*, die Entstehung von Sommersprossen durch die »frühzeitige Anwendung eines erprobten Lichtschutzmittels vom ausgehenden Winter bis zum Spätherbst«[9] zu mindern. »Sind sie einmal da, dann kommen verschiedene Bleichmittel oder die Entfernung durch eine Schälkur in Betracht. Da nicht alle Mittel gleich gut und stark sind und manche Haut überempfindlich ist, versuche man das Mittel erst einmal an einer kleinen Hautstelle. Am besten läßt man sich von einem Dermatologen (Facharzt für Hautkrankheiten) beraten. Oft verschwinden die Sommersprossen im höheren Alter von selbst.«[10] Ein schwacher Trost.

Einen vermeintlich unbedenklichen Stoff zum Bleichen entdeckte man, als schwarze Arbeiter, die bei der Bearbeitung von Gummi mit Hydrochinon-Monobenzyl-Äther arbeiteten, plötzlich weiße Hände bekamen. Hydrochinonhaltige Bleichmittel spielten fürderhin in der Kosmetik eine große Rolle, vor allem in Ländern, in denen Schwarze versuchten, dem weißen Schönheitsideal nahezukommen. In Südafrika werden sie unter so verharmlosenden Produktnamen wie *Superman Day Cream*, *Softlite* oder *Special* vertrieben. Aber auch in Deutschland werden hydrochinonhaltige Mittel zur Depigmentierung zum Beispiel bei Altersflecken eingesetzt. Hydrochinon hemmt die Tyrosinase, das für die bräunende Melaninsynthese ausschlaggebende Enzym. Die Melanocyten werden dadurch dauerhaft geschädigt. Neuerdings wurde bekannt, daß Hydrochinon auch teratogen wirkt, also Mißbildungen verursachen kann.

Die sommersprossige Pressesprecherin eines deutschen Pharmaherstellers, der auch ein solches Mittel in seinem Sortiment hat – »da sind Sie bei mir aber an die Richtige geraten!« –, ereifert sich über die Verrückten, die sich das immer noch in großen Mengen draufschmieren, obwohl »Sommersprossen ja kein Schönheitsfehler mehr sind«. Da das Mittel zudem verschreibungspflichtig sei, müsse der Arzt solche Verrücktheiten auch noch unterstützen. Aber dagegen könne man schließlich nichts tun. Das Hydrochinon im Präparat sei reduziert worden, auf dem Beipackzettel ausreichende Warnhinweise vorhanden. Zum Schluß verrät sie mir Sommersprossigen ungefragt noch einen Tip: Falls ich Probleme hätte – Zitronensaft, täglich aufgetragen, tät's auch.

Doch das eigentliche Problem für Rothaarige in unserer Zeit ist nicht das Bleichen, sondern das Bräunen. Seit Jahren schon werde ich von meinen tiefbraunen Freunden damit getröstet, daß die vornehme Blässe als Schönheitsideal doch absolut im Kommen sei. Sie sagen das, lächeln mich an und legen sich anschließend in die brennende Sonne. Allen Warnungen vor Ozonloch und Hautkrebs zum Trotz: ein nahtlos gebräunter Körper ist nach wie vor ein Synonym für Gesundheit und natürliche Schönheit. Und der Beweis dafür, daß man es sich leisten kann, in der Sonne zu faulenzen. Sonnenbaden ist Freizeit, Sonnenbaden ist das wohlige Erleben des eigenen Körpers, Sonnenbaden hebt die Stimmung. Was am Anfang des Jahrhunderts noch als bäuerlich verpönt war, wurde in den sonnenarmen Industriestädten bald zum Luxus: eine Sonnenbräune, die man sich gerade nicht mehr bei der Arbeit, sondern beim Nichtstun zulegte. Und wer untätig, einfach nur so zur eigenen Freude in der Sonne rumlag, der konnte es sich eben leisten, der mußte über viel freie Zeit verfügen, die wiederum nur mit viel Geld zu haben war.

Sonnenbräune wurde damit genauso zu einem Statussymbol und erotischen Signal wie es früher die Porzellanblässe war, eine diametrale Verkehrung der Symbolik. Kein Wunder also, daß die Strände und Parks, die Balkone und Sonnenstudios nach wie vor bevölkert werden von sonnenhungrigen Großstädtern. Die soziale Signalwirkung der braunen Haut – »Seht her, ich kann mir einen Winterurlaub in der Karibik leisten« – ist so bedeutend, daß keine noch so wirksame Gesundheitskampagne dagegen ankann. Wie auch, Sonnenbräune *ist* doch Gesundheit! Und Krebs bekommt man heute von allem! Das Lustvolle der Sonnenanbeterei ist dabei schon lange verschwunden, Braunwerden ist eine Leistung, die schwer erarbeitet werden muß, um genau das Gegenteil zu demonstrieren: nämlich wie entspannt, ausgeruht, gesund und unabhängig von der Leistungsgesellschaft man doch ist. Der Solarien-Branche bescherte dieser ungebrochene Trend eine explosionsartige Ausweitung. Da der Leistungsmensch keine Zeit zum Sonnenbaden hat, geht er ins Sonnenstudio, wo er sich nicht mehr der Mühe der Bräunung im Freien unterziehen muß. Nebenan im Fitneßstudio macht er noch ein paar Aerobic-Übungen und kommt dann fit, braun und leistungsstark ins Büro.

Die blassen Rothaarigen wirken dagegen immer gestreßt, überarbeitet, schwindsüchtig und ehrgeizig. Und ein mehlweißer Körper wirkt viel nackter als ein sonnengebräunter; die Sonnenbräune bietet sozusagen eine natürliche Hülle für die Blöße. Im Sommer laufen Rothaarige deswegen auch in größter Hitze lieber mit langen Hosen und langärmliger Bluse herum – eben nicht nur aus Sonnenschutzgründen. Obwohl Modezeitschriften und Magazine für die Durchschnittsfrau sommers auf allen Seiten warnen, daß zuviel Sonnenlicht die Haut zerstört, sind die Models auf den Anzeigenseiten durchweg leicht gebräunt. Nur in den teuren Magazinen für die Haute Couture, wie *Marie-Claire*, *Vogue* oder *Harpers Bazaar* macht sich der Typ der blassen, schwindsüchtigen Vornehmen schon wieder bemerkbar.

Von dem Makel, blaß und damit krank und arm auszusehen, wird die Rothaarigen so schnell kein Ozonloch erretten. Es bleibt ihnen da allenfalls das Warten auf die weitere soziale Aufspaltung der Gesellschaft. Je mehr Arbeitslose in den sonnigen Parks herumlümmeln und in ihrem Sozialhilfenetz baumelnd sich bräunen lassen, desto mehr wird Blässe auch wieder zu ihrer ursprünglichen Bedeutung zurückkehren: Seht her, ich hänge nicht herum, ich habe einen Job in einem Büro, in dem keine Sonne scheint, ich bin zu *busy*, um mich zu sonnen. Je brutaler die Leistungsgesellschaft, desto schicker wird es werden, Arbeit nach außen hin sichtbar zu machen. Erst wenn Blässe das Statussymbol des arbeitenden arrivierten Weltbürgers geworden ist, werden auch Rothaarige selbstbewußt durch den Sommer gehen können. Und wenn der Natürlichkeitstrend bis dahin anhält, wird man dann auch Sommersprossen schön finden.

Glaubt man dem Mode-Farbberater der Frauenzeitschrift *Freundin*, dann sind diese glorreichen Zeiten für Rothaarige schon jetzt angebrochen. Dem sommersprossigen Typ wird da geraten, mit Make-up besonders sparsam umzugehen. Es »sollte betont transparent sein, damit der helle, ausdrucksvolle Teint sichtbar bleibt ... Sommersprossen sollten auf keinen Fall zugedeckt werden.«[11] Doch die hier vermeintlich gefragte Natürlichkeit heißt mitnichten, daß man nicht größte Sorgfalt auf die Verwendung des richtigen Make-ups, des richtigen Rouge, des richtigen Lidschattens und des richtigen Lippenstifts verwenden soll, und zwar jeweils exakt abgestimmt auf die Farben des Teints, des Haars und der Kleidung. Eine Kunst, die das Studium ganzer Bildbände erfordert und das Einkaufen mit Farbtafeln in der Tasche empfehlenswert macht. »Natürlichkeit«, die bei uns anders als bei den raffinierten, auf Verführung spezialisierten Französinnen zur obersten Schönheitsmaxime erhoben ist, hat mit »natürlich« wenig zu tun. Der puritanisch-verklemmten Tradition der Amerikaner huldigend, die erotische Raffinesse weit von sich weist, müssen wir armen geplagten Amerikahörigen in stundenlanger Arbeit vor dem Spiegel versuchen, schön zu werden, ohne geschminkt zu wirken. Ein Problem besonders für blaßwangige, konturlose Rothaarige, denen ihr Make-up mitunter zur Maske gerät, ohne die sie nicht mehr aus dem Haus gehen.

Auch ich hatte mit Beginn der Pubertät damit meine Malaisen. Gern hätte ich einen schmachtenden Blick durch einen Vorhang von schwarzen Wimpern gehabt, aber leider hatte die Natur mich nur mit weiß-blonden Augenhärchen bedacht. In den freundlichen Worten des die Haut- und Haarfarb-Typen nach Jahreszeiten einteilenden Farbberaters von *Freundin*: »Die Augen der rotblonden Herbsttypen sind oft von einem dichten, aber hellen Wimpernkranz umgeben, der sie leicht konturlos erscheinen läßt.«[12] Da half nur Schminken. Die erste Wimperntusche war in etwa so peinlich wie der erste, noch gepolsterte Büstenhalter, zumal das schwarze Zeugs im Laufe des Tages anfing, sich im ganzen Gesicht zu verteilen. »Water-Proof« gab es noch nicht, das größte Problem im Sommer war deswegen: Wie kam ich unbeschadet aus dem Schwimmbecken, ohne daß die herumstehenden geifernden Jungs meine schwarz verschmierten Augen mit den wieder weiß gewaschenen Wimpern sahen? »Färb' dir doch die Wimpern«, empfahl eine mitfühlende Freundin später. Das war ein großartiger Rat: die Färberei war umständlich, gesundheitsgefährdend und erfolglos. Am Ende tränten die Augen, die Lider waren schwarz gepunktet und die Wimpern allenfalls leicht angegraut. Es dauerte einige Jährchen, bis ich das Problem mit Fingerfertigkeit und fortentwickelten Kosmetikartikeln einigermaßen in den Griff bekam. Doch »ohne« ging ich nie wieder, am Anfang einer Liebesgeschichte nicht einmal ins Bett. Sah ich doch ohne kosmetische Hilfsmittel völlig anders aus als mit. Richtig »natürlich« konnte ich so natürlich nie sein.

Zusätzlich haben Rothaarige die schwierige Aufgabe zu lösen, einem Schönheitsideal gerecht zu werden, das sich durch Unauffälligkeit und Durchschnittlichkeit auszeichnet. Da ihnen das selten gelingt, werden sie gern in die Rubrik »aparte Erscheinung« eingeordnet, was soviel heißt wie »nicht schön, aber auffallend«. Auffallen aber ist etwas, was eine Frau – wenn überhaupt – gewöhnlich nur in der kurzen Zeit zwischen Schulende und Berufsanfang genießen mag; danach empfiehlt es sich, lieber nicht allzusehr vom Standard der mitteleuropäischen Frau abzuweichen. Attraktiv sein ohne aufzufallen, ist die große modische Herausforderung unserer demokratischen Massengesellschaft. So sind Frauen in den Chefetagen in der Regel auch »brünett«; haben also den mittel- bis dunkelblonden Haarton, den drei Viertel aller deutschen Frauen ihr eigen nennen. Eine brünette Frau macht eben einen »ausgesprochen seriösen Eindruck«, wie der Poly Haarberater vermerkt. Pech für Rothaarige – oder eine Aufforderung zum Umfärben, jedenfalls wenn frau hoch hinaus will. Alles in allem, wie ich in meinen pubertären Qualen befand, nicht gerade rosige Aussichten für meine weibliche Zukunft.

5. Kapitel
»Sexy Hexy« und der »Heiligenschein der Sünde«
Stigmatisierungsmechanismen

> Die Welt is deren voll, welche beständig ruffen: Roth Haar, böß Haar, und vorgeben, daß die rothe Haar selten gerathen, auch etliche nicht Scheu haben, zu sagen, der Feuerberg Aetna seye nicht so schädlich als ein Rothkopf, welcher gleich als eine feurige Raquet, oder herumwandlender Strobelstern zu scheuen seye ... damit werden wir verachtet und verlachet ... geschmähet und gelästert: damit werden wir von allen Menschlichkeiten ausgethan, allen bösen Urtheilen bloß gesetzt, aller Laster bezüchtiget ...
> *Gottfried Heidegger, Philologische Schutzrede der rothen Haare, 1692*[1]

> Die rothaarig'n Madeln, heißt's, betrüg'n d'Männer sehr;
> Wie dumm! Das tun d'Madeln von jeder Coleur.
> *Titus Feuerkopf in Johann Nepomuk Nestroy, Der Talisman*

> Wenn's oben brennt, ist unten die Hölle los.
> *Volksweisheit*

Mit etwa 17 Jahren hatte ich mein Coming-Out. Es fing damit an, daß ich die Aufmerksamkeit, die man mir entgegenbrachte, zu genießen begann. Das häßliche Entlein, die witzige Pippi Langstrumpf hatte offensichtlich in den Augen meiner Betrachter eine Metamorphose durchgemacht. Ich erlebte mich plötzlich als etwas Besonderes, als herausragend und begehrenswert. Zwar setzte sich dieses überraschende neue Lebensgefühl nicht gleich in gesteigertes Selbstbewußtsein um, und auch litt ich weiterhin zur Sommerszeit unter meiner schneeweißen Haut, aber daß die Verehrer nun gleich scharenweise um meine Gunst buhlten, das tat mir nach all den langen Jahren der Demütigung gut. Was genau diese abrupte Änderung in meiner Wertschätzung bewirkte, war mir nicht ganz klar, daß es etwas mit meinen Haaren zu tun hatte, erahnte ich aber irgendwie. Wenn im Sommer die Abendsonne warmes Licht verbreitete, wußte ich aufgrund einschlägiger Fotos bald, wie ich mich zu plazieren hatte, damit meine Haare goldfarben leuchteten. In meiner naiven Freude konnte ich mir die durchschlagende Wirkung dennoch nicht recht erklären. Denn so sensationell schön war ich nun auch wieder nicht ...

Zu meinem Glück oder meinem Schaden, da bin ich unentschieden, gab es in meinem bildungsbürgerlich geprägten Elternhaus keine Boulevardblätter zu lesen. Sonst hätte ich den Wandel von der häßlichen Hexe zur »Sexy Hexy« vermutlich eher begriffen – und vermutlich weniger genossen. Rothaarige Frauen waren und sind ein beliebtes Thema der Boulevard- und Regenbogenpresse. Unter Schlagzeilen wie »Was macht rote Haare so sexy?«, »Der rote Mythos« oder »Das Sex-Geheimnis der Rothaarigen« wird dem Bild der verführerischen, sexbessenen rothaarigen *femme fatale* auch am Ende des 20. Jahrhunderts noch hingebungsvoll gehuldigt. »Die Modewelt feiert ein grandioses Comeback einer einst gemiedenen und sogar verfolgten Spezies«, schreibt die *Quick*.[2] Und fährt erläuternd fort: »Die Rothaarige ist geheimnisvoll, fast mystisch – begehrt und gefürchtet, sinnliche Göttin und gefährliche Hexe zugleich. Mal erotischer Vulkan, mal kühle Lady. Männer stehen vor der Wahl: Flucht oder Abenteuer. Jeder zweite hält rothaarige Frauen für die feurigsten Liebhaberinnen überhaupt. Aber nur jeder fünfte glaubt an ihre Treue. Sie gilt als Individualistin, die sich nicht in Normen zwängen läßt, die sich nimmt, was oder wer ihr gefällt.«[3] Aha. So war das also gemeint. Diese Ernüchterung ereilte mich allerdings erst später. Vorerst einmal genoß ich und verführte dadurch vermutlich auch – eine *self-fulfilling prophecy*. Von Stigmatisierungen und Stereotypenbildung hatte ich noch nichts gehört, und hätte ich vermutlich auch damals nichts hören wollen. Irgendwann nur dämmerte mir, daß das Ganze mit mir als Person nicht unbedingt so viel zu tun hatte.

Rothaarige als Minderheit innerhalb der weißen Rasse beflügeln die Phantasie der »normalen« Mehrheit, das ist offensichtlich. Mit dem Stigma (bleibendes Merkmal, Brand-, Wundmal) »rote Haare« gezeichnet, bilden Rothaarige eine Gruppe, die klassische Voraussetzungen für Stigmatisierungen und Stereotypen-Bildung bieten: Sie sind eine kleine Minderheit und klar an äußerlichen Merkmalen als Mitglieder dieser Minderheitengruppe erkennbar. Sie verfügen, wie die Psychologie sagt, über einen sogenannten »salienten Stimulus«, also über ein ungewöhnliches, auffälliges Merkmal. Die Minderheitenposition macht ihre »soziale Salienz«, d.h. ihre Auffälligkeit in der Gesellschaft aus; gleichzeitig sind sie aber auch »perzeptuell«, also für das Auge »salient«, weil rot nun einmal auffälliger ist als dunkelblond oder brünett.

Das hat für die so »Gezeichneten« einige Konsequenzen. So weiß man zum Beispiel aus Untersuchungen in den USA, die sich dort vordringlich dem Thema Rassismus widmen, daß Personen mit salienten Merkmalen stärker beachtet werden. Sitzen etwa drei Weiße und drei Schwarze in einer Diskussion, so werden alle in ihrer Argumentation, Redegewandtheit, Häufigkeit der Beiträge und anderem relativ objektiv wahrgenommen. Findet dieselbe Diskussion aber mit fünf Weißen und einem Schwarzen statt, dann wird nicht nur der eine Schwarze als aktiver und gesprächiger erlebt, die Versuchspersonen bescheinigen ihm auch mehr Einfluß auf die Diskussion, und seine Argumente werden besser erinnert.

In einer bestimmten Situation auffällige Personen werden also extremer beurteilt, und zwar sowohl in positiver als auch in negativer Richtung. Benimmt sich ein Schwarzer auf einer *all-white*-Party daneben, dann wird dieses Verhalten erstens stärker wahrgenommen und zweitens schnell zu einer Eigenschaft aller Angehörigen seiner Minoritätengruppe gemacht. Eine Frau, die in einer *all-men*-Diskussionsrunde mit einem schlechten Argument kommt, wird schnell als Dummerchen und ihr Redebeitrag als »typisch Frau« abgetan. Da Rothaarige noch um einiges seltener und auffälliger sind als Schwarze in den USA oder Frauen in deutschen Diskussionsrunden, drohen ihnen natürlich ähnliche, wenn nicht noch extremere Urteilskurzschlüsse.

Zu den extremen Bewertungen kommt es, weil die urteilende Person über einen Menschen mit ungewöhnlichen Merkmalen naturgemäß weniger Informationen hat als über durchschnittliche, ihr ähnliche Menschen. Eine Einzelinformation, also beispielsweise ein temperamentvoller Ausbruch einer Rothaarigen, wirkt sich deshalb stärker im Gesamturteil über diese ansonsten eher unbekannte Person aus, als wenn eine dunkelblonde Person in gleicher Weise ausfallend würde. Den aschblonden Durchschnittsmenschen kennt man schließlich, über ihn hat man also noch jede Menge anderer Informationen. Da bleibt die Zusatzinformation »kleiner Ausbruch« eher nebensächlich.

Aus dem gleichen Grund wird auch der Einfluß salienter Personen systematisch überschätzt. Wie das oben erwähnte Beispiel aus den USA zeigt, wird der Einfluß, den eine auffällige Person auf einen Gesprächsverlauf hat, als größer eingeschätzt als der einer äußerlich nicht-auffälligen Person; einfach, weil Informationen über diese saliente Person besser im Gedächtnis haften bleiben. So erinnert man sich ja auch eher an Personen mit extravaganter Kleidung oder eben besonderer Haarfarbe auf einer Party, und das Gelingen des Festes wird eher auf diese auffälligen Personen zurückgeführt als auf die unauffälligeren »mausgrauen« Teilnehmer.

Mit dieser Erkenntnis scheint man jetzt auch beim um Einschaltquoten und deshalb um Aufmerksamkeit buhlenden Medium Fernsehen zu arbeiten. »Entscheidet beim Fernsehen die Haarfarbe?« fragt erstaunt die Fernsehbeilage *Prisma* und behauptet schlankweg: »Im Mittelalter gerieten rothaarige Frauen leichter auf den Scheiterhaufen; heute geraten sie leichter auf den Bildschirm«.[4] Für diese verwegene These bietet die Zeitschrift neben der unvermeidlichen Esther Schweins von *RTL Samstag Nacht* und den Schauspielerinnen Nicole Kidman und der längst ausrangierten Maureen O'Hara allerdings nur noch drei Moderatorinnen an, von denen mindestens zwei auch noch keine echten Rothaarigen sind. Von der Behauptung der Zeitschrift: »Kein Sender, der nicht eine Vorzeige-Rote böte« ist man in deutschen Fernsehlanden also noch weit entfernt.

Die Fernsehgewaltigen sollten dies aber vielleicht als Rat verstehen. Eine Untersuchung von McArthur and Ginsberg an der Brandeis University im Jahre 1981 ergab nämlich, daß Zuschauer demjenigen von zwei Schauspielern einer im Fernsehen gezeigten Handlung die meiste Aufmerksamkeit schenkten, der über ein salientes Merkmal verfügte. In diesem Fall hatten die Schauspieler wechselweise entweder ein gestreiftes Hemd an, eine Beinprothese oder eben rote Haare! Ein Grund, so ein Produzent, warum man in Hollywood in wichtigen Rollen keine Rothaarigen einsetzt: sie stehlen den anderen, weniger Auffälligen, die Show! Bei Pro 7 setzt man dagegen gerade deswegen auf Rot. Moderatorencoach Rita Reinkens: »Ohne Talent nützt auch die tollste Haarfarbe nichts. Aber wir machen uns zunutze, daß man Rothaarigen sehr viel Temperament nachsagt, und genau das strahlen die meisten von ihnen auf dem Bildschirm aus.«[5] Dieses Image – und die den Rothaarigen ebenfalls nachgesagte Durchsetzungsfähigkeit – sind wohl auch die Gründe, warum Rothaarige nun in diversen Krimi-Serien als Anwältinnen und Staatsanwältinnen eingesetzt werden. Mir selber, die ich in der ARD den »Ratgeber Recht« aus Köln moderiere, trug dieses auffällige Merkmal unter anderem den folgenden schönen Protestbrief ein: »Das war mal wieder eine typische WDR-Sendung! Sogar die Moderatorin war rot!«

Die erhöhte Aufmerksamkeit, mit der sozial und perzeptuell saliente Personen, also auch Rothaarige bedacht werden, begünstigt natürlich stereotype Interpretationen von Verhaltensweisen. Rothaarige erleiden damit ein Schicksal, das typisch ist für Minoritätsgruppen. Da man nur wenige Angehörige dieser Minorität kennt, werden Eigenschaften einer konkreten Person schnell verallgemeinert zu einer Eigenschaft all der Menschen, die der Minorität angehören. Die Verschiedenheit der einzelnen Mitglieder der Minoritätsgruppe wird dabei unterschätzt bis gar nicht wahrgenommen. Selektive Aufmerksamkeit schließlich sorgt dafür, daß diese stereotypen Bilder auch erhalten bleiben. Informationen, die einer Erwartungshaltung entsprechen, werden nämlich besser behalten und verarbeitet als solche, die der Erwartungshaltung widersprechen, wie verschiedene Studien belegen.

Dem entsprechenden Stereotyp über Rothaarige kommt man schnell auf die Spur, wenn man die Presse-Archive zum Thema »Rothaarigkeit« durchstöbert: »Rot ist die Sünde, rot lodert das Höllenfeuer, und Rot ist die Liebe. Rote Haare locken – und erschrecken. Frauen mit Feuer auf dem Kopf sollen die leidenschaftlichsten Liebhaberinnen sein – und untreu wie die Nacht. Männer-Rotschöpfe sind angriffslustige Kämpfer, jähzornig und dennoch kleine Sensibelchen.«[6] Soweit die Thesen in *TV neu*. Untermauert wird das Ganze durch »6 Geheimnisse der Rothaarigen«, die zum großen Teil auf vermeintlich biologische Besonderheiten der Rothaarigen zurückgeführt werden. So wird das Geheimnis Nr. 1 der Rothaarigen, nämlich in der Liebe heißer zu brennen, damit erklärt, daß die Haut besonders dünn sei und die Nervenenden dadurch schneller gereizt würden. Geheimnis Nr. 2: die Haut der Rothaarigen sei weniger behaart, wodurch sie sich glatter, zarter und jünger anfühle. Das führt uns auch gleich zum Geheimnis Nr. 3: Die rote Mähne wirkt warm und lebendig, das macht das Gesicht weicher, die Falten fallen nicht so auf, und der Mund wirkt frischer. Geheimnis Nr. 4: Da Rothaarige außerdem unterbewußt (!) die Sonne meiden, trockne die Haut nicht so schnell aus und bleibe jünger. »Das weckt bei Männern den genetisch programmierten Jagdinstinkt, weil jüngere Weibchen nun mal fruchtbarer sind.« (!)[7] Geheimnis Nr. 5 besagt, daß Rothaarige auch über der Seele eine dünnere Haut haben, wodurch sie leichter erregbar seien. Gleichzeitig habe der ständig nötige Kampf gegen Vorurteile ihren Kampfgeist, die Energie und das Temperament gestärkt. Aber, Geheimnis Nr. 6, Rotschöpfe seien auch schneller frustriert, was man schon an Boris Becker in seinen vielen wehleidigen Momenten sehe. Auch Matthias Sammer von Borussia Dortmund muß für diese Pars-pro-toto-These herhalten. Fazit: Rothaarige sind sexuell erregbarer, leidenschaftlicher und voller Temperament, gleichzeitig verletzlich und wehleidig. Überraschenderweise wird zum Schluß einem gängigen Stereotyp kein »wissenschaftlicher« Segen verliehen: Rothaarige sind angeblich genauso treu oder untreu wie alle anderen.
Die Zeitschrift *Petra* zitiert Umfragen, wonach Männer Rothaarige für besonders »scharf« halten und sogar wohlerzogene Herren beim Anblick einer Rothaarigen ganz ungeniert nach der Schamhaarfarbe fragen. 18 Prozent der Männer bevorzugen demnach Rothaarige, für zwölf Prozent sind sie sogar die Traumfrau. Frauen hingegen unterstellen ihnen Geiz und einen Hang zum Alkohol. Kein Wunder, daß 31 Prozent der Frauen Rothaarige nicht mögen. Zwölf Prozent allerdings wären sogar gerne selbst rothaarig, und neun Pro-

zent erfüllen sich diesen Wunsch durch Färben. Die Verhaltensforschung beweist, heißt es weiter im *Petra*-Artikel, daß Menschen auf rothaarige Frauen mit kurzen Haaren aggressiv reagieren, auf Frauen mit langen roten Haaren mit erotischer Zuwendung, aber immer noch einem Schuß Aggression. Gleichzeitig erwarte man von ihnen aufgrund der Signalfarbe Rot aber auch Aktivität, Lebenslust und Temperament. Nach Ansicht von Psychologen neigen sie häufiger zu manisch-depressivem Verhalten. Die Rothaarigen selbst sehen sich ebenfalls als sinnlich und sexy, aber nicht so ausgeprägt, wie dies die anderen tun. »Nach eigenen Aussagen ist Sex für die Rothaarige auch häufig eine reine Prestigefrage. Es schmeichelt ihrer Eitelkeit, wenn sie eine Eroberung macht. Sie glaubt an ihre Wirkung und Ausstrahlung und ist überzeugt, daß man ihr nicht widerstehen kann. Und sie neigt zu übertriebenen Ansprüchen. Von ihrem Partner erwartet sie, daß er aktiv und sehr einfallsreich ist und sich ganz auf sie und ihre Wünsche einstellt. Ihr selbst hingegen fällt es schon schwerer, sich anzupassen.«[8] Für dieses Stereotyp wird Elisabeth I. von England als Beispiel herangezogen, die bis ins hohe Alter eine leidenschaftliche Liebhaberin gewesen sein soll. Last not least berichtet die Zeitschrift von der Kämpfernatur und dem ungezügelten Verhalten der Roten. Rothaarige zeigten drei- bis viermal häufiger hyperaktive Verhaltensweisen als andere. Sie seien übererregbar und schneller frustriert. Und wenn nötig von eiskaltem Ehrgeiz: So habe beispielsweise Elisabeth I. aus purer Berechnung ihre Liebhaber hängen und die seelengute Maria Stuart köpfen lassen. Heute, so wird beschwichtigend nachgeschoben, gelten Rothaarige zwar nicht mehr als ganz so skrupellos, heimtückisch und verräterisch, aber besonders ehrgeizig und willensstark seien sie wohl doch.

Für die *Bunte* schließlich sind rote Haare »eine Art Heiligenschein der Sünde«[9]. Über die rote Psyche weiß auch diese Zeitschrift nicht viel Positives zu berichten: »Rothaarige sind innerlich scheu, zurückhaltend, sie fühlen sich durch ihre Haarfarbe verunsichert (weil sie anders sind). Sie verbergen ihre Empfindungen und werden aggressiv. Durch ihre Außenseiterrolle leiden sie extrem unter Prüfungsangst.«[10] Und der rote Sex? »77 Prozent aller Männer empfinden rothaarige Frauen als verrucht, lasziv und sexuell dominant. Rot gilt in den Köpfen der Männer immer noch als Siegel der Ausnahme, der sexuellen Überfrau.«[11] Leider sei dies aber wissenschaftlich nicht belegbar.

Ja leider. Wissenschaftliche Untersuchungen, die sich mit der größeren sexuellen Aktivität von Rothaarigen befassen, gibt es nicht, und das wohl aus gutem Grund. Und Untersuchungen, die sich dem Rothaarigen-Stereotyp empirisch nähern, sprechen oft eine andere Sprache als die populärwissenschaftlichen Umfragen mehr oder weniger seriöser Institute. So kam eine Untersuchung am State University College in Fredonia, New York im Jahre 1971 zu dem Ergebnis, daß Männer rothaarige Frauen für angespannt und leicht erregbar halten. Die einzig positive Eigenschaft, die sie rothaarigen Frauen uneingeschränkt zugestanden, war »starker Wille«. Im Vergleich zu den blonden Frauen galten sie auch als robuster, und den gefärbten Blonden hatten sie eine komplexere und abwechslungsreichere Persönlichkeit voraus. Die rothaarigen Männer hatten bei ihren Geschlechtsgenossen überhaupt keine Chance: sie bezeichneten sie als häßlich, teilnahmslos, schwach, kalt, ineffektiv, feminin, langweilig. Ähnlich schlecht kamen da nur noch die gefärbten Blonden weg. Die meisten positiven Eigenschaften sprachen Männer den brünetten Frauen und dunkelhaarigen Männern zu.

Auch die Frauen fanden ihre rothaarigen Geschlechtsgenossinnnen unberechenbar, angespannt, unzuverlässig, erregbar und empfindsam. Sie hielten sie allerdings auch für robuster, komplexer, abwechslungsreicher und ergo interessanter als blonde Frauen, insbesondere gefärbte Blonde. Für rothaarige Männer gab es eine einzige positive Eigenschaft: sie seien »ungefährlich«! Am höchsten standen bei den Frauen dunkelhaarige Männer im Kurs.[12]

1978 befragten Feinman und Gill über 1000 weiße Versuchspersonen an der Universität von Wyoming, welche Haar- und Hautfarbe sie beim jeweils anderen Geschlecht bevorzugten. Das auffälligste Ergebnis: Nur sieben Prozent der Männer und zwei Prozent der Frauen mochten beim anderen Geschlecht rote Haare; 82 Prozent der Männer und 84 Prozent der Frauen lehnten rote Haare beim Partner sogar ausdrücklich ab. Am beliebtesten waren braune Haare (41 Prozent Männer, 47 Prozent Frauen), dann blonde (38 Prozent Männer, 28 Prozent Frauen) und schließlich schwarze (14 Prozent Männer, 23 Prozent Frauen). Bei der Hautfarbe zeigt sich dasselbe Bild. Am unbeliebtesten war »sehr helle Haut mit Sommersprossen«, die nur von jeweils drei Prozent gemocht, aber von 32 Prozent der Männer und 42 Prozent der Frauen ausdrücklich abgelehnt wurde. Mit nur unwesentlich besseren Werten folgt »helle Haut ohne Sommersprossen«, und erst dann wird die schwarze Haut abgelehnt, die zwar noch weniger Liebhaber, nämlich nur ein Prozent bei den Männern und zwei Prozent bei den Frauen findet, aber »nur« von dreißg Prozent bzw. zehn Prozent ausdrücklich abgelehnt wird. Am beliebtesten als Hautfarbe war »medium white which tans to gold«. Rothaarige mit Sommersprossen rangieren nach dieser Untersuchung also noch hinter den Schwarzen, was auch die Verfasser der Studie erstaunt und sie zu der bahnbrechenden Erkenntnis verleitet, daß hier wohl ein besonders negatives Stereotyp vorherrscht: »Warum gibt es eine solche Aversion gegenüber Rothaarigen? Es ist durchaus möglich, daß die Leute das Bedürfnis haben, irgendeine Haarfarbe abzulehnen, und da Rot in der Bevölkerung relativ selten vorkommt, wurde es mit Abneigung wahrgenommen. Möglicherweise werden mit der Haarfarbe Rot negative Stereotypen in Verbindung gebracht.«[13]

Ein Experiment, das Clayson und Maughan 1986 durchführten, legt diesen Schluß jedenfalls auch nahe. Studentischen Versuchspersonen wurde eine Person entweder als ein neu eingestellter Professor oder aber als Pförtner vorgestellt. Eine halbe Stunde später sollten sich die Studenten an das Aussehen der Person erinnern. 62 Prozent der Versuchspersonen, denen der »Professor« vorgestellt worden war, erinnerten ihn als blond und 15 Prozent als rothaarig; hingegen wurde der »Pförtner« von zehn Prozent als blond und von sechzig Prozent als rothaarig erinnert. Tatsächlich war die Person *strawberry blond*, also rotblond und trug einen leuchtend roten Bart![14]

Jüngste Untersuchungen zum Thema stammen aus dem Jahre 1989. Weir und Fine-Davis untersuchten am Dublin Trinity College in Irland aufgrund von Fotos, auf denen ein und dieselbe Frau mit unterschiedlichen Haarfarben präsentiert wurde, folgende Hypothese: Eine attraktive Frau wird für weniger intelligent gehalten, wenn sie blond ist, als wenn sie braun- oder rothaarig ist. Und sie wird für temperamentvoller gehalten, wenn sie rot statt blond oder brünett ist. Die These wurde bestätigt: Rothaarige wurden für signifikant aggressiver und für signifikant temperamentvoller gehalten als brünette und blonde Frauen. Blonde dagegen galten als viel beliebter als die beiden anderen Typen. Bei der Beurteilung nach Intelligenz ergab sich nur ein einziger Unterschied: die Männer hielten die brünetten Frauen für signifikant intelligenter als die blonden. Wenn man so will, ein zumindest neutrales Stereotyp im Stammland der Rothaarigen!

Eine weitere Untersuchung von Clayson und Klassen zur Attraktivität von Personen, ebenfalls aus dem Jahre 1989, kam zu dem erst einmal wenig überraschenden Ergebnis, daß Rothaarige als am wenigsten attraktiv gelten. Ihnen folgten die Schwarzhaarigen, dann die Braunhaarigen und zuletzt die Blonden, die die meisten attraktiv fanden. Allerdings wurde diese Reihenfolge in der Beurteilung im wesentlichen durch die rothaarigen Männer bedingt, die rothaarigen Frauen wurden nicht als weniger attraktiv angesehen als Frauen mit einer anderen Haarfarbe.

Zumindest diese letzte Untersuchung legt nahe, daß sich das negative Stereotyp über Rothaarige im Lauf der letzten zwanzig Jahre gewandelt hat und in seiner Ausschließlichkeit offensichtlich nur noch Männer trifft. Trotzdem ist auffallend, daß im Falle der Rothaarigen das Sterotyp in keinem Fall zu einer extrem positiven Beurteilung führt, was ja auch möglich wäre. Interessant ist außerdem, daß die empirischen Untersuchungen aus den USA in vielen Aspekten im krassen Widerspruch zu den Ergebnissen der diversen populären deutschen Umfragen stehen, die zwar auch kein positives Stereotyp über rothaarige Frauen hervorbrachten – dazu sind die Aussagen einfach zu sexistisch – die aber doch immerhin von ganz anderen männlichen »Präferenzen« sprechen. Wird da vielleicht unterschieden zwischen den Frauen, die man gerne im Bett hätte und denjenigen, mit denen man sich als Ehegatte in der Öffentlichkeit präsentieren mag?

Auch der *Poly-Haarberater* übt sich ein bißchen in Küchenpsychologie und legt im Kapitel: »Der Wunsch nach Farbe – Die Psychologie spielt immer mit« einen solchen Schluß nahe: »Mit ihrer unbändigen Sehnsucht nach Unabhängigkeit fehlt (der eigenwilligen Rothaarigen) oft das nötige Durchhaltevermögen. Dafür kann sie sich sensibel und phantasievoll auf ihre Umwelt einstellen. Und wenn es um ihre Ideale geht, dann engagiert sie sich voller Emotionen. In der Liebe und im Leben. Kein Wunder also, daß Männer von einer Affäre mit einem kapriziösen rothaarigen Geschöpf träumen. Als Ehefrau ist ihnen allerdings die herzerfrischende Blonde meist lieber. Denn die gilt eher als sensibel und erspürt einfühlsam, was ihr Gegenüber plagt.«[15] Die gleichzeitige Sehnsucht nach der Hure und der Madonna – der alte Widerstreit im Manne, repräsentiert durch die verruchte Rothaarige und die zärtliche Blonde? Oder handelt es sich bei den populären Umfragen um altbekannte Projektionen, die diskriminierten Minderheitengruppen schon immer gern besondere sexuelle Attraktivität und Aktivität zuschrieben, wie beispielsweise den Schwarzen oder den Juden – mit denen man aber dennoch oder gerade deshalb lieber nichts zu tun haben möchte? Vielleicht liegt der Widerspruch aber auch einfach im zeitlichen Abstand der fast ausschließlich amerikanischen Untersuchungen aus den siebziger und achtziger Jahren zu den in den Boulevard-Blättern zitierten, die aus den Neunzigern stammen. Auch kulturelle Unterschiede zwischen Amerika und Europa mögen eine Rolle spielen.

Um diesen Unterschieden und Abweichungen auf die Spur zu kommen, führte meine Schwester Bettina Hannover, Hochschullehrerin für Sozialpsychologie, eine eigene Untersuchung zum Thema »Rothaarigen-Stereotyp« durch. Insgesamt 109 Versuchspersonen wurden 15 Paßfotos von jeweils fünf blonden, dunkelhaarigen und rothaarigen Frauen vorgelegt, mit der Bitte, jedes Foto nach 25 Persönlichkeitseigenschaften zu beurteilen. Da es offensichtlich eklatante Unterschiede in der Beurteilung rothaariger Männer und rothaariger Frauen gibt, wurde die Untersuchung auf Fotos von Frauen beschränkt.
Das nicht überraschende Ergebnis: die Rothaarigen gelten – stärker als die beiden anderen Gruppen – als spröde, nicht sexy (!), temperamentvoll, abstoßend, durchsetzungsfähig und selbstbewußt. Die Blonden wurden dagegen als warmherzig, treu und leidenschaftslos beurteilt. Den Dunkelhaarigen unterstellte man, sie seien erotisch, unbeliebt und attraktiv – eine interessante Kombination.
Die Einsender der Paßfotos hatten sich zuvor auf einer Skala mit 25 Persönlichkeitseigenschaften selbst eingeschätzt. Auch wenn die Unterschiede in den Selbsturteilen nicht auf statistische Signifikanz abgesichert werden können, sind die gemittelten Ergebnisse interessant: Blonde beschreiben sich als schöner, gefühlsbetonter, beliebter, begehrenswerter, attraktiver und selbstbewußter als die beiden anderen Gruppen. Rothaarige beurteilen sich dagegen als untreuer, aggressiver, spröder, vernunftbetonter, temperamentvoller und nüchterner, und Dunkelhaarige sehen sich als unzuverlässiger, weniger sexy, zurückhaltender und weniger intelligent als die anderen!
Die insgesamt 25 abgefragten Persönlichkeitseigenschaften wurden nun in fünf zusammengehörende Eigenschaftsgruppen zusammengefaßt und die drei Haarfarbgruppen dann miteinander verglichen.
Zitat aus der Studie: »Von den drei Haarfarbgruppen wurde den Rothaarigen am meisten Charakterstärke und das stärkste negative Temperament bescheinigt, hingegen am wenigsten physische/sexuelle Attraktivität, am wenigsten Sanftmut und am wenigsten Irritierbarkeit/Reagibilität. Damit wurden die Rothaarigen extremer beurteilt als die Blonden und Dunkelhaarigen: Auf drei der fünf Faktoren zeigten sich keine Unterschiede in der Beurteilung von Blonden und Dunkelhaarigen, wohl aber zwischen Rothaarigen und den beiden anderen Haarfarbgruppen. Von einer Ausnahme abgesehen wurden die Rothaarigen auf allen Dimensionen sowohl signifikant anders beurteilt als die Blonden, als auch signifikant anders beurteilt als die Dunkelhaarigen. Diese Befunde sprechen dafür, daß nach wie vor ein Stereotyp über Rothaarige besteht. Die Beurteilung von Blonden und Dunkelhaarigen unterscheidet sich deshalb kaum, weil sie nicht von einem Stereotyp ge-

leitet ist. Entsprechend wurde jede gezeigte blonde oder dunkelhaarige Person als einzigartiges Individuum beurteilt. Im Mittel zeigen sich keine Unterschiede in den Urteilen über blonde und dunkelhaarige Personen. Demgegenüber war bei der Beurteilung der Rothaarigen offenbar ein Stereotyp wirksam: Die Personen wurden hier gleichförmiger und damit letztlich im Mittel extremer beurteilt.«[16]

Immerhin wird den Rothaarigen aber mehr Charakterstärke zugewiesen als den beiden anderen Gruppen, das Stereotyp fällt also positiver aus, als man angesichts früherer einschlägiger Untersuchungen erwarten durfte. Die Frage war nun, ob Personen, die zwar einerseits als willensstark, andererseits aber für häßlich gehalten werden, »im Mittel« eher als sympathischer oder als unsympathischer denn andere Personen gesehen werden. Der Vergleich von herausgefilterten »Positivitätsvariablen« kommt zu dem überraschenden Ergebnis, daß die Rothaarigen insgesamt positiver beurteilt wurden als die Blonden und die Dunkelhaarigen. Wenngleich auch dieses Ergebnis wieder dafür spricht, daß die Rothaarigen anders als die Blonden und die Dunkelhaarigen aufgrund eines Stereotyps über Haarfarben betrachtet werden, zeigt es doch gleichzeitig, »daß das Stereotyp über Rothaarige – entgegen unserer Erwartung – im Mittel ein positives Stereotyp ist«.[17]
Interessant war jetzt festzustellen, ob dieses positive Stereotyp sich auch in positiveren Selbsturteilen der Rothaarigen widerspiegelt. Der Vergleich der Selbsturteile mit den Fremdurteilen ergab: Personen aller Haarfarben schätzten sich selbst positiver ein, als sie von den Fremdurteilern eingeschätzt wurden. Dabei neigten insbesondere die Blonden zur Selbstüberschätzung. Dies mag insofern überraschen, als man annimmt, daß Einschätzungen, die andere über eine Person haben, sich auch in der Selbsteinschätzung dieser Person niederschlagen – insbesondere wenn es sich um das Mitglied einer stereotypisierten Gruppe handelt. Da die Daten der Untersuchung nahelegen, daß es ein Stereotyp über Rothaarige gibt, müßten eigentlich die Selbsteinschätzungen der Rothaarigen stärker mit den Fremdurteilen übereinstimmen, als dies bei den beiden anderen Gruppen der Fall ist. Und siehe da: Die Errechnung des Korrelationskoeffizienten zwischen Selbsteinschätzung und Fremdurteil ergab, daß ausschließlich die Selbsteinschätzungen der Rothaarigen mit den Fremdurteilen korrelierten, also einander entsprachen. Die Selbsteinschätzungen der Blonden und der Dunkelhaarigen waren demgegenüber völlig unabhängig von den Fremdurteilen.

Stereotypen über Rothaarige gibt es also auch in Deutschland nach wie vor. Im Laufe der Jahrhunderte durchlief das Stereotyp mehrere positive und negative Varianten, wobei die negativen Vorstellungen eindeutig vorherrschten. Davon konnte auch die rothaarige Renate aus der Eifel in der Hans-Meiser-Show am 28. September 1994 ein Liedchen singen. Sie hatte eine Kontaktanzeige aufgegeben und sich wahrheitsgemäß als rothaarige Schöne angepriesen. Nicht eine Antwort bekam sie. Bei einem neuen Anlauf ließ sie die Haarfarbe weg, und schon quoll der Briefkasten über. Der Mann, der sie dann trotz dieser arglistigen Täuschung ehelichte, versichert ihr heute, daß er ihre Haare wunderbar findet. So kann man sich täuschen, möchte man da sagen. Immerhin scheint sich das Stereotyp in jüngster Zeit, so jedenfalls legt es unsere Studie nahe, wieder eher positiv zu entwickeln, wenngleich es auch weit entfernt von dem zu sein scheint, was die Regenbogenpresse kolportiert. Unser Ergebnis, rothaarige Frauen seien eher nicht sexy, könnte kaum weiter entfernt sein vom Bild der männerfressenden, ungezügelten, flammenden Liebhaberin, die durch die Boulevardpresse geistert. Wie kommt's?

Mir scheint sich dieser Widerspruch relativ schnell aufzulösen, wenn man die Frauen betrachtet, mit denen diese Stereotypen sozusagen »bewiesen« werden. Von Rita Hayworth, die im Original alles andere als rothaarig war, über Julia Roberts, deren Echtheit ich anzweifle, Shirley McLaine (echt!), Bette Midler (?), Jodie Foster (?), Nicole Kidman (echt) zu Milva (zugegebenermaßen nicht echt), handelt es sich immer um Frauen, die ein klar extrovertiertes, feuriges, oder wahlweise auch kühles männerbetörendes, exaltiertes Wesen haben. Und wer auch gern so exzeptionell gesehen werden möchte, der färbt sich die Haare eben rot, siehe Rita Hayworth, Milva oder Topmodel Sybil Buck. Das Image der roten Haare bei diesen Frauen hat mehr zu tun mit dem Image der *femme fatale*, das sich am Ende des 19. Jahrhunderts in den Pariser Bordellen und Boudoirs entwickelte, als mit dem realen Bild der blässlichen, sommersprossigen Echt-Roten, mit dem unsere Versuchspersonen es zu tun hatten. Das Stereotyp, als sozusagen kognitives, verstandesmäßig geprägtes Klischee, hat sich damit fortentwickelt – die Rote wird eher als Verstandesmensch, denn als Sexualobjekt gesehen – während das letztlich frauenfeindliche sexistische *femme fatale*-Bild sich als affektives Vorurteil weiter gehalten hat und zumindest solange die Oberhand behält, wie es nicht mit den wahren Roten auf mickrigen Paßfotos konfrontiert wird.

Auffallend ist nämlich, daß bei all den zitierten feurigen Schönen ein Attribut fast immer fehlt: die Sommersprossen, untrügliches Indiz für die Echtheit der Flammenhaare. Und obwohl auch Sommersprossen zunehmend aus der kosmetischen Schmollecke kommen dürfen: ein über und über mit Sommersprossen besäter Körper aktiviert offensichtlich immer noch Abwehr. Und da Sommersprossen als eine Pigmentstörung und damit eine Krankheit bzw. Behinderung wahrgenommen werden, könnte dies die negative Grundeinstellung zur körperlichen Attraktivität der wirklichen Roten erklären.

Der eklatante Unterschied in der Bewertung rothaariger Frauen und rothaariger Männer läßt sich vermutlich darauf zurückführen, daß die Modemaximen für Frauen und Männer immer noch sehr unterschiedlich sind. Frauen, jedenfalls jüngere, sollen sich herausputzen, also ist ein seltenes Merkmal wie rote Haare eher etwas Positives, was den Trend zum Rotfärben der Haare erklärt. Für junge Frauen hat sich damit die ästhetische Bewertung des abweichenden Merkmals »Rothaarigkeit« verschoben. Bei Männern heißt die Modemaxime statt dessen, »situationsadäquat« und nicht auffallend zu sein. Die Krawatte mit ausgeflipptem Muster ist das Maximum, was sich ein Geschäftsmann als »Abweichung« erlauben darf. Entsprechend negativ werden rote Haare bei Männern nach wie vor gesehen. Hinzu kommt, daß Männlichkeit seit der Antike dunkel, Weiblichkeit hingegen hell gedacht wird. Griechische Vasenmalereien zeigen den Mann schwarz, die Frau weiß – eine Darstellungsweise, die sich mehr oder weniger deutlich durch die ganze Kunstgeschichte zieht. Sie prägt auch unsere heutige Sicht von männlich und weiblich: der Mann wettergegerbt, die Frau eher zart blaß. Der rothaarige Mann wirkt durch seine Hellhäutigkeit feminin und weich – Furchtbareres kann es für Machos und diejenigen, die sie lieben, kaum geben!

Wie auch immer: Lawson hat in seiner Untersuchung von 1971 festgestellt, daß Rothaarige selbst andere Rothaarige nicht negativ sehen. Auch wenn Menschen mit roten Haaren, wie eine andere Studie herausfand, sich selbst stark über dieses saliente Merkmal definieren, also die Haarfarbe ihre Identitätsbildung beeinflußt. Dennoch leiden stigmatisierte Gruppenmitglieder nicht unter dem negativen Stigma und verinnerlichen es auch nicht, wie eine aktuelle Untersuchung von 1990 bestätigt, da sie es nicht auf ihr wirkliches »negatives« So-Sein beziehen, sondern es der dummen Voreingenommenheit der stigmatisierenden Gruppe zuschreiben.
Eine kluge Sicht der Dinge! Nach der neusten Untersuchung (1995) der Gesellschaft für Rationelle Psychologie sehen es nach wie vor 42 Prozent der Männer auf blonde und 71 Prozent auf langhaarige Frauen ab. Nur zwölf Prozent der Männer hätten gerne eine rothaarige Frau. Wenn die Rothaarigen-Liebhaber aber zum Teil deckungsgleich sind mit den kläglichen 19 Prozent, die gerne eine kluge und den 15 Prozent, die eine Frau mit selbstsicherem Auftreten bevorzugen, könnten Rothaarige mit ihrem Stigma ganz gut leben! Und sich ganz entspannt Al Bundy und *Eine schrecklich nette Familie* auf RTL anschauen, deren erfolgreiche Komik zum großen Teil darauf aufbaut, daß der tapsige Damenschuhverkäufer ständig das »rothaarige Sexmonster« fliehen muß, das seine Frau ist.

Das »rothaarige Sexmonster« nebst Ehemann Al und weiteren Familienmitgliedern

6. Kapitel
Temperamentvoll, spröde, selbstbewußt
Sind Rothaarige wirklich andere Menschen?

> Rothaarige empfinden ... alles lebhafter; alles macht stärkeren Eindruck auf sie; oder welches das nämliche ist, sie sind reizbarer, empfindlicher und hitziger als andere, können also leicht gereizt und beleidigt werden, und man bekömmt unvermuthet Händel und Verdrießlichkeiten mit ihnen; sie wollen gleich hauen und stechen, und können sich nicht mäßigen. Die Empfindlichkeit und Reizbarkeit solcher Personen wird noch besonders durch ein höchst feines Oel und eine erhöhte Schärfe in den Säften ihres Körpers vermehrt, welches sich auch durch die starkriechenden Ausdünstungen zu erkennen giebt.
> »Etwas von den rothen Haaren«, in: *Journal des Luxus und der Moden (1786-95)*[1]

> Aber nicht nur das Anders- und Fremdartige zieht den Kelten an: er kultiviert in sich diese »Andersartigkeit«. Er wird auch von sich selbst fasziniert, er liebt die eigene Widersprüchlichkeit und findet sie außerordentlich kurzweilig.«
> H. B. Schiff, *Die Rothaarigen – Die Logik des Widersprüchlichen*[2]

Ich arrangierte mich relativ schnell mit meiner neuen Rolle als verführerische Rote und rächte mich für vergangene Schmach, indem ich viele meiner Verehrer am langen Arm verhungern ließ. Meine Präferenzen lagen nämlich auch jenseits des dunkelblonden deutschen Durchschnittsmannes. Dies bedeutete nicht, daß ich mich zu meinesgleichen hingezogen fühlte, im Gegenteil. Gemeinerweise teilte ich viele negative Ansichten über rothaarige Männer, und eine Liebesbeziehung mit einem solchen wäre mir wie Inzucht vorgekommen. Wir waren uns einfach zu ähnlich und zu nah. Nein, mein Hang ging zu anderen Minderheiten, je exotischer, desto besser. Die Tatsache, daß Rothaarige einer Minderheit angehören, prägt offensichtlich. Die Erfahrung von Außenseitertum und Diskriminierung bewirkt, daß man sich mit anderen Außenseitern automatisch solidarisch fühlt – jedenfalls wenn man diese negativen Gefühle nicht abspaltet und aggressiv auf Schwächere projiziert, wie dies beispielsweise rechtsradikale Jugendliche zu tun pflegen. Vielleicht sind auch unter Rechtsextremen überproportional viele Rothaarige vertreten, ich weiß es nicht. Mein persönlicher Eindruck ist jedoch, daß eher umgekehrt besonders viele Rothaarige Liebesbeziehungen mit Ausländern eingehen. Der berühmteste Fall sind sicherlich Boris Becker und Barbara Feltus, weniger berühmt Marianne Rogee, die Ilse Pavarotti aus der Lindenstraße, die nicht nur im Film einen Ausländer liebt, sondern auch im wahren Leben einen Griechen heiratete und mit einem Afrikaner zusammenlebte; oder die Schauspielerin Nina Petri, die einen brasilianischen Mann und zwei kaffeebraune Zwillinge hat.

Am wenigsten berühmt, aber mir naturgemäß am bekanntesten, ist meine eigene Beziehung zu Frank, dem schönen Schwarzen aus der Karibik. Frank, der mich hin und wieder in liebevoller Verarschung *the epitome of a white person* nannte, also so etwas wie den »Inbegriff einer Weißen«, kriegte im Gegenzug von mir zärtlich den »Buschneger« um die Ohren geknallt. Bei unseren politisch korrekten Freunden löste mein Kosewort regelmäßig

blanke Empörung aus. Aber in der Hinsicht verstanden wir zwei uns blendend, schließlich hatten wir beide gelernt, mit Diskriminierungen umzugehen – er natürlich noch einen Zacken schärfer als ich. Beide erlebten wir aber auch die seltsame Janusköpfigkeit unserer Minderheitenposition, wurde doch auch der große schlanke Frank mit jeder Menge sexueller Begehrlichkeiten konfrontiert. Was unsere Beziehung nicht einfacher machte.
Aber auch so blieben und bleiben mir noch genug Gelegenheiten, mich vom Normalen, Durchschnittlichen zu distanzieren. Wer oder was anerkannt und erfolgreich ist, macht mich grundsätzlich skeptisch; wenn alle etwas oder jemanden gut finden, kann es unmöglich meine Sicht der Dinge sein. Ich identifizierte mich eher mit dem Erfolglosen, mit den Versagern und den Außenseitern. Das geht bis hin zum Fußballspiel: der Absteiger, der den Meister schlägt, die Außenseitermannschaft, die den Deutschen bei der WM eins auf die Mütze gibt, das sind meine Helden. Sehr zur Verärgerung meines Sohnes, der der menschlichen Natur entsprechend lieber zum Stärkeren hält. Ehrlich gesagt beneide ich ihn um diese Einstellung, sie erspart viele Enttäuschungen. Dagegensein ist sehr anstrengend, und so korrespondiert mit meinem Rebellengeist auch ein ganz kitschiges Bedürfnis nach Idylle, nach Rückzug und Harmonie, und ich wüßte nicht zu sagen, welcher Drang stärker ist.

Ob dieser Zwang zum Opponieren und Widersprechen und der entgegengesetzte Hang zur beschaulichen Innerlichkeit etwas mit meinen roten Haaren zu tun haben – ich weiß es nicht. Vermutlich tragen sie dazu bei. Hans Bernhard Schiff, der 1960 ein Buch mit dem Titel *Die Rothaarigen* geschrieben hat, hält solche Eigenschaften bei Menschen mit roten Haaren nicht nur für typisch, weil sie Sozialisationsfolge einer Minderheitenposition sind, sondern sogar für angeboren. Wäre es anders, so argumentiert er, hätten dann nicht auch Hinkende, Lispelnde, Dicke und sonstwie vom Schicksal Geschlagene ähnliche Charakterzüge? Nein, der rothaarige Mensch ist an sich widersprüchlich, weswegen Schiff sein Buch im Untertitel auch *Die Logik des Widersprüchlichen* nennt. Auf das Thema verfallen war er, als er bei Besuchen in verschiedenen Schulklassen absonderliche Eigenschaften bei rothaarigen Schülern beobachtete:
»Ich stellte fest, daß eine echte, das heißt vitale Opposition gegen den fatalen und angeblich historischen Grundsatz, der einzelne müsse sich der Gemeinschaft fügen, merkwürdigerweise fast immer von den Rothaarigen getragen wurde, von rothaarigen Jungen oder Mädchen, die sehr häufig aus der ihnen vom Korpsgeist zudiktierten Rolle fielen ... Sie schienen entschiedene Individualisten zu sein und fühlten sich doch am wohlsten, wenn sie unter anderen und mit anderen sein konnten und nicht auffielen.«[3]
Auf über 250 Seiten versucht Schiff nun zu belegen, daß der Rothaarige – genauso wie der Kelte, unter denen es viele Rothaarige gäbe – ein egozentrischer, wankelmütiger und widersprüchlicher Mensch sei, der Schwierigkeiten habe, die Wirklichkeit zu akzeptieren. Er untermauert diese These, indem er die Charaktere diverser historischer Rothaariger analysiert. Zu seinen Erkenntnissen gehört, daß den Rothaarigen eine geradezu schmerz-

hafte Empfindsamkeit plage. Aus dem Bedürfnis, nicht überwältigt zu werden, verkrieche er sich oft unter einem Deckmantel äußerer Gleichgültigkeit. »Daher die Unberechenbarkeit eines Menschen, der mit fast mathematischer Genauigkeit untertaucht, entgleitet, sich entzieht.«[4] Schiff attestiert dem rothaarigen Menschen aber auch Genialität und konstatiert, »daß der keltische (und auch der rothaarige) Mensch in Europa in wachsendem Maße eine zentrale Rolle einnimmt«.[5] Dabei übernähme er aber nicht gerne die direkte und nominelle Führung, sondern lieber die indirekte und anonyme. »Perioden äußerer Korrektheit wechseln mit Zeiten tiefster Verwahrlosung ab, in denen sie [die Rothaarigen] meistens viel glücklicher sind. Soziales Taktgefühl tritt bei ihnen nur selten in Erscheinung, wie bei den meisten egozentrischen Menschen.«[6] Gleichzeitig haben sie »immer die Empfindung, es hafte ein Makel an ihnen, es sei irgendetwas nicht in Ordnung.«[7] Die Widersprüchlichkeit kulminiert, wie könnte es anders sein, in der rothaarigen Frau:
»Die rothaarige Frau ist spröde und hingebungsvoll, abweisend und leidenschaftlich. Wer mit ihr leben will, muß ihr eine völlig private Welt lassen, in der er sie weder überrascht noch stört. Sie hat Zeiten, in denen sie schweigsam und verschlossen, in denen nichts mit ihr anzufangen ist. ... In ihren geselligen Zeiten dagegen kann sie ganz das sein, was man von ihr erwartet. Sie enttäuscht, aber sie hat auch die Fähigkeit, zu erfüllen. Selten verwendet sie, wie andere Frauen, ihre ganze Kunst darauf, anders zu erscheinen als sie ist. Unausgesprochen sehnt sie sich vielmehr danach, so zu sein und sich so geben zu können, wie sie ist, – eben auch launisch und ›flatterhaft‹.«[8]
Tja, was soll ich als rothaarige Frau dazu sagen? Stimmt irgendwie, aber trifft solcherart Widersprüchlichkeit nicht auf alle Menschen zu?

Die These eines sozusagen biologischen Determinismus von charakterlichen Eigenschaften wissenschaftlich zu überprüfen, fällt schon deswegen schwer, weil man bei zwei Prozent Anteil Rothaariger an der Gesamtbevölkerung kaum genügend rote »Versuchskaninchen« zusammenbekommen würde, um die These von der Andersartigkeit im Vergleich zu einer Gruppe »normaler Weißer« in statistisch relevanter Weise erheben zu können. Ernstzunehmende Studien in dieser Hinsicht sind deswegen auch nicht bekannt. Zwar geistert durch alle populären Artikel über Rothaarige eine Untersuchung israelischer Wissenschaftler, derzufolge Rothaarige über einige besondere Eigenschaften verfügen sollen. Es war mir jedoch unmöglich, dieser Studie habhaft zu werden, jedenfalls ist sie in einschlägigen wissenschaftlichen Informationsdiensten nicht verzeichnet. Offensichtlich verdankt sie ihre Fama der weitverbreiteten Journalisten-Unsitte, Pressearchive »intensiv« zu nutzen, sprich von Kollegen abzuschreiben. Und so schreiben sie denn alle, daß dieser israelischen Studie zufolge bei Rothaarigen Empfindlichkeit, rasche Erregbarkeit und eine niedrige Frustrationsgrenze besonders häufig auftreten. Rote seien auch schneller beleidigt als Blonde, dafür weniger kühl, nicht so robust und sensibler. Die rasche Erregbarkeit, so die israelischen Wissenschaftler, verleihe den Rothaarigen aber auch eine gewisse erotische Ausstrahlung.
Ob diese israelische Untersuchung mit derjenigen identisch ist, die ich nun in der *Red-*

head Encyclopedia von *Redheads International* fand, weiß ich nicht. Dort kann man von einer Studie des israelischen Shalvata-Centers lesen, derzufolge rothaarige Kinder drei bis viermal häufiger als andere Kinder »hyperaktive Syndrome« entwickelten. Mehr als zwei Drittel aller am Center untersuchten hyperaktiven Kinder waren rothaarig! Eine erstaunliche Feststellung, die vermutlich nicht nur mit der besonderen Häufung von Rothaarigen unter Juden erklärt werden kann. Diese israelische Untersuchung bezog sich wiederum auf eine ähnliche Studie aus den USA, bei der ebenfalls ein besonders hoher Anteil Rothaariger unter 8000 hyperaktiven Kindern festgestellt worden war. Eine mögliche Erklärung wäre den Forschern zufolge, daß die Aminosäure Tyrosin, die sowohl auf die Pigmentierung als auch auf die Neurotransmitter für die Gehirnströme Einfluß hat, sich bei Menschen mit wenig Melanin, wie es Rothaarige sind, stärker auswirkt. Mit anderen Worten: Mehr Tyrosin macht rothaarige Kinder hippeliger, da es die Neurotransmitter erhöht, ohne daß das Melanin sie kontrolliert. Volksweisheiten über die temperamentvollen Rothaarigen hätten demnach eine reale Grundlage: »Es ist möglich«, sagt der Psychiater Michael Bar vom Shalvata Center, »daß die vermuteten Eigenschaften bestimmter ethnischer Gruppen wie etwa die Abenteuerlust der Wikinger und das Temperament der Iren mit dem hohen Anteil Rothaariger in Zusammenhang stehen.«

Eine Gruppe von Forschern an der Universität Boston hat für das angebliche Temperament der Rothaarigen eine andere Erklärung gefunden: Menschen mit roten Haaren produzierten weniger Anti-Streß-Hormone. Ärger gehe ihnen »schnell unter die empfindliche, helle Haut«, und sie seien deswegen besonders empfindlich und aufbrausend.

In Deutschland sind solche Studien – wohl auch wegen der mit ihnen verbundenen rassistischen Anrüchigkeit – in letzter Zeit von Psychologen nicht veröffentlicht worden. Bezeichnenderweise stammt denn auch die Untersuchung von Ernst Hanhart, nach der es unter Rothaarigen einen ganz bestimmten Typ gebe, der zu Schwachsinn und Psychopathie neige, weswegen man beim Lumpenproletariat auch besonders viele Rothaarige fände, aus dem Jahre 1940. Im Wintersemester 1949/50 gab es am Psychologischen Institut der Universität Freiburg im Breisgau durch Willi Weber noch eine Untersuchung »Über die Affektivität von Rothaarigen«. Ihrzufolge sollen Rothaarige empfindlicher und erregbarer sein als andere Menschen: »Sie zeigen in der Lage ihrer Affektivität mehr eine Überbetonung der reaktiven Seite, während der antriebsmäßige Anteil zurücktritt. Auch stimmungsmäßig sind sie etwas stärker ansprechbar, in ihren Stimmungsreaktionen jedoch bedeutend beherrschter als im Bereich der mehr peripheren Gefühlsreaktionen.« Rothaarige seien ganz allgemein beeindruckbarer, empfindlicher und erlebnisfähiger als der Durchschnitt der Menschen. Gegenüber »normalen« Versuchspersonen besäßen sie eine größere Labilität, Beweglichkeit, Gespanntheit und seelische Erregbarkeit. Die seelische Disposition Rothaariger stelle außerdem höhere Anforderungen an das Anpassungsvermögen; starke Anpassungsschwierigkeiten seien unter Rothaarigen deswegen verbreitet. Die Untersuchung scheint in der Fachwelt wenig Widerhall gefunden zu haben, da sich in der Literatur keine Hinweise darauf finden.

Auch Hans Niedermeiers Versuch, in seiner volkskundlichen Sicht der Rothaarigen die Abneigung gegenüber Rothaarigen mit der Bedeutung der roten Farbe im Leben der Völker einerseits und der Konstitution und Psyche der Rothaarigen andererseits zu begründen, muß wohl nur aus Gründen der Kuriosität zur Kenntnis genommen werden – zumal er sich weitestgehend auf die eben zitierten Untersuchungen beruft: »Alle Rothaarigen sind psychoneurotisch veranlagt, und diese Veranlagung vererbt sich genau so wie die Farbe der Haare ... Tatsächlich sind ja auch Launenhaftigkeit, Empfindlichkeit, Jähzorn, Unbeständigkeit bei Rothaarigen immer wieder beobachtet worden. Der rothaarige Mensch hat eine große Scheu, sich zu binden und festzulegen. Bei stark ausgeprägtem Individualismus entwickelt er ein ebenso starkes Abwehrgefühl gegenüber anderen Menschen ... Obgleich auch der rothaarige Mensch das Bedürfnis hat, sich in der Öffentlichkeit zu betätigen, verweilt er doch lieber im Verborgenen als im hellen Licht, weicht lieber ins Dunkel aus, um außerhalb des Stroms zu stehen, der uns trägt und treibt. Mehr als andere Menschen kennt er den ›Sog in die Tiefe‹ und die Lust, sich fallen zu lassen. Er entzieht sich gern der ›Gesellschaft‹ und bürgerlichen Ordnung, wenn er sich auch immer wieder schmerzlich zu ihnen hingezogen fühlt ... Rothaarige gehen oft ohne Hemmungen auf die äußerste Erlebnismöglichkeit zu, erreichen aber nur selten dieses Ziel. Sie kehren vorher um, weil ›die andere Seite‹ ihres Wesens die Oberhand gewinnt: die Scheu, die Empfindsamkeit, der Wunsch, nicht überwältigt zu werden ... Die in ihrem Wesen liegende passive Unbeständigkeit hat ihnen den Ruf der Untreue, Unzuverlässigkeit und Hinterhältigkeit eingetragen. Die Frage ist, ob diese Nachreden von den Rothaarigen nicht selbst gewollt und von ihnen selbst hervorgerufen sind, in dem Gefühl, daß die falschen Vorstellungen, die andere von einem haben, zugleich einen gewissen Schutz, eine Verborgenheit bedeuten.«[9]

Die falschen Vorstellungen der anderen als bewußt provozierter Selbstschutz – eine, gelinde gesagt, gewagte These! Aus neuerer Zeit ist in der Trierer Zentralstelle nur eine an der Fachhochschule Kiel im Fachbereich Sozialwesen gemeinsam mit dem Institut für Anthropologie der Universität Mainz veröffentlichte Studie über die »Reifeunterschiede und psychophysische Merkmalsausprägung bei gleichaltrigen pubertierenden Mädchen unterschiedlicher Haarfarbe« zu finden. Neben Unterschieden, was den Zeitpunkt der ersten Menarche, Körperbau, Körpergewicht und Gesundheit anbelangt, konstatieren die Forscher auch psychische Unterschiede. Nach Ansicht der Forscher färbt die Haarfarbe auf das Wesen der untersuchten Mädchen ab. Im Psychotest schnitten die Dunkelhaarigen, besonders aber die Rothaarigen als »neurotischer«, sprich als gefühlsmäßig unausgeglichener ab. Bei der Bewertung sozialer Sachverhalte ließen sich diese wiederum in geringerem Maße von persönlichen Sympathien leiten. Rothaarige litten zudem stärker unter Prüfungsängsten. Letzteres, so schränken die Forscher ein, könne aber auch auf »exogene Ursachen« zurückzuführen sein, nämlich auf die »höhere soziale Auffälligkeit ihrer Haarfarbe und damit verbundene negative Bewertungen«.[10] Die Zusammenhänge zwischen

Augenfarbe und seelischen Eigenschaften sollen hingegen merklich schwächer ausgeprägt gewesen sein: Die Teenager mit heller Augenfarbe bewiesen im Test allerdings einen höheren Intelligenzquotienten, während die dunkeläugigen Altersgenossinnen höhere Neurotizismus-Werte zu erkennen gaben. Schließlich wird sogar noch eine Korrelation zwischen Haarfarbe und sozialem Status hergestellt, da Mädchen mit heller Haarfarbe im Mittel einer höheren sozialen Schicht angehörten als Mädchen dunkler Haarfarbe! Leider erfahren wir nicht, wo die Rothaarigen sich nun zuordnen dürfen. Da sie ansonsten in der Studie eher mit den Dunkelhaarigen gleichauf liegen, findet man sie wohl auch mehr in den unteren Schichten.

Nach Ansicht von Welpe und Bernhard gibt es gute Gründe für die Annahme, daß diese Zusammenhänge zwischen Pigmentierung und Verfassung auch auf direkten biochemischen und genetischen Einflüssen beruhen. Die gleichen Gene, die Informationen über die Bildung von Pigmenten enthalten, nähmen auch an der Prägung von Nervensystem und Stoffwechsel teil. Das braune, stickstoffhaltige Pigment Melanin, das auch die Bräunung der Haut in der Sonne bewirkt, soll sogar hormonähnliche Funktionen ausüben. Seine Abart Neuromelanin, die in verschiedenen Regionen des Gehirns vorkommt, scheint an der Steuerung von Motorik, Verhalten und Stoffwechsel beteiligt zu sein. Die Katecholamine schließlich, eine Gruppe von Gehirnbotenstoffen, die eine bedeutsame Rolle bei der Regulierung von Gefühlszuständen, Wachheitsgrad und Nahrungsaufnahme spielen, werden aus dem gleichen Vorläufer wie die Melanine, nämlich aus der Aminosäure Phenylalanin, synthetisiert. Daraus ergäbe sich die Möglichkeit, daß die Haarfarbe Hinweise auf die Zustände im Inneren des Schädels liefert.

Das Anrüchige solcher Untersuchungen zu genetisch bedingten Verhaltensweisen hat nicht nur etwas mit der Nähe zu Forschungen aus der Zeit des Nationalsozialismus und ähnlich rassistisch anmutenden Untersuchungen zur Erblichkeit von Intelligenz in den USA zu tun, sondern beruht auch auf methodischen Fragwürdigkeiten. Bei der angesprochenen Studie von Welpe und Bernhard fällt zum Beispiel auf, daß Unterschiede als signifikant, also statistisch relevant eingestuft werden, die nach herrschender Forschungspraxis unterhalb des Signifikanzniveaus liegen. Festgestellte Unterschiede könnten also schlicht Zufallsunterschiede sein. Außerdem werden extrem ungleiche Gruppen miteinander verglichen, nämlich 18 Rothaarige mit 282 Mittelfarbigen!

Entscheidender jedoch ist die Frage, insbesondere bei den psychischen Komponenten, *nature versus nurture*, was ist Natur und was ist Erziehung? So relativieren auch Welpe und Bernhard ihr Ergebnis zur Prüfungsangst der Rothaarigen und führen es auf »minoritätsspezifische Sozialisierungseffekte« zurück. Die Stereotypenforschung spricht in diesem Zusammenhang von der *self-fulfilling prophecy*, wonach eine stereotypisierte Person dem Stereotyp nach und nach ähnlich wird, weil sie sich entsprechend erwartungskonform verhält. Zum anderen erfüllt sich das Stereotyp auch dadurch, daß die anderen entsprechend handeln, also mit ihrer Handlung das Stereotyp erst provozieren, um es dann zu bestätigen. So führen befragte Psychologen viele den Rothaarigen zugeschriebene Eigenschaften wie Willensstärke und Temperament auf die Tatsache zurück, daß sich Rotschöpfe von klein auf gegen Vorurteile und Hänseleien zur Wehr setzen mußten, womit sie gleichzeitig aber auch ihrem Klischee gerecht wurden. Der Psychologe Henner Ertl, der mit seiner Münchener Gesellschaft für Rationelle Psychologie im Auftrag von *Petra* eine, wie er selber sagt, populärwissenschaftliche Studie über Rothaarige verfaßte, meint, daß viele Menschen das Ganze oder Teile des Rollenbildes ihrer Haarfarbe übernehmen, vor allem, wenn es sich um extreme Haarfarben handelt – bei Rothaarigen bis zu 85 Prozent der zugeschriebenen Merkmale. Allerdings gäbe es im Bereich der psychophysiologischen Forschung, also der »objektiven« Psychologie, inzwischen interessante Diskussionen unter deutschen Kollegen, die bei Eigenschaftszuschreibungen neben den erwähnten sozialpsychologischen Korrelationen auch noch physiologische Zusammenhänge vermuteten – wie sie in den erwähnten amerikanischen und israelischen Studien ja bereits aufgestellt worden sind. Mit anderen Worten: Übereinstimmungen zwischen Stereotyp und Eigenschaften einer rothaarigen Person könnten vielleicht doch mehr sein als nur *self-fulfilling prophecy*. So gibt es ja schon Forschungen zum Glücksgen, zum Selbstmordgen, warum also nicht auch zum Rothaargen? Angeblich ist bereits festgestellt worden, daß Rothaarige eine doppelt so hohe Morphinausschüttung haben wie andere Menschen, was eine charakterliche Disposition für Eigenschaften schon hervorbringen kann; also zum Beispiel das für Rothaarige vielleicht typische »himmelhochjauchzend, zu Tode betrübt«. Gut, das kenne ich durchaus von mir – aber wieder stellt sich die Frage: Plagen solche Stimmungsschwankungen nicht einen Großteil der Menschheit?

Der bereits erwähnte Hans Bernhard Schiff quälte sich im Jahre 1960 in seinem epochalen Werk *Die Rothaarigen* noch nicht mit solchen Fragen. Bei ihm gibt es für den rothaarigen Menschen nur zwei Daseinsvarianten, die sich zudem – man höre und staune – bereits in der Vorpubertät herauskristallisieren:

»Für den rothaarigen Menschen ist das 12. oder 13. Lebensjahr entscheidend. Er wird dann entweder jener exzentrische, übernervöse, undisziplinierte Typ, der manche Genialität besitzt, aber immer ein Querulant und Außenseiter bleiben wird, wenn nicht seine gesellschaftskritische, satirische Ader ihn zu einem schöpferischen Menschen macht. Glücklich wird er nie sein, jene wenigen Momente ausgenommen, in denen eine höhere Macht – vielleicht die Liebe, vielleicht die Religion, vielleicht die Faust eines Stärkeren – seine exzentrischen Anlagen zu einem Ganzen zusammenfaßt. Der andere Typ geht den umgekehrten Weg: in der Kindheit zerstreut, vorlaut, träge, faßt er sich im kritischen Alter zusammen, verwirft rücksichtslos seine eigenen Genialitäten und Extravaganzen und wird gedrungen, klug, ehrgeizig, wortkarg, verbissen auf sein Ziel zusteuernd. Seine Scheu und Empfindlichkeit werden zwar verhindern, daß er die höchsten Stufen der sozialen Leiter ersteigt, aber die nächsthöheren wird er erreichen und behaupten.«[11]

Über soviel Selbstsicherheit bei der Beurteilung von Menschen, die nichts weiter als ein besonderes äußerliches Merkmal haben, mag man sich heute wundern, es als Kuriosität abtun. Doch was soll man dazu sagen, wenn selbst eine so kluge und für ihre Zeit aufge-

klärte Frau wie Ricarda Huch im Jahre 1922 allen Ernstes in ihrer Schrift *Vom Wesen des Menschen* im Kapitel »Die Erscheinung des Menschen« schreibt:
»Da alles Äußere die Erscheinung eines Inneren ist, so versteht sich von selbst, daß das Äußere des Menschen sein Inneres ausdrückt ... Schwarzes Haar ist positiv, das Haar des primitiven, unbewußten Menschen, braunes Haar neutral, blondes Haar negativ (die blonde Bestie). Rotes Haar, die Feuerfarbe, bedeutet die äußerste Negation, es ist das Haar der Loreleien und Zauberer, destruktiver, nur erregender, nicht gebender Menschen.«[12]
Doch vielleicht müssen wir sowohl Ricarda Huch als auch Herrn Schiff Abbitte tun. Eine Untersuchung des Psychologischen Instituts der Universität Halle will nämlich jetzt herausgefunden haben, daß Menschen einen überraschend sicheren Instinkt für die Wesensmerkmale anderer Menschen besitzen, sie also bei der Beurteilung von Menschen aufgrund von Äußerlichkeiten und Auftreten durchaus nicht durch vorgefaßte Meinungen und Klischees fehlgeleitet seien, wie die progressive Psychologie in den letzten Jahrzehnten zu beweisen bemüht gewesen sei. Der berühmte erste Eindruck sei oft richtig, denn die Evolution habe unsere sozialen Antennen für den Kampf ums Dasein geschärft: »Schließlich ist es für das Überleben und die Weitergabe der Erbfaktoren wichtig, daß wir freundliche und feindliche Absichten anderer Leute ›wittern‹ können. Wahrscheinlich ist im Gehirn sogar ein Detektor angesiedelt, der blitzschnell und automatisch ein Urteil über Fremde bildet. Und vermutlich sondiert der Detektor bei andern genau die Eigenschaften, die einem selbst am meisten nützen oder schaden können.«[13]

So oder so ähnlich wird es wohl sein. Fragt sich nur, ob Rothaarige und die ihnen intuitiv zugesprochenen Eigenschaften nun den anderen eher nützen oder schaden? Da belassen wir es doch am einfachsten bei dem größten und schönsten Stereotyp über Rothaarige, das dann ja wohl auch eine Wahrheit ist, und das besagt: Rothaarige sind immer irgendwie rätselhaft. Mit dieser poetischen Sichtweise kann ich sehr gut leben. Sagt sie doch letztlich, daß alle Rothaarigen besondere und unvorhersehbare Geschöpfe sind – wie alle anderen Menschen auch.

7. Kapitel
»Aparte Erscheinungen«
Die Rothaarigen in der Fotografie

> Im Feld den ganzen Sommer war
> der rote Mohn nicht wie dein Haar.
> Jetzt wird er abgemäht; das Gras,
> die bunten Blumen welken auch dahin.
> Und wenn der rote Mohn so blaß
> geworden ist, dann hat es keinen Sinn,
> daß es noch weiße Wolken gibt –
> ich hab mich in dein rotes Haar verliebt.
> *François Villon*

Während meines Studiums war ich natürlich, wie sich das damals noch gehörte, nicht nur äußerlich, sondern auch innerlich rot. An der roten »Kaderschmiede« zu Bremen mit roten Haaren und roter Gesinnung herumzulaufen, war schon ein Exotenstatus, auf den man sich etwas einbilden konnte. Das machte mir so schnell keine(r) nach. Lenin, der auch rote Haare gehabt haben soll, oder die »Rote Marie«, ein Arbeitermädchen, das auf dem Barkenhoff des zum Revolutionär gewendeten Jugendstil-Malers Heinrich Vogeler im nahen Worpswede aufrührerische Reden schwang, haben es mir allenfalls vorgemacht. Zeit meines Lebens habe ich mir zwar immer wieder gewünscht, doch einmal »Mehrheit« zu sein, einmal mitgehen, einmal mitreden, einmal mitgrölen zu können mit all den anderen. Aber wäre es mir jemals in meinem Leben passiert, hätte ich mich vermutlich mit Grausen abgewendet.

Allerdings war ich auch nie ernsthaft in der Gefahr, Mehrheit zu sein, zumindest nicht in meinen Jugendjahren. Als ich an meiner roten »Kaderschmiede« ein Praktikum im juristischen Schwerpunktstudium »Kommunale Selbstverwaltung« zu absolvieren hatte, quartierte ich mich kurzerhand bei einem jüdischen Sozialarbeiter in Manhattans Lower East Side ein und organisierte kulturelle Unternehmungen mit kartoffelchipskauenden, verfetteten Puertorikaner-Kids, deren Eltern im Haus gegenüber und nebenan schwunghaften Handel mit Koks und Heroin trieben. Das hatte mit Juristerei natürlich gar nichts zu tun – sieht man mal von einigen kriminologischen Feldstudien in Sachen Bandenkriminalität ab –, dafür aber kam mein sozialromantischer Impetus voll auf seine Kosten. Links von mir war das Gebäude ausgebrannt, rechts von mir waren die Fenster und Türen des Gebäudes zugenagelt, das Haus gegenüber war vom Einsturz bedroht – spannender konnte man es kaum haben. Nur ab und zu verließ ich mein selbstgewähltes Ghetto und begab mich in das andere, das glitzernde New York. Dort traf ich Nero, den Fotografen, der mich unbedingt fotografieren wollte. Er fand Menschen wie mich »aparte Erscheinungen«, die selbst in so einer aufregenden Stadt wie New York ein wenig herausragen.
Mit auffallenden, aparten Erscheinungen haben Fotografen es gern zu tun. So kommt es, daß einige sich auf das Fotografieren von Rothaarigen geradezu spezialisiert haben, vor

allem in den USA. Einer von ihnen ist Howard Schatz, dessen Rothaarigen-Porträts in Amerika sogar als Schmuckpostkarten vertrieben werden. Schatz hatte sich bereits mit Schwarzweißfotos einen Namen gemacht; zur Vervollkommnung seiner Porträtkunst fehlte dem Autodidakten nur noch die Farbe. Was lag da näher, als sich den farbenfrohsten seiner Mitmenschen zuzuwenden: den Rothaarigen. Schatz ließ einige Hundert Geschäftskarten mit seinem Namen und seiner Telefonnummer und dem Aufdruck: *Redheads – A Book of Photographs* herstellen und machte sich auf die Suche.

San Franciscos Rotschöpfe mußten fürderhin damit rechnen, in den unmöglichsten Situationen von einem Fremden angesprochen zu werden. In Kinoschlangen, am Strand, auf der Straße, Alte und Junge, Eltern mit rothaarigen Kindern im Buggy, Echte und Unechte. Wer mit Schatz in dieser Zeit in der Stadt unterwegs war, wurde unweigerlich mithineingezogen in die Jagd nach dem auffälligen Rot. Der frühere Herausgeber des *American Photo Magazine*, Owen Edwards, schildert amüsiert, wie er sich – mit Schatz im Auto unterwegs – immer wieder überraschend auf anderen Routen wiederfand, weil Schatz irgendwo einen *flash of red* erblickt hatte. Sofort nämlich wurde das Objekt der Begierde verfolgt – bis es gestellt war. Wie etwa das rothaarige Mädchen auf dem Rücksitz des Motorrads, hinter dem Schatz solange herfuhr, bis der Motorradfahrer – natürlich der Boyfriend der rothaarigen Schönen – schließlich anhielt. Erstaunlich, bemerkt Owen, daß Schatz sich bei all diesen Nachstellungen nie eine blutige Nase holte.

Die Rothaarigen erschienen dann, mit der von Schatz überreichten Geschäftskarte in der Hand, zu einer Porätsitzung in seinem Studio. Nur jeder oder jede fünfte fand im Licht der Fotografenlampen noch Gnade. Die anderen bekamen einen freundlichen Brief, daß er nach einem etwas »charakteristischeren Rothaarigen-Look« Ausschau gehalten hätte und er sich für ihre Mühen bedanke. Die Rothaarigen, die ursprünglich nur ein Vorwand für eine technische Übung in Farbfotografie waren, wurden für Schatz nun zu einer Obsession. Sein Sinn für Rothaarige, so Owen, war schließlich so ausgeprägt, daß er sie vermutlich auch mit geschlossenen Augen hätte erkennen können.

Was den typischen Look der Rothaarigen nach Meinung von Howard Schatz ausmacht, kann man in seinem Buch *Seeing Red – The Rapture of Redheads* nachsehen. Vom rothaarigen Kleinkind mit Spucke auf der Lippe bis hin zum Schwarzen mit rotgefärbten Locken oder dem bulligen Halbstarken mit Tätowierung und Sommersprossen auf dem nackten Oberkörper ist alles Menschliche vertreten. Doch dominieren, wenig überraschend, junge Frauen, bevorzugt nackt oder halbnackt, mit sommersprossigen Armen und Rücken, mit roten Schamhaaren und hellrosa Brustwarzen, alle vor monochromem Hintergrund plaziert, künstlich ausgeleuchtet, zum Teil artistische Verrenkungen vollführend. Und in der Mitte des faszinierenden Fotobandes neben einem Bild von der rotgelockten Lise und ihrem roten Kätzchen Abyssinian: ein Orang-Utan. Zugegeben: seine Haare haben dasselbe Rot wie die Haare der Menschen im Buch – aber was will uns der Autor damit sagen?

Das Vorwort zum Buch, geschrieben vom erwähnten Owen Edwards, schildert einen Fotografen, der einer Manie erlegen ist. Angefangen beim Titel des Buches, das von der Verzückung oder gar dem Taumel und der Ekstase redet, den Rothaarige auslösen, wimmelt es in dem kurzen Text von Begriffen, die einen verzauberten Zustand jenseits aller rationalen Einsichtsfähigkeit beschreiben: da wird angelockt, bezaubert, gefesselt und geködert, und all dies geschieht den Normalsterblichen durch die Rothaarigen. Rothaarige, so der Kunstkritiker Owen, sind eine gute Inspiration für einen Künstler: sie seien eine sonderbare und wunderlich anziehende menschliche Anomalie. Aufgrund ihrer Rarität sind sie automatisch herausgehoben aus der Masse (*a celebrity*), das karottenköpfige Kleinkind genauso wie die tizianrote Verführerin oder der eher viktorianische Typ. Leute bleiben stehen, gucken und geben Kommentare ab. Denn Rothaarige sind sichtbar anders, repräsentieren das »Andere«, genauso wie die besonders Kleinen oder Großen. Doch diese Aufmerksamkeit würde sich nicht nur der schieren Neugier verdanken; sie sei auch eine unbewußte Antwort der 96 Prozent schlicht Blond-, Braun- und Schwarzhaarigen auf das rote Andere: eine Mischung aus Neid, Respekt und abergläubischer Furcht vor der fast mystischen Fremdheit und Schönheit der roten Haare.

Der Faszination roter Haare erlegen: Howard Schatz *Café au lait*

Joel Meyerowitz, einer der führenden amerikanischen Fotografen, ist ebenfalls dem Zauber der Rothaarigen erlegen. Auch er kam eher beiläufig zum Thema *redheads*. An seinem Urlaubsort Cape Cod nahe Boston begann er, Porträts von Menschen am Strand zu machen; Menschen mit nackter Haut und schlecht sitzenden Badeanzügen, in grelles Sonnenlicht getaucht. Sein Anliegen: Was ist ein Porträt? Muß es die Wahrheit erzählen? Welche Wahrheit überhaupt? Und während er noch solch schwerwiegenden kunstphilosophischen Gedanken nachhing, bemerkte er, daß er unter etwa 100 Fotos von Menschen am Strand 35 von Rothaarigen geschossen hatte. Und das ist selbst in New England, wo der WASP (der *White Anglo-Saxon Protestant*) weit verbreitet und deswegen auch der Anteil Rothaariger relativ hoch ist, doch eine bemerkenswerte Übervorteilung, die nicht mehr allein mit dem Zufallsprinzip erklärt werden kann. Wie hatte ihm das unterlaufen können? Nach einigem Nachdenken sah sich Joel Meyerowitz verführt durch die besondere Wirkung, die das »flamboyante« Haar der Rothaarigen und die »exotische Blüte« ihrer Haut in der Sonne entfalteten. Mehr noch als die Normalsterblichen seien Rothaarige Heliotropen, die in der Sonne einer wundersamen Verwandlung unterlägen.

Auch Meyerowitz' Jagdinstinkt war geweckt. Er setzte eine Anzeige ins Lokalblatt: »REMARKABLE PEOPLE! If you are a redhead or know someone who is, I'd like to make your portrait, call ...« Und sie kamen zu ihm, mit ihrem Mut, ihrer Schüchternheit, und ihren Geschichten darüber, wie es ist, ein *redhead* zu sein. Fasziniert hörte Meyerowitz ihnen zu und glaubte, eine Art Verwandtschaft (*blood knot*) zwischen ihnen festzustellen: alle hatten sie ähnliche Verhöhnungen in ihrer Kindheit erfahren und alle hatten sie das triumphierende Gefühl, dieses Herausgehobensein (*celebrity*) überwunden zu haben und mit sich und ihrer Besonderheit eins geworden zu sein. Meyerowitz gemahnt die Sonderrolle der Rothaarigen an die von Zwergen oder Riesen. Überrascht konstatiert er, daß er eigentlich normale Menschen hatte fotografieren wollen, aber nun Porträts von sehr speziellen Menschen machte. Von *redheads* eben, die so etwas wie eine eigene Rasse seien.

Anders als Schatz arrangiert Meyerowitz seine Fotos nicht. Er konfrontiert sein Gegenüber direkt mit der Linse, macht Porträts im direkten Augenkontakt, klettert auf keine Leiter, rutscht nicht auf den Knien. Mehr noch: er macht in der Regel von seinem Gegenüber nur ein Foto. Er versuche keine schönen Fotos zu machen, sagt er, sondern die Wahrheit des gemeinsamen Moments einzufangen. Entweder es gelinge oder nicht. Dadurch sehen Meycrowitz' Rothaarige eher als die *redheads* von Schatz so aus, wie das Leben sie zeichnet: Mit durchscheinenden weißen Wimpern und aufgeschlagenen Knien, mit blasser oder schon roter Haut in der grellen Sonne, mit Speck- und Altersfalten, von oben bis unten mit Sommersprossen übersät. Auch das unscharfe Foto findet noch Eingang ins Buch, in dem sommersprossige junge Mädchen wie »exotische Fische« aussehen oder junge Knaben die »transparente Haut einer Frucht« haben. Auch Meyerowitz fühlt sich dem »unwiderstehlichen, entwaffnenden Zauber« der Rothaarigen erlegen.

Das schönste und faszinierendste Bild in dem Buch muß man herausklappen: es zeigt einen langen Strand bevölkert nur von badenden, sonnenden (!), picknickenden und ballspielenden Rothaarigen. Ein Foto vom roten Planeten Mars? Erst vor kurzem fand ich die Lösung des Rätsels in der *Redhead Encyclopedia*: Die Ketchup-Firma Heinz, die mit dem Reklamespruch »*The red side of life*« ihr heißbegehrtes Tomatenprodukt anpreist, hatte Meyerowitz um ein Foto für ihre Kunstsammlung gebeten. Er entschied sich für ein wandgroßes Foto mit Rothaarigen allen Alters, eben jenes erwähnte große Klappfoto im Fotoband *Redheads*, das auch im Museum of Modern Art in New York gezeigt wurde. Alle Modelle für seine »Strandszene mit Rothaarigen« waren Mitglieder von *Redheads International*!

Meyerowitz' Buch ist als Hardcover und auch als Paperback auf den Markt gekommen. Ein großer Restposten fand sich in einem modernen Antiquariat wieder. »Für Redheads 10,- DM billiger« hatte der Filialleiter als Werbegag dazugesetzt, wohl in der Annahme, daß es auch in Köln nur zwei Prozent Rothaarige gibt, von denen wiederum nur ein kleiner Bruchteil bei ihm vorbeischauen würde. Doch er hatte nicht mit mir gerechnet. Als ich das zehnte Buch aus seinem Laden schleppte, erstarb das anfangs noch amüsierte Lächeln langsam. Bei meinen Freunden und Verwandten war das Buch ein Hit.

Ungeschönter Realismus:
Joel Meyerowitz, Das Coverfoto des Bandes *Redheads*

Von Helmut Newton gibt es ein Rothaarigen-Porträt, genannt *Die Rote*. Eine weißhäutige nackte Rothaarige steht als eine Art Sonnenanbeterin vor kalifornischer Landschaft mit gen Himmel gestreckten Armen und geschlossenen Augen auf einem Plastiktischchen, sozusagen den Sonnenbrand erbetend. Mehr noch als auf das üppige rotgelockte Haar und den schönen weißen Busen fällt der Blick des Betrachters auf das leuchtend rote Dreieck der Schamhaare.

In Deutschland gibt es offenbar auch Rothaarigen-Liebhaber unter den Fotografen. Zu ihnen gehört der Fotograf Uwe Ditz. Er arrangierte rothaarige Menschen ganz in Gold – rotgoldene Haare vor goldenem Hintergrund, die hellhäutigen Körper in goldene Textilien mit orientalischen Ornamenten gewandet. Bei seinen Modellen, die er ebenfalls auf der Straße fand, legte er Wert auf die Echtheit der Haare und auf aussagekräftige Gesichter. Mit dieser Arbeit gewann Ditz einen Kodak-Sponsor-Preis und die Zustimmung meiner Kinder, die diese Märchenbilder »Klasse« finden.

Mit Meyerowitz' ungeschöntem Realismus haben sie dagegen so ihre Probleme. Mein Sohn, mit dem ich auf Spaziergängen in der Stadt gerne das Spiel »Wer sieht die meisten Rothaarigen?« spiele, erkannte angesichts des Klappbildes mit dem Strandszenario zwar plötzlich, warum ich die Familie schon so lange mit dem Buchprojekt nerve: »Rothaarige interessieren dich doch, weil es davon so wenige gibt«, interpretierte er das ungewöhnliche Foto treffend. Aber selbst diese Erkenntnis hielt ihn nicht davon ab, den Jungen mit dem von Sommersprossen übersäten Gesicht in Meyerowitz' Buch ehrlich zu bedauern. Nä! Das wären doch der Sommersprossen entschieden zu viele. Und auch andere, nicht sommersprossen-geplagte Zeitgenossen, die mein Projekt ansonsten mit wohlwollendem Interesse verfolgen, fanden angesichts des mit dicken, ineinanderfließenden Sommersprossen besprenkelten Mädchens auf der Titelseite, daß die Sympathie mit Rothaarigen nun nicht heißen könne, daß man das auch noch schön finden müsse. Was zuviel ist, ist zuviel. Vielleicht ist dieser Sommersprossen-Realismus von Meyerowitz der Grund, daß das Buch des Starfotografen im Ramsch landete. Schatz, Newton und auch den Goldbildern von Ditz wäre das wohl nicht passiert.

8. Kapitel
Von Malern, Musen und Mätressen
Die Jahrhunderte der Rothaarigen: Renaissance und Fin de siècle

> Auf diesem Wege [des Daseins als Kurtisane, I.H.] gelingt es der Frau, eine gewisse Unabhängigkeit zu erlangen. Sie stellt sich mehreren Männern zur Verfügung und gehört auf diese Weise keinem endgültig. Das Geld, das sie ansammelt, der Name, den sie »lanciert«, wie man eine Ware lanciert, sichern ihr eine wirtschaftliche Unabhängigkeit. ... Die ausgezeichnetsten unter ihnen haben oft einen Schwarm von Künstlern und Schriftstellern um sich, denen »anständige Frauen« zu langweilig sind. In der Hetäre finden die Mythen der Männer ihre bestrickendste Verkörperung. Mehr als jeder andere Körper, als jedes andere Bewußtsein wird sie zum Idol, zur Ideenspenderin, zur Muse.«
>
> *Simone de Beauvoir, Das andere Geschlecht*[1]

Mein Hang zu anderen Minderheiten und »Ausgestoßenen« verschaffte mir einige aufregende Jahre, in denen ich zwischen karibischen Holzhäuschen, ausgebrannten Mietskasernen auf Manhattans Lower East Side und meiner norddeutschen Beton-Uni hin- und herpendelte, immer irgendeine dramatische Liebesgeschichte im seelischen Schlepptau. War es nun der schöne schwarze Frank, dem ich trotz all seiner karibisch-promiskuitiven Anwandlungen treu bleiben sollte, oder doch eher der gelockte Stephen aus New York, dessen aus Österreich geflohene jüdische Großmutter mich in ihrer Wohnung in Brooklyn mit äußerstem Mißtrauen empfangen hatte? Ich geriet ob dieser Entscheidung in große Verzweiflung, während sich meine italienische Freundin Enrica über meinen Minderheitenkult schier ausschütten wollte vor Lachen. Ich müßte mich schon entscheiden, ob mir »der Neger oder der Jude« wichtiger sei, sagte sie. Nun ja, sie war Italienerin, sie durfte das. Ich verabschiedete mich dann eines Tages von Stephen, hoffte aber auf meinem Flug von New York in die Karibik zu Frank inständig, daß ein Absturz mich aller weiteren Liebesprobleme entheben würde. Diesen Gefallen taten mir Pilot und Maschine Gott sei Dank nicht.

So durfte ich noch erleben, daß man das Ganze auch sehr viel entspannter angehen kann. Nach der Rückkehr in meine norddeutsche Heimat und dem erfolgreichen Abschluß meiner juristischen Studien setzte ich nämlich all meinen komplizierten, irgendwie missionarisch geprägten Liebschaften ein Ende und beschloß, mich fürderhin lieber verehren zu lassen. Das stellte sich unter »psycho-hygienischen« Gesichtspunkten als sehr viel gesündere und, was den Gefühlshaushalt anbetraf, ökonomischere Variante des Liebeslebens heraus. Da mich der Ernst des Berufslebens noch nicht sonderlich lockte, schickte ich einige unverbindliche Bewerbungen los und begab mich erst einmal auf Reisen. Daß Reisen bildet, hatte ich ja schon erfahren. Und so folgte ich einer Route, die genau 100 Jahre zuvor schon eine andere Rothaarige genommen hatte: die Schriftstellerin und Psychoanalytikerin Lou Andreas-Salomé. Mein erster Weg in meinem »neuen Leben« nämlich führte mich nach Italien, in das Land von Tizian und Botticelli, deren Vorliebe für rothaarige Frauenporträts bekannt ist. Louise von Salomé war gerade 20, als sie im Jahre 1881 gemeinsam mit ihrer Mutter das heimatliche Moskau verließ, um ebenfalls nach Italien zu reisen. Sie wollte nach Rom, wo im Kreis der Malwida von Meysenbug philosophische Gesprächsrunden stattfanden. Lou hatte sich von Anfang an die Männer sprichwörtlich vom Leibe gehalten, was diese natürlich um so mehr für die kluge und geistreiche junge Frau entflammen ließ. Weil Lou von Salomé Männer wie Nietzsche, Rilke und Freud um sich scharte und sich doch nie von ihnen vereinnahmen ließ, ereilte sie später der Ruf einer *femme fatale* und einer Frau, die Männer wie Trophäen sammelte. Ob sie vielleicht nur deswegen als rothaarig erinnert wird?

Den Grundstock zum Hexen- und *femme fatale*-Bild der Lou Andreas-Salomé legte sicherlich Friedrich Nietzsche, dem sie im Jahre 1882 in Rom begegnete. Der damals noch ziemlich unbekannte, aber bereits kranke 37jährige Philosoph, der sich in grüblerischem Wichtigtun gefiel, genoß die kluge Neugierde der jungen Russin und verliebte sich in sie. Das tat auch der Schopenhauer-Schüler Paul Ree, der Lou und Friedrich zusammengebracht hatte, und beide machten ihr einen Heiratsantrag. Lou lehnte dankend ab, was sie aber nicht davon abhielt, weiter intensive Beziehungen mit den beiden Philosophen zu pflegen. Ree, mit dem sie später fünf Jahre lang wie Bruder und Schwester zusammenlebte, ertrug mannhaft das vollkommen vergeistigte, körperlose Zusammensein, während Nietzsche offensichtlich noch länger Hoffnungen hegte. Sie sei »scharfsinnig wie ein Adler, mutig wie ein Löwe und zuletzt doch wie ein sehr mädchenhaftes Kind, welches vielleicht nicht lange leben wird«, schwärmte er von ihr und bezeichnete das erste gemeinsame Alleinsein auf dem Monte Sacro als den »entzückendsten Traum« seines Lebens. Um so vernichtender fiel sein Urteil aus, als er realisieren mußte, daß Lou zwar gerne mit ihm diskutierte, aber weder in echter noch in »wilder« Ehe mit ihm leben wollte. Der Adler und Löwe degenerierte nun zu einer ausbeuterischen Katze, die unfähig sei zur Liebe und zur Bindung an das Höhere. »Dieses dürre schmutzige übelriechende Äffchen, mit ihren falschen Brüsten – Ein Verhängnis!« schrieb er in einem Briefentwurf an Ree, anspielend auf Lous körperlich androgyne Erscheinung.

Nietzsches 15 Jahre ältere Schwester Elisabeth hatte nicht unerheblichen Anteil an der Verteufelung Lous. Deren unabhängiges und in ihren Augen unmoralisches Leben ließ Elisabeth eine wahre Kampagne gegen die Frau lostreten, die ihren Bruder vermeintlich verhexte. Nietzsche erlitt einen Zusammenbruch und stand angeblich vor dem Selbstmord, rettete sich aber durch den profunden Frauenhaß, für den er der Nachwelt bekannt bleiben sollte. »Was liegt dem Weibe an Wahrheit! Nichts ist von Anbeginn an dem Weibe fremder, widriger, feindlicher als Wahrheit, – seine große Kunst ist die Lüge, seine höchste Angelegenheit ist der Schein und die Schönheit.« Dem armen Mann muß wirklich bös mitgespielt worden sein. Kein Wunder, daß man hinter diesem männlichen Martyrium eine Rothaarige vermutete. Für Nietzsche hatte Lou als inspirierende Muse – »ich liebe auch in Ihnen meine Hoffnungen«, schrieb er ihr noch kurz zuvor – ausgedient; es blieb die verschlingende, für den Verstand des Mannes so überaus gefährliche *femme fatale*, der Nietzsche »raubtierhafte, listige Geschmeidigkeit« attestierte.

Auch wenn mir Lou Andreas-Salomé und ihr Leben damals kein Begriff waren, gefiel ich mir auf meinen Reisen doch als eine Art Kleinausgabe der lockenden, aber unnahbaren Frau. Mit Jean, dem hübschen französischen Doktoranden von der Europäischen Hochschule in Fiesole, wanderte ich durch diverse italienische Städte, spätestens ab drei Uhr nachmittags immer mal wieder einen Chianti trinkend und dabei mehr oder weniger geistreich über das Leben philosophierend. Ein wunderbares, ungebundenes Boheme-Leben, zu dem die sinnenfrohen Gemälde von Tizian, denen wir auf unserer Reise durch Italien immer wieder begegneten, gut paßten.

Der große Maler der Renaissance, der um 1488 in einem kleinen Ort in den Dolomiten geboren wurde und bis 1576 unermüdlich malte, gilt als der Erfinder der Farben – nicht zuletzt des berühmten Tizianrots. Es sollen Tizians farbenfrohe Gemälde gewesen sein, die im Italien der Renaissance eine Vorliebe für rotblondes Haar hervorriefen. Allerdings dürfte die »Kausalkette« weniger eindeutig sein, als sie die Bezeichnung Tizianrot nahelegt, malten doch auch schon Botticelli und andere frühe Renaissance-Maler ihre Madonnen und Venusfiguren gerne mit rötlichem Haar. Ganz zu schweigen von den gotischen Madonnen, die schon allein um sich vom goldenen Hintergrund abzuheben, oft das wunderbarste Rothaar hatten. Es war allerdings Tizian, der durch den eigenständigen Einsatz von Farbe eine ganz neue sinnliche Art der Malerei einführte. Die getreue Wiedergabe der Wirklichkeit, bis dahin vorherrschendes Prinzip der Malerei, war Tizian weniger wichtig als ihre ausdrucksstarke Interpretation. Tizian, so sagte man, malte Fleisch, das wie wirkliches Fleisch aussah, womit er letzlich realistischer war als seine idealisierenden Vorgänger, für die Linie und Form an erster Stelle standen.

Die in der Renaissance so beliebten idyllischen Gemälde verwandelte er mit Hilfe seiner ausdrucksstarken Farben in dionysische Schwelgereien voller sinnenfroher Göttinnen und Götter, Cherubim und Cupidos. Auch seine religiösen Gemälde waren voller Dramatik, seine Madonnen keine ätherischen Wesen, sondern lebensvolle Frauen. Als Modelle dienten Tizian vermutlich einige der gefeierten Kurtisanen Venedigs, die in der weltlich gesinnten Stadt einen durchaus angesehenen Stand hatten und in den höchsten Kreisen freimütig verkehrten. Sie saßen dem Maler wohl auch deswegen gerne Modell, weil dieser ihre Reize nicht nur malte, sondern damit gleichfalls auch der staunenden Öffentlichkeit empfahl. Sozusagen eine Illustration des 1547 von der Stadt herausgegebenen Verzeichnisses der Namen, Preise und Dienste der ortsansässigen Damen. Eine Frauengestalt taucht dabei mehrmals in Tizians Gemälden auf: in der *Venus von Urbino*, nach verbreiteter Ansicht eines der schönsten Aktbilder, das je gemalt wurde, wie im Bildnis von der schlicht *La Bella* genannten Frau, in *Mädchen mit Federhut* und *Mädchen mit Pelz*. Über die Identität dieser schönen Frau mit rotblondem Haar, die Tizian als verführerische Göttin auf einem Diwan gemalt hat, ist viel gerätselt worden. Einige erklärten sie zur Geliebten Tizians, andere zur Mätresse von Guidobaldo della Rovere, in dessen Auftrag die *Venus von Urbino* gemalt wurde. Doch während bekannt war, daß sein Freund, der frivole Lebemann und Skandalchronist Aretino zeitweilig bis zu zwölf Mätressen aushielt und sich in den Dritten im Freundesbund, den berühmten Architekten Sansovino, aufgrund seines anmutigen Aussehens viele Frauen von Stand verliebten – obwohl er wegen seiner roten Haare ein aufbrausendes Temperament hatte, wie der Chronist der damaligen Künstlerszene, Vasari, vermerkt –, sind von Tizian ähnliche Geschichten nicht überliefert. Er scheint, zumindest in seinen reiferen Jahren, ein treusorgender Familienvater gewesen zu sein, der seine Haushälterin und langjährige Geliebte schließlich ehelichte, um die beiden gemeinsamen Kinder zu legitimieren und zwei weitere zu zeugen. Dennoch sind seine Bilder voll ekstatischen Lebens; sie zeugen von den neuen Ideen des Humanismus, nach denen Liebe und Schönheit und die Entwicklung des eigenen Ich zum obersten Ziel erklärt wurden. Übrigens meinen viele, Tizian selbst sei rothaarig gewesen – vermutlich ein voreiliger Schluß von der Farbe Tizianrot auf den Menschen Tizian, anstatt, wie es korrekt wäre, auf eine bevorzugte Farbe des Meisters.

Einer seiner Förderer war der Herzog von Ferrara, Bruder der als Förderin der Künste gefeierten Isabella d'Este und vierter und letzter Ehemann der berüchtigten Lucrezia Borgia. Lucrezia gilt in der Literatur als Sinnbild weiblicher Verruchtheit und Grausamkeit, und es würde deswegen niemanden verwundern, wenn man auch ihr rotes Haar nachsagen würde. Tatsächlich soll Lucrezia ein *bel rosso tizianesco* getragen haben, allerdings nur als Ergebnis intensiver Färbearbeiten, denn Lucrezia war von einem natürlichen Blond – was allein schon den Neid aller Italienerinnen hervorgerufen haben dürfte. Um nämlich das modische Tizianrot ins Haar färben zu können, mußten die zumeist brünetten Italienerinnen erst einmal erblonden, was tagelange Bleichprozeduren erforderlich machte. Das konnte sich die sagenumwobene Bastardtochter von Papst Alexander VI. ersparen. Leider ist kein Bild der als Hexe verschrieenen späteren Herzogin von Ferrara von Tizians Hand überliefert, zumal er sie erst als frömmelnde Enddreißigerin kennengelernt haben dürfte. Bei seinem zweiten Besuch am Hof der Ferraras im Oktober 1519 war sie jedenfalls bereits tot.

Während bei Tizian selbst die Madonnen eher wie irdische Göttinnen der Liebe erscheinen, waren bei seinem älteren florentinischen Kollegen Botticelli sogar die Venusfiguren himmlisch und madonnenhaft. In den Uffizien von Florenz konnte ich nun im Original die Frauengestalten bewundern, mit denen man mir in meiner frühesten Jugend Ähnlichkeit nachgesagt hatte. Wie mir nun klar wurde, ein äußerst schmeichelhaftes Kompliment. Gemälde wie *Die Geburt der Venus* oder *Der Frühling* waren voll schöner Frauen mit langem, gewelltem, rotblondem Haar und träumerisch-abwesendem Blick. Sandro Botticelli ist berühmt für die Raffinesse seiner Haartrachten, welche wiederum die Dichter des 19. Jahrhunderts faszinierten. Bis heute fragt man sich, ob Sandro sich diese kunstvollen rotblonden Flechten ausgedacht hat oder ob sie der damaligen Mode der florentinischen *bellezze* entsprachen. Und nicht nur seine mythischen Bilder schmücken rotblonde Frauen, auch seine Madonnen haben lange fließende Goldhaare. Diese Abweichung vom Ideal der unschuldigen, reinen und deswegen blonden Madonna mag verwundern, wer im roten Haar nur die Verführung sehen kann. Die unzähligen rothaarigen Madonnen der Gotik und Renaissance wären demnach eher Geliebte, denn Heilige, die mit dem oftmals in Blick und Proportion recht erwachsen wirkenden Jesuskind flirten. In der Dorfkirche von Groß Gievitz in Mecklenburg ist beispielsweise ein wunderschönes Tafelbild aus der Werkstatt Lucas Cranachs d. Ä. zu sehen. *Die Madonna unterm Apfelbaum* hat, ähnlich wie seine Venus, glutrote lange wallende Haare. Sie ist umringt von lauter kleinen, netten, nackten Engeln, die im Apfelbaum herumtollen, Äpfel pflücken und futtern, sich die Füße kratzen und mit Wasser spritzen. Auch sie haben rötliche Haare. Ein Putte reicht dem Jesuskind auf Marias Schoß einen Apfel, und diese läßt es geschehen. Eine Anspielung auf Adam und Eva? Dieses Bild sieht in der Tat eher wie eine profane Verführungsszene aus und nicht wie die ehrfurchtsvolle Darstellung sakraler Verehrung.

Botticellis Madonnen aber – rothaarig oder nicht – sind so melancholisch gestimmt, ihre Nasen oftmals wie verheult gerötet, daß ich in ihnen nur schwerlich die heimliche Geliebte entdecken kann. Botticelli stellte sich engelsgleiche Gestalten offensichtlich rotblond vor. Vielleicht mußte er deswegen am Ende seines Lebens ein bußfertiger Anhänger des Dominikanermönchs Savonarola werden, der in seiner Heimatstadt Florenz die Verbannung aller verderblichen weltlichen Einflüsse und die moralische Erneuerung der Kirche pre-

Sandro Botticelli *Die Geburt der Venus* (Ausschnitt)

Lucas Cranach
Die Madonna unterm Apfelbaum

digte und dafür auf dem Scheiterhaufen landete. Vielleicht malte Botticelli, das »Tönnchen«, aber auch nur das, was zu seiner Zeit Mode war: rotblondes Haar. Wie heißt es doch in einer amerikanischen Studie über Rothaarige: »It becomes almost a challenge to find a nonredheaded angel or madonna in painting during the period of Raphael.«[2]
Doch mit dieser Interpretation, vielleicht einer naiv-weiblichen, stehe ich offensichtlich allein. Insbesondere die französischen mystischen Symbolisten ließen sich von den Venusfiguren und Madonnen des Sandro Botticelli inspirieren, wenn sie ihre schmachtenden und verführerisch-perversen Kreaturen in Schrift und Bild setzten.

Auch die englischen Präraffaeliten waren große Anhänger Botticellis. Mehr noch: Es war insbesondere Dante Gabriel Rossetti, einer der Gründer der Gruppe, der Botticelli für die Kunst wiederentdeckte. Getreu ihrem Motto, Kunst und Leben durch eine Rückkehr zu den vorraffaelitischen Meistern zu erneuern, holte die 1848 in London gegründete Bruderschaft den schon zu Lebzeiten von Michelangelo und Raffael in die Vergessenheit gedrängten Botticelli wieder aus der kunstgeschichtlichen Versenkung. Doch während sich Rossetti, Millais, Hunt und vier weitere Mitglieder gegen die »frivole zeitgenössische Kunst« zur Wehr setzten und die schlichten Ausdrucksmittel des frühen 15. Jahrhunderts bewunderten, kreierten sie selbst eine eigenartig schwülstige, ästhetisierende dekorative Kunst, in der es von ätherischen, zweideutig madonnenhaften Frauen nur so wimmelt. Und diese Frauen waren fast alle rothaarig. In der schon erwähnten amerikanischen Studie wurde bei einer Zufallsauswahl von 122 präraffaelitischen Bildern festgestellt, daß 63,1 Prozent der Frauen rothaarig waren. Beschränkte man sich auf die Hauptfiguren in den Gemälden, stieg der Anteil rothaariger Frauen sogar auf 79,2 Prozent!
Das mag den schlichten Grund gehabt haben, daß Rossettis Modell Elizabeth Siddal leuchtend rote Haare hatte. Allerdings scheint sie ihre Entdeckung als Modell für die Präraffaeliten ebendiesem Haar zu verdanken. Elizabeth war 17 und Rossetti 23, als er sie traf und in ihr das »Bild seiner Seele« sah. Das sollte für Elizabeth weitreichende Folgen haben. Rossetti, der seinen Vornamen den lebenslangen Studien seines italienischen Vaters über den mittelalterlichen Dichter Dante verdankte, sah in Elizabeth die Inkarnation der »Beatrice«, der Glückbringenden, die von Dante in seinen Dichtungen verklärte Jugendliebe. Daß man bis heute über Elizabeth Siddal nichts Genaues weiß, liegt sicherlich an dieser Stilisierung und Verklärung, der sie von frühester Jugend an unterworfen war. Elizabeth ereilte dasselbe Schicksal wie Lou von Salomé, die für Nietzsche »seine Hoffnungen« repräsentierte, bloß daß sich Elizabeth im Gegensatz zur selbstbewußten Lou von diesen vereinnahmenden Projektionen nicht zu emanzipieren wußte. Sie blieb ihr ganzes kurzes Leben lang die unselbständige Muse. Rossetti wollte die Liebe leben, die für Dante nur symbolisch geblieben war. Elizabeths berühmtes Haar war »der magische goldene Schleier«, dem er in einem seiner Träume begegnet war. Sie war für ihn sowohl Geliebte als auch unerreichbarer Traum, und diese unvereinbaren Erwartungen trieben Elizabeth erst in die Sucht und dann in den Tod. Die einzige Methode, Rossetti zur Wahr-

Dante Gabriel Rossetti *La Ghirlandata*

nehmung der Realität zu zwingen, waren Elizabeths ständige Krankheiten, die so mysteriös blieben wie alles an ihr. Aber selbst Krankheit und Tod wußte Rossetti noch zu verdrängen. Er erlaubte Elizabeth nie, ins Hospital zu gehen – angeblich, weil sie dort nur depressiv werden würde.

Auch die anderen Mitstreiter für die hehren Ziele der Bruderschaft sahen in Elizabeth nur das ideale Modell für ihre ätherischen Frauenfiguren. Der besonders hübsche John Everett Millais ließ Elizabeth einmal für ein Bildnis der von Hamlet in den Tod getriebenen Ophelia posieren. Um besonders naturgetreu die in einem Teich schwimmende Leiche wiederzugeben, malte er erst vier Monate lang auf dem Land die Vegetation des Hintergrunds, und legte dann – nach London zurückgekehrt – Elizabeth in eine Badewanne, um auch das schwimmende rote Haar exakt zu treffen. Wie man sich denken kann, war dieses Modell-Liegen der schwachen Gesundheit Elizabeths nicht gerade zuträglich, und da sie den hingerissenen Künstler nicht zu stören wagte, holte sie sich schließlich eine Lungenentzündung.

Wie wenig Elizabeth für Rossetti eine Frau aus Fleisch und Blut war, kann man schon daraus ersehen, daß er sich beständig weigerte, sie zu heiraten, obwohl es im viktorianischen England nicht gerade schicklich war, in wilder Ehe zusammenzuleben. Erst als Elizabeth 1860 ernsthaft erkrankte und Rossetti um ihr Leben fürchtete, ließ er sich auf eine Ehe mit ihr ein. Wie allgemein gesagt wird zu einem Zeitpunkt, da er sie schon nicht mehr liebte.

John Everett Millais *Ophelia*

Aber war es nicht sowieso nur ihr wunderbares Haar und die damit verbundenen Beatrice-Phantasien gewesen, das der Haar-Fetischist Rossetti liebte? Es ist überliefert, daß Rossetti Gespräche unterbrach, wenn eine rothaarige Frau auftauchte. Auch konnte er wie in Trance durch die Straßen Londons laufen, um die Spur einer Frau mit schönem rotbraunem Haar aufzunehmen. Seine Leidenschaft für schönes Frauenhaar grenzte geradezu an Raserei, er war »hair-mad«, wie eine seiner Bekannten, Mistress Gaskell, bemerkte.

Die Heirat verbesserte Elizabeths Zustand kaum. Sie gebar ein totes Kind und verfiel in Depressionen und Krankheit, deren Schmerzen sie mit immer größeren Dosen von Laudanum zu lindern suchte. Zu diesem Zeitpunkt war Elizabeth schon lange nicht mehr sein einziges Modell. Andere, oft rothaarige Frauen, die die Künstlerfreunde für sich und ihre Kunst in Londons Straßen, Theatern und Läden entdeckt hatten, posierten jetzt für Figuren, die weniger als madonnenhafte *femme fragile* auftraten, wie noch Elizabeth in *Beata Beatrix*, sondern mehr und mehr *femme fatale*-Züge erhielten. Fanny Cornforth und später auch Alexa Wilding saßen zum Beispiel für *Lady Lilith*, so genannt nach der im jüdischen Glauben ersten Frau Adams, die wie er von Gott aus Erde geschaffen wurde. Da Lilith nicht bereit war, sich Adam unterzuordnen, verließ sie ihn und weigerte sich standhaft zurückzukehren. Erst da schuf Gott aus Adams Rippe seine zweite Frau Eva.

„Lilith" ist der semitische Name für eine schöne, liederliche Dirne, die die Männer je-

Dante Gabriel Rossetti *La Pia*

derzeit verführt – und sie mußte natürlich rothaarig sein. Auf solch mythologische Figuren griffen die Präraffaeliten gerne zurück, da sich in ihnen ihre Vorstellung von der unglückbringenden Frau besonders gut darstellen ließ. Der Typus der »Männerfalle« wurde endgültig durch John Keats Gedicht *La Belle Dame sans Merci* in die Literatur des 19. Jahrhunderts eingeführt. Die langhaarige Schöne, die einen Ritter in ihre Liebesgrotte führt, wo sie ihn wie zuvor schon andere Könige und Helden durch ihre Reize einschläfert und all seiner Lebenskraft beraubt, ist sozusagen zur Leitfigur der Präraffaeliten und Symbolisten geworden. Wen wundert's, daß diese schöne gnadenlose Dame wiederholt mit wallendem roten Haar gemalt wurde (beispielsweise von Franck Dicksee). Die von der Frau ausgehende Verderbtheit wird dabei sozusagen zu einem Attribut ihrer Schönheit. Das »schöne Schaurige« wird zum »schaurig Schönen«[3].

Auch Lady Lilith auf Rossettis Bild ist eine schöne Frau, die versonnen in einen Spiegel guckt. Doch der unschuldige Eindruck täuscht. In einem ergänzenden Gedicht spricht Rossetti von Lilith als der Hexe, die Adam liebte, bevor ihm Eva geschenkt wurde. Mit ihrem goldenen Haar umgarnt sie den Mann, und nach der Verzauberung findet sich »round his heart one strangling golden hair.« Ihre kontemplative Haltung zeigt gerade ihre Verruchtheit, ihre Absicht, die Männer durch ihre Schönheit weiterhin zu verhexen und zu verzaubern. So sahen die Präraffaelitten ja auch die in meinen Augen so unschuldigen Frauengestalten Botticellis: als Verderbnis bringende Circen.

Am 10. Februar 1862, zwei Jahre nach der Hochzeit, starb Elizabeth – von Rossetti in der Nacht alleingelassen – an einer Überdosis Laudanum. Obwohl die Untersuchung von einem Unfalltod ausging, spricht alles für einen Selbstmord, und Rossetti, voller Reue, legte Elizabeth das einzige Manuskript seiner Gedichte mit in den Sarg und schwor, nie wieder zu schreiben. Einige Jahre später bereute Rossetti diese Inszenierung und ließ die Leiche exhumieren. Die Legende will, daß Elizabeths »friedliches Antlitz in den Wellen goldenen Haares schlummerte, unversehrt« wie das einer christlichen Heiligen.[4] Das lange rote Haar hatte sich so fest um die Manuskripte geschlungen, daß Teile abgeschnitten werden mußten, um die Gedichte herausnehmen zu können.

Auch nach ihrem Tod war Elizabeth noch das Opfer von Rossettis Stilisierungen. Er lebte fürderhin ganz zurückgezogen, erst mit seinem Modell Fanny Cornforth, später dann auch mit Jane Burden Morris, seiner späten Muse. Die meisten Frauenporträts Rossettis tragen die Züge von Jane Morris, auch die Beatrice in Dantes Traum, für die im Entwurf noch Elizabeth Modell gestanden hatte. Ob er diese Veränderungen kaschieren wollte oder ob zu seinem Frauenbild einfach die roten Haare gehören – Tatsache ist, daß Jane, die dickes schwarzes Haar hatte, auf vielen Bildern zur Rothaarigen wurde, womit Rossetti ganz nebenbei auch noch den ehernen Grundsatz des Präraffaelismus, nämlich der »unbedingten, kompromißlosen Wahrheit in allem, was er tut« (Ruskin), ad absurdum führte. Auf diese Weise setzte Rossetti die Legende von der unvergänglichen Liebe zu Elizabeth Siddal schon zu seinen Lebzeiten in Szene, und noch heute glauben viele, daß auch Jane Morris rote Haare hatte.

Doch hauen wir nicht weiter auf den armen Rossetti ein. Er war letztlich ein sehr einsamer Mann, der ständig Schulden hatte – obwohl er bald recht gut mit seiner Malerei verdiente –, an Schlaflosigkeit litt, die er mit Alkohol und Mixturen zu überwinden versuchte, und der schließlich einem paranoiden Verfolgungswahn verfiel. Fanny Cornforth, deren bodenständiges Gesicht sich angenehm von den ansonsten sehr ähnlich erscheinenden Frauenbildnissen Rossettis unterscheidet, hielt ihm bis zuletzt die Treue. So sind die Rothaarigen in Wahrheit ...

Der Haarfetischist Rossetti und seine Mitstreiter fanden mit ihrer mystischen Verbindung von Erotik, Religiosität und Naturlyrik viel Anklang bei den französischen Symbolisten. Dieser schwülstigen Gemengelage war sowohl in England als auch in Frankreich eine profunde Frauenverachtung beigemischt, mit der die Künstler ihren Schrecken über die sich herausbildende Frauenbewegung zu bewältigen suchten. Blaustrumpf und Vamp waren die beiden Pole, zwischen denen die männliche Phantasie die nach Gleichheit strebenden Frauen anzusiedeln und auszugrenzen versuchte. Nur mühsam gelang es den Herren der Schöpfung, ihre Gehässigkeit in der Anbetung eines Frauentyps zu kaschieren, den es nur in der Literatur, der Malerei und der Oper, nicht aber im wirklichen Leben gab: die *femme fatale*.
Wie sehr das Bild der betörenden *femme fatale* noch heute funktioniert, konnte ich bei meinem Aufenthalt in Paris an mir selbst studieren. Schon in Italien war mein eifrigster Verehrer ein Franzose gewesen, in Paris, meiner nächsten Station, konnte ich mich der Anbetungen kaum noch erwehren. Allerdings wehrte ich mich auch nicht lange. Ich war im Aktenzimmerchen eines befreundeten Anwalts untergekommen, bei dem sich die Exilantenszene von Paris zu treffen pflegte. Und so konnte ich feststellen, daß rote Haare nicht nur auf Franzosen, sondern offensichtlich auch auf Chilenen, Salvadorianer und Iraner einen unwiderstehlichen Reiz ausüben. Nie habe ich in teuren Restaurants so gut gegessen, wie in diesen Wochen in Paris, als ich praktisch kein Geld besaß. Dafür aber meine Verehrer. Anfangs plagten mich noch Skrupel, dann aber begann ich es zu genießen, ja vielleicht sogar ein bißchen auszunutzen. Schließlich gab es Schlimmeres, als sich von alternden, liebenswürdigen Herren zum Essen ausführen zu lassen.
Fast etwas wütend, erkannte ich bald, was die Kurtisanen, Musen und Mätressen des Fin de siècle auch so empfunden haben mußten: wie wenig die Männer doch in der Lage waren, wirklich zu lieben und den wahren Menschen hinter der schönen Projektionsfläche zu entdecken. Daß die Verehrung, die die wichtigen Männer in der Rue de Rivoli mir bezeugten, wenig mit mir selbst zu tun hatte, merkte ich recht schnell. Besser man ließ sie nicht zu nahe herankommen; der durchschnittliche Mensch unter der herausragenden roten Mähne wirkte unter Umständen ernüchternd. Und damit tat man weder sich noch den Herren einen Gefallen, die ja ganz offensichtlich betrogen werden wollten. In der heitergelassenen Stimmung, in der ich mich damals befand, war mir das durchaus recht. Mehr noch: Angesichts meiner knappen Kasse war es sogar äußerst praktisch.

In Paris kreuzten sich meine Pfade wieder mit den historischen von Lou von Salomé, die 1887 den Orientalisten Friedrich Carl Andreas geheiratet hatte. Zum Zeitpunkt ihres Paris-Besuches im Jahre 1894 hatte sie bereits drei Bücher und diverse Abhandlungen geschrieben. Sie hatte aber auch bereits ihren ersten »Seitensprung« mit dem Sozialisten Georg Ledebour hinter sich. Auch Lous Problem sollte zeitlebens die Spannung zwischen Distanz und Nähe sein, und sie entkam erdrückenden Situationen bevorzugt durch Reisen. Lou suchte Abstand von ihrem Mann, wofür ihr Paris das richtige Ambiente bot. Voller Faszination beobachtete sie das vermeintlich freie Leben der »Grisettchen« und versuchte scheinbar, es ihnen gleichzutun. So verbrachte sie mit dem Dichter Wedekind, den sie gerade erst bei der Gräfin Nemethy kennengelernt hatte, eine Nacht mit der unvermeidlichen Zwiebelsuppe gegenüber *Les Halles*. Wedekind interpretierte dies als Aufforderung zu einem Liebesabenteuer, doch anders als die Grisetten hatte sie es nicht so gemeint. Wedekind entschuldigte sich zerknirscht für seinen Verführungsversuch.

Lou hatte aus ihrer Ehe bereits die Lehre gezogen, daß alle Festlegungen von Übel sind, und so genoß sie Paris und ihre selbstbestimmte Unabhängigkeit in vollen Zügen, was ihre Verehrer zur Verzweiflung brachte, sie selbst aber in produktives Glück versetzte. Wie selbstverständlich bewegte sie sich in den verschiedenen Künstlerkolonien des kulturell blühenden Paris der Jahrhundertwende, bis irgendwann die Stunde kam, »da etwas oder jemand mir, in irgendeiner Nacht, zuzuwinken scheint – und ich fort muß«. Und sie ging, bevor es zu spät war. »Mir selbst und allen unerwartet, heimlich und ohne Lebewohl, bin ich von Paris ausgerückt.« Lous für die damalige Zeit völlig unkonventionelle Art verwirrte und faszinierte. Bis heute versucht man, ihren Unabhängigkeitsdrang als Bindungslosigkeit, ihre sexuelle Askese als Verklemmtheit und ihren Kontakt zu den künstlerischen und intellektuellen Größen ihrer Zeit als Geltungssucht zu interpretieren. Im schlimmsten Fall handelt ihr das den Ruf einer *femme fatale*, im besten Fall den einer Muse ein. Ihre eigenen intellektuellen Leistungen treten dabei selbstverständlich völlig in den Hintergrund.

Lou hatte, *nomen est omen*, einen schicksalhaften Nachnamen, der im 19. Jahrhundert nicht nur in Frankreich die Phantasie der Männer in hitzige Wallungen versetzte. Salome gilt als Inbegriff der *femme fatale*, allerdings nicht die Salome aus dem Matthäus- und Markus-Evangelium. Die wünscht sich von ihrem Stiefvater Herodes zwar auch als Dank für ihren Tanz den Kopf von Johannes dem Täufer, aber nur, weil sie von ihrer Mutter Herodias dazu angestiftet wird. Herodias möchte den lästigen Propheten loswerden, weil er beständig ihre unmoralische Ehe mit Herodes, dem Bruder ihres ersten Mannes, anprangert. Das 19. Jahrhundert macht aus der verführten Unschuldigen die männermordende Verführerin, die aus verschmähter Liebe tötet und genußvoll den bluttriefenden Kopf an ihre kalten Lippen preßt. Den Männern des 19. Jahrhunderts gerät so jegliche schöne Frau zur morbiden Männermörderin. Da wird das Lächeln der Mona Lisa in ein vampirhaftes Grinsen uminterpretiert, ein Frauenkopf aus der Schule Michelangelos zur sexuellen Hydra, und, wie wir gesehen haben, Botticellis ätherische Madonnen zu zweideutigen Frauengestalten. Oscar Wilde und Audrey Beardsley in England, Joris-Karl Huysman und Gustave Moreau in Frankreich widmen sich mit verbissener Hingabe der neuen Interpretation der Salome-Figur.

Das Lebenswerk von Moreau (1826–98) wird von den verschiedenen Varianten der Luxuria, der mittelalterlichen Figur der Wollust, geradezu dominiert: Salome, Leda, Sphinx, Helena, Galathea, Dalila, Maria Magdalena, Circe, die Erynnen, die Sirenen und die Todsünden – Moreau hat die vollständigste Ahnenreihe der *femme fatale* gemalt, die je von einem Künstler geschaffen wurde. Er empfand wie so viele Künstler seiner Zeit die Lockungen des Weibes als sündige Versuchung und er widerstand ihr, indem er die Frau zu einem männerzerstörenden Schreckensbild stilisierte. Das 19. Jahrhundert ist deswegen aus ganz anderen Motiven als die Renaissance ein Jahrhundert der als Musen und Mätressen gefeierten, geschmähten und immer wieder gemalten Rothaarigen. Es ist nicht Verehrung, sondern angstbesetzte Verachtung, die die Frau zur gefährlichen Sphinx erklärt und ihr als Zeichen ihrer Gefährlichkeit rote Haare verpaßt. So sehr wird der männliche Blick des Fin de siècle getrübt von den Phantasien über die männerverschlingende Frau, daß noch im Rückblick, wie wir gesehen haben, die bedauernswerten vermeintlichen Hexen der Neuzeit zu rothaarigen *femmes fatales* und die unschuldigen rothaarigen Madonnen der Renaissance-Maler zu erotischen Verführerinnen uminterpretiert werden.

Doch während die prunkvollen mythologischen Bilder eines Moreau dem bigotten Geschmack der *décadence* entsprachen, provozierte ein Bild wie Manets *Nana* einen heute für uns nicht mehr nachvollziehbaren Skandal. Auf dem Bild ist eine junge Frau in Unterrock und Mieder zu sehen, die mit ihrer Toilette befaßt ist. In dem Moment, den Manet festhält, schaut sie den Betrachter des Bildes an. Hinter ihrem Rücken sitzt ein Herr in Abendanzug und Zylinder. Was die Pariser Gesellschaft und die Juroren des Salons von 1877, die das Bild entrüstet ablehnten, ganz offensichtlich provozierte, war die Tatsache, daß hier eine alltägliche Szene ungeschönt, sozusagen protokollierend, wiedergegeben wurde. Die junge Frau ist eine Kokotte, der Herr im Zylinder ein Kunde aus der Pariser Hautevolee. Etwaige Zweifel an dieser Interpretation verbot schon der Name. Zwar ist die Manetsche *Nana* nicht die Nana aus dem gleichnamigen Roman von Emile Zola, wie allgemein angenommen wird, denn Zolas *Nana* erschien erst zwei Jahre später. Sie ist vielmehr die Nana aus Zolas Roman *Assommoir*, der für ebensoviel Aufruhr sorgte, wie später die schmucklose Darstellung der Pariser Mätressenwirtschaft in *Nana*. Da aber die Manetsche Nana wiederum Zola inspirierte, ist es wenig verwunderlich, daß beide – untrügliches Merkmal in der Ikonographie des Fin de siècle – rötliches Haar haben.

In Zolas Roman versetzt die gänzlich unbegabte Nana die Pariser Männerwelt in Raserei, als sie in einem Boulevard-Theater als singende Venus auftritt: »Lauter Beifall brach los. Sofort wandte sie sich um und trat zurück; dabei zeigte sie ihre Hinterfront, auf die das rotblonde Haar wie die Mähne eines Tieres herabfiel. Und der Beifallssturm wurde rasend.« Wie der Frauenverächter Edgar Degas, der über seine Modelle sagte, er zeige sie »im Zustand sich putzender Tiere«, greift auch Zola ins animalische Sprachrepertoire,

um das Sinnbild der babylonischen Hure zu charakterisieren. Doch sowohl Manet als auch Zola halten der heuchlerischen Männergesellschaft einen Spiegel vor, indem sie die Käuflichkeit der Liebe in den Vordergrund stellen und die über die Zylinderträger Macht ausübenden Kurtisanen zu Rächerinnen der unterdrückten Klassen erklären. In den Worten der Brüder Goncourt: »Die Rache des Armen an dem Reichen: seine Töchter.«
Die Kurtisanen übten großen Einfluß aus auf ihre meist verheirateten, wohlhabenden und mächtigen Liebhaber, weswegen man auch von der Kokottenherrschaft des Zweiten Kaiserreiches spricht. Manets und Zolas *Nana* wirkten so anstößig, weil sich ihre Schöpfer nicht mehr an die mythologischen Verklärungen der Symbolisten und Präraffaeliten hielten, sondern die Dinge zeigten, wie sie sind, und damit der von Charles Baudelaire und Zola aufgestellten Forderung nach Darstellung des modernen Lebens nachkamen: Nana ist eine rothaarige Dirne – daß sie im Mieder ist und nicht wie irgendeine Venus nackt, unterstreicht nur noch den Realitätsgehalt der Darstellung – der Herr im Zylinder ein letztlich betrogener Käufer. So direkt auf die profane Warenbeziehung gestoßen zu werden, ohne daß eine Dämonisierung der Frau eine Gelegenheit zur moralischen Erbauung bot, mißfiel natürlich.[5]
Edouart Manet (1832–1883) hatte übrigens selbst rotblonde Haare. Kein Wunder also, daß ihm auch ein aufbrausendes Temperament nachgesagt wird. Zu heftigen Reaktionen hatte er allen Anlaß, warf man ihm doch vor, mit der ehrwürdigen Kunsttradition gebrochen zu haben und verhöhnte ihn wie keinen Maler zuvor. Der stets vornehm gekleidete Maler aus gutem Hause, der sich den hungerleidenden Avantgardisten hinzugesellt hatte, fühlte sich von Schimpfwörtern wie »Barbar« und »Abtrünniger« durchaus verletzt. Er war ein Revolutionär wider Willen, blieb aber seinem Stil und seinen schockierenden Themen trotz allen Aufruhrs treu. Seine *Olympia* zum Beispiel, die überraschenderweise im Salon von 1865 ausgestellt wurde, mußte von zwei Saaldienern bewacht werden, so sehr erregte sie die Betrachter, die mit Stöcken und Schirmen nach ihr schlugen. Als auch das nichts nützte, hängte man das Bild so hoch, daß man es weder schlagen noch vermutlich sehen konnte. Manets *Olympia* erinnert nicht nur in der Komposition an Tizians *Venus von Urbino*, sondern seine lasziv auf dem Bett ausgestreckte, nackte Frau hat auch die bevorzugte Haarfarbe des Renaissancemalers: tizianrot. Das Modell war Victorine Meurent, Manets Lieblingsmodell mit langen, dunkelroten Haaren. Sie saß auch für die Frau, die beim *Frühstück im Grünen* nackt zwischen zwei Herren kauert und dadurch das Publikum erboste, weil es so unliebsam auf die auch in den Pariser Parks herrschende Prostitution gestoßen wurde.

Ein anderer, der das Pariser Boheme-Leben schnörkellos zeigte und sich keinerlei Illusionen über das Leben der Dirnen machte, war Toulouse-Lautrec. Schon als 17-jähriger formulierte er sein künstlerisches Credo in einem Brief: »Ich habe versucht, wahr zu sein und nicht traumhaft zu verfälschen. Vielleicht ist das ein Fehler, aber es ist mir unmöglich, Warzen zu übersehen, ich gebe ihnen noch mutwillige Haare mit, ich mache sie gerne noch größer und setze ihnen eine glänzende Spitze auf.« Vielleicht hat er aus demselben Prinzip heraus einen großen Teil seiner Frauenporträts aus der Welt der Dirnen und Schauspielerinnen mit roten Haaren ausgestattet: keine sklavische Wiedergabe der Realität, sondern eine sozusagen realitätsgerechte Interpretation und Übertreibung des Wirklichen: was rote Haare hatte, war in der Belle Epoque liederlich. Oder eben umgekehrt.

Henri de Toulouse-Lautrecs Hang zum Bordell-Milieu hatte zum einen sicherlich etwas mit bewußter Abnabelung vom, ja Opposition zum monarchistisch geprägten hochadeligen Elternhaus zu tun. Wichtiger aber scheint mir, daß der durch inzestuöse Familienverbindung kleinwüchsig und verkrüppelt geratene Henri in den Ausgestoßenen und Verlachten des Prostituierten-Milieus Schicksalsverwandte sah, zu denen er sich hingezogen fühlte. Und zu den Rothaarigen, die wie er zu den verfemten Außenseitern gehörten, und denen er gerade deswegen in seinen Bildern ein bleibendes Denkmal setzte. Nimmt man

Henri de Toulouse-Lautrec *Marcelle Lender tanzt den Bolero aus Chilperic*

Lautrecs Bilder für Realität, dann muß es in der Pariser Demimonde nur so von Rothaarigen gewimmelt haben: *La Goulue*, die Gefräßige, Tänzerin im *Moulin Rouge*, malte er wiederholt als Rothaarige. Auf dem Plakat, mit dem er, La Goulue und das *Moulin Rouge* 1891 auf einen Schlag berühmt wurden, ist sie allerdings mit gelbblondem Haar zu sehen. Jane Avril, die anfänglich auch im *Moulin Rouge* auftrat, später aber ihr eigenes Programm hatte, war Toulouse-Lautrec sehr zugetan und auch sie, die hinter ihrer wirbeligen Fassade – man gab ihr den Spitznamen »die Hochexplosive« – ein eher melancholischer Mensch war und damit dem immer zynisch und sarkastisch auftretenden Lautrec im Grunde sehr ähnlich, malte er rothaarig; genauso wie die ebenfalls sehr bekannte Tänzerin Marcelle Lender. Legendär sind auch seine Porträts der Chanson-Sängerin Yvette Guilbert, die anfänglich über die in ihren Augen häßlichen, aber letzlich wohl ziemlich naturgetreuen Darstellungen ihrer Person entsetzt war. Auch sie porträtierte er mit intensivrotem Haar. Auf ihre Frage, warum er die Frauen so häßlich male, soll er geantwortet haben: »Weil sie es sind.«

Darin dieselbe Frauenverachtung zu sehen, die man seinem großen Vorbild Degas wohl

Henri de Toulouse-Lauttrec
Plakat *Divan Japonais*

zu Recht zuschreibt, scheint mir ungerechtfertigt. Wußte er doch, daß er selbst die häßlichste Person unter der Pariser Sonne war. »Ich möchte auf dieser Erde die Frau sehen, die einen Geliebten hat, der häßlicher ist als ich!« rief er einmal aus. Von den vielen Frauen, die er anbetete, waren es wohl nur ein paar, die sich mit ihm auch einließen, so Suzanne Valadon, die später selbst eine begabte Malerin wurde und die zwei Jahre lang sein Modell und seine Geliebte war. Sie saß für die »rothaarige Schlampe« in dem großartigen Bild aus dem Trinkermilieu mit dem Titel *A la Mie*. Oder Rosa la Rouge, die Prostituierte, die auch für ihn Modell stand und deren Namen schon dafür bürgt, daß sie wirklich scharlachrotes Haar hatte. Von ihr hat er sich wohl die Syphilis geholt, die seine ohnehin nicht sehr stabile Gesundheit weiter ruinierte. Schließlich gab es noch Carmen la Rosse, deren Spitzname übersetzt »die Liederliche« und nicht etwa »die Rothaarige« heißt. Rothaarig war die Arbeiterin, die aber wohl nur Modell für ihn stand, dennoch. Da die meisten seiner Modelle rothaarig waren, ist es nicht einfach, sie den einzelnen Bildern zweifelsfrei zuzuordnen.

Lautrec meinte: »Überall und immer hat auch das Häßliche seine bezaubernden Aspekte«,

Henri de Toulouse-Lautrec
A Montrouge – Rosa la Rouge

und so malte er die Frauen in den Bordellen und Vergnügungsstätten, wie er sie sah: nicht erotisch, sondern aufrichtig; in ihrem Alltag, der meistens mühselig, oft langweilig und immer erniedrigend war. Das war, neben dem nicht kunstwürdigen Thema, ein Skandal in sich. Lautrec scheint sich im bigotten Fin de siècle den Frauen im allgemeinen und den Dirnen und Rothaarigen im besonderen verbunden gefühlt zu haben, weil er sich selbst als Außenseiter sah.

Lautrec ging in seiner Identifikation mit dem Milieu und seinen Menschen so weit, daß er zeitweilig sogar im Bordell wohnte, um das Leben und die Persönlichkeiten seiner weiblichen Modelle genau kennenzulernen. Für solche Extravaganzen fand er auch unter seinen Künstlerfreunden nur wenig Verständnis, zumal die sozialkritische Expressivität seiner Bilder in der französischen Kunst eher untypisch war. Die Kokotten selbst fühlten sich

Henri de Toulouse-Lautrec
Carmen la Rosse

natürlich meist geschmeichelt, wenn *Monsieur Henri* sie für würdig befand, beispielsweise in Porträtmedaillons im Stile Louis XVI. zur Ausschmückung eines Bordell-Salons gemalt zu werden. Trotzdem war auch Lautrec nicht frei von elitären Klischees, wenn er in den einfachen Frauen des Milieus das angeblich ungekünstelt Animalische bewunderte: »Das Berufsmodell ist immer wie ausgestopft, diese da, sie leben ... Sie räkeln sich auf den Kanapees wie die Tiere ... Sie sind ganz ohne Prätentionen.« Hier kommt er seinem Idol Degas wieder nahe, der in seinen Bordellmonotypen auch das Animalische und Bodenständige der einfachen Frauen aus dem Volke herauszuarbeiten suchte und ihnen nicht selten ebenfalls langes rotes Haar gab.

»Wenn eine Frau nur rothaarig ist, aber wirklich rothaarig, richtig rothaarig – Technik der Venezianer!« seufzte Lautrec und erwies dem Tizianrot in seinen Bildern alle Ehre. Er nahm ein Ende, das dem seines wirklichen, richtig rothaarigen Freundes van Gogh sehr ähnlich war. Er verfiel dem Alkohol, wurde kurzzeitig in eine Nervenheilanstalt eingewiesen und starb schließlich, erst 36jährig, auf dem Schloß seiner Mutter, der Gräfin Adele, in Malrome. Der hochherrschaftliche Rahmen seines Todes war allerdings ein entscheidender Unterschied zum Sterben seines Malerkollegen und Freundes van Gogh.

In den Monaten seines Aufenthalts in der Nervenheilanstalt in Neuilly bekam Toulouse-Lautrec täglich Besuch von Misia, einer Frau mit kastanienrotem Haar, die in der Pariser Künstlerszene eine wichtige Rolle als Muse und Mäzenin spielte. Sie war die Tochter eines extravaganten polnischen Bildhauers, die ihren eigenen Kopf schon früh bewies, als sie der unerträglichen häuslichen Athmosphäre bereits mit 18 Jahren nach London entfloh. Als sie mit 21, durch ihre frühe Selbständigkeit bereits skandalumwittert, den reichen Juden und Herausgeber der literarischen Zeitschrift *La Revue Blanche* Thadée Natanson heiratete, beschrieb sie der Schriftsteller Eugène Morand als »eine schöne Pantherin, gebieterisch und blutdürstig«. Das Geld ihrer insgesamt drei reichen Ehemänner brachte Misia mit Vorliebe unter die armen Pariser Künstler. Mit ihrem Charme und ihrem Einfluß erstritt sie so manchem ihrer Schutzbefohlenen Aufträge und Auftritte. Nicht nur aus Dankbarkeit wurde sie von vielen Künstlern ihrer Zeit ausgiebig porträtiert, so von Vuillard, der sie leidenschaftlich, aber unerfüllt liebte, von Bonnard und Vallotton, die sie tief verehrten, von Renoir, dem sie bis zu seinem Tod die Enthüllung ihres offensichtlich besonders beeindruckenden Busens verwehrte – was sie später wohl bereute – und eben von Toulouse-Lautrec, der sie zärtlich »meine Lerche« nannte und heimlich verehrte.

Misia war für die Pariser genau die exotische Mischung, die die Franzosen so lieben: Polin – wie Lou, allerdings in Moskau geboren und von dort bald weggezogen –, eine berückende Schönheit mit bestrickendem Charme, beherrschendem Temperament und einem direkten und losen Mundwerk. Und roten Haaren. Mit ihrer unkonventionellen und frivolen Art mochte sie gerade bei Lautrec gut ankommen, der es selbst liebte, sich als Bürgerschreck aufzuspielen. Daß er sie von seinen Späßen nicht ausnahm, konnte sie dagegen weniger gut verkraften. Als er sie einmal als Puffmutter im Kreis ihrer Kunden karikierte, warf sie die Zeichnung einfach in den Papierkorb. Lautrec malte daraufhin *Zu*

Tisch bei M. und Mme. Natanson: Eine um dreißig Jahre gealterte Misia fläzt sich korpulent und pausbäckig an einem Tisch, während ihre Haare, wie ihre Biographen anmerken, »unnatürlich rot gefärbt« sind. Dennoch hielt sie ihm die Treue, auch als er in die Nervenklinik eingeliefert wurde. Er nannte sie nun »Die Taube Noahs«, wohl in der Hoffnung, daß sie ihn vor der Katastrophe erretten würde. Doch wenn er auch aus der Nervenheilanstalt wieder befreit wurde, sein Tod im Jahre 1901 ließ nicht mehr lange auf sich warten. Misia, die sich wie so viele Musen wohl eher aufs Geliebtwerden als aufs Selber-Lieben verstand, durchlebte noch zwei mehr oder weniger unglückliche Ehen mit dem reichen Amerikaner Edwards und dem spanischen Maler Sert, bis sie in Coco Chanel eine anstrengende, aber immerhin dauerhafte späte Liebe fand. Sie förderte weiterhin die Künste und die Künstler, gab Bälle und hielt Hof. Doch die Muse und Mäzenin Misia Sert starb genauso wie viele von ihr unterstützte Künstler einsam und süchtig. In ihrem Fall war es das Morphium.

Eine Freundin von Misia und deren drittem Ehemann, dem spanischen Maler Jose-Maria Sert, war die Varieté-Tänzerin und Schriftstellerin Colette, die nicht die einzige Frau war, die sich in Misia verliebte. Auch sie war wild, unkonventionell und – so will es jedenfalls die Legende – rothaarig! Gabriele Sidonie Colette, wie sie mit vollständigem Namen hieß, war sicherlich eine Frau, die sämtliche Konventionen der Belle Epoque zu sprengen schien. Als sie als zwanzigjähriges Mädchen den glamourösen Musikkritiker und vermeintlichen Romancier Henry Gauthiers-Villars heiratete, wurde außer Verwunderung über die Verbindung des reifen Dandy mit der Kindfrau vom Lande auch Bewunderung über deren 1,58 Meter langes Haar geäußert, das sie in entsprechend langen Zöpfen trug. Allem Anschein nach waren diese langen Haare jedoch blond und kraus. Willy, wie sich ihr selbstgefälliger Gatte im Künstlermilieu nennen ließ, nutzte die schriftstellerische Begabung seiner jungen Frau aus, indem er die aufsehenerregenden *Claudine*-Geschichten, die Paris in einen wahren Begeisterungstaumel versetzten, unter seinem Namen erscheinen ließ.

Es sollte zehn Jahre dauern, bis Colette sich aus dieser demütigenden und ausbeuterischen Beziehung befreite. Danach legte sie aber richtig los, und vermutlich wurden auch zu diesem Zeitpunkt ihre nunmehr kurzen Haare rot. Colette machte nun als Varieté-Tänzerin mit zweifelhafter Begabung von sich reden, insbesondere aber ihre lesbische Affäre mit der Marquise von Belbeuf, genannt Missy, und ihr gemeinsamer Auftritt im *Moulin Rouge* führten zu einem Skandal. Sie entblößte als erste auf offener Bühne ihren Busen und betrog später ihre Missy mit sehr viel jüngeren männlichen Liebhabern. Nebenbei schrieb sie unermüdlich und erfolgreich. Im Alter führte sie für kurze Zeit ein Kosmetikunternehmen, nicht der einzige Grund, warum sie sich auch als von Arthritis und Rheuma geplagte Frau noch auffällig schminkte – und ihre roten Haare pflegte, die, anders als bei echten Rothaarigen, im Alter nicht verblaßten, sondern erst richtig zu leuchten begannen. So erhielt sie sich bis zum Tode das Image der ewigen Verführerin und *femme fatale*.

Eine Frau darf in dieser Aufzählung der aufregendsten und verführerischsten Erscheinungen der Belle Epoque nicht fehlen: Sarah Bernhardt. Sie war die Inkarnation der *femme fatale* in der zweiten Hälfte des 19. Jahrhunderts. Ihre Selbststilisierungen und Theaterrollen ließen sie wie die direkt aus den Bildern Gustave Moreaus entstiegene Salome erscheinen. Kein Wunder, daß auch sie zur Rothaarigen erklärt wird. Ohne Zweifel ist sie auf vielen Plakaten als rotblonde Schönheit wiedergegeben, doch das eigentlich Charakteristische an Sarahs Haaren scheint – wie bei Colette – ihre Krause gewesen zu sein. Als die kleine Sarah von ihrer Mutter, einer stadtbekannten holländisch-jüdischen Kurtisane, in ein Mädchenpensionat abgeschoben wurde, litt sie besonders unter den Hänseleien der Kinder über ihre Haare. Allerdings rief man ihr nicht »Rotfuchs« oder »Feuermelder« hinterher, sondern »blonde Negerin«. Diese sadistischen Neckereien führten bei Sarah zu berüchtigten Wutanfällen, in denen sie wie wild um sich schlug. Wegen einer Ohrfeige verlor sie auch ihr erstes Engagement in der altehrwürdigen *Comédie Française*. Das Temperament, soviel steht fest, war jedenfalls sehr rothaarig. Ansonsten sind die Angaben über ihre Haarfarbe eher widersprüchlich. Die Biographen enthalten sich in dieser Frage völlig, erzählen mehr von ihrer extremen Schlankheit und ihrem unbändigen Haar.

Die 22jährige Sarah wird von der Schaupielerin Béatrix Dussane nach einem triumphalen Auftritt im *Théâtre de l'Odéon* in einer Hosenrolle so beschrieben: »Ihr blonder Haarschopf, die hellen Augen, das ungesuchte Lächeln, dies alles drückte wunderbar Kindlichkeit und Reinheit aus ... Das eigentliche Wunder aber ahnte noch niemand, das Wunder, daß diese zarte *femme enfant* schon sehr bald fähig sein würde, alle Leidenschaften, alle Ausbrüche des Theaters mit dieser silberhellen Stimme zu leisten, mit diesem zerbrechlichen Körper zu tragen, ihrer beinahe unwirklichen Gesamterscheinung.« Um von der *femme enfant* zur *femme fatale* zu werden, mußte vielleicht auch der blonde Haarschopf erröten. Dieselbe Béatrix Dussane beschreibt Sarah fünfzig Jahre später, als die 72jährige, beinamputierte Tragödin an der Front Theater für die Soldaten spielte, nämlich folgendermaßen: »Als ich die Bernhardt aufsuchte, wurde ich in ein weißes Boudoir geführt. Sie saß tief in ihrem Sessel vergraben, eine kuriose Gestalt mit tausenden Rüschen und Spitzen, wirren, roten Haaren und alterslosen Zügen.« Das sieht ganz danach aus, als habe auch die große Sarah ihrem Image mit roter Farbe etwas nachgeholfen. Aber was macht das schon – als Typ war sie rot wie kaum eine andere ihrer Zeit!

Das Image der *femme fatale* wurde von Sarah Bernhardt regelrecht inszeniert, sie gilt als die Erfinderin des Star-Kults. Ein Star, so die Definition, ist ein Künstler, respektive eine Künstlerin, die durch ihr Repertoire und ihr öffentliches Leben ein Bild von sich schafft, das zur Projektionsfläche für Wunsch- und auch Angstvorstellungen vieler Menschen wird. Eine der Projektionen ist vielleicht, daß man auch Sarah Bernhardt, die sich in ihrem Salon gerne mit gefährlichen Reptilien und Raubtieren umgab, die von Bischöfen zur Hexe erklärt und von Spießern als jüdische Danae beschimpft wurde, zur männerfressenden Rothaarigen macht; eine andere, daß man in der so überaus selbstsicher und selbständig auftretenden Bernhardt letztlich eine Kurtisane des Theaters sah, die mit zwanzig ein unehe-

Von Malern, Musen und Mätressen

liches Kind zur Welt brachte und sich von Fürsten und anderen Männern von Geld und
Macht aushalten ließ. Ihr größter Theatererfolg war nicht umsonst die *Kameliendame* von
Dumas, in der sie eine schwindsüchtige, aber äußerst laszive Kurtisane darstellte. Ihre
Selbststilisierung wurde ihr dabei zur Repertoire-Falle: in genau dieser Rolle wollte man
sie immer wieder sehen.

Auch Sarah Bernhardt wird in ihren Anfängen nicht dem Schicksal aller Schauspielerinnen entgangen sein, daß sie sich von finanzkräftigen Gönnern hat aushalten lassen müssen; doch bald schon wurde sie eine völlig unabhängige Impresaria, die ihre Liebhaber
nach erotischen und nicht nach pekuniären Kriterien auswählte. Bei der Gratwanderung
zwischen bürgerlicher Ehe und Prostitution, die alle Künstlerinnen ihrer Zeit vollführen
mußten, gelang es Sarah Bernhardt, aufgrund ihres Erfolgs selbständig zu werden und sich
von ihrer Herkunft zu emanzipieren. Das war nur wenigen Schauspielerkolleginnen der
großen Sarah vergönnt. Um so mehr konnte die Bernhardt ihrem Image gerecht werden:
Die rätselhafte *femme fatale*, die ungebunden ist und nur sich selbst gehört, wird zum Verhängnis des Mannes, den sie mit List und Sinnlichkeit verführt, sich unterwirft und in letzter Konsequenz tötet wie Salome den Johannes.[6] Und Salome ist rothaarig. Voilà.

In meinem Jungmädchenzimmer hatte auch ich das berühmte Jugendstil-Plakat von Alfons
Mucha hängen, mit dem Sarah Bernhardts Auftritt in der *Kameliendame* angekündigt
wurde. Sarah ist auf dem hochformatigen Plakat unzweifelhaft mit rotem aufgestecktem
Haar dargestellt, hinter dem Ohr eine weiße Kamelie. Auch auf dem ersten Plakat Alfons Muchas für Sarahs Vorstellung der *Gismonda* ist sie mit langem rotblondem Haar zu
sehen. Mit diesem Plakat kam der endgültige Durchbruch für den Grafiker Alfons Mucha
und den Jugendstil auf den Pariser Straßen. Der Tscheche Mucha, der sich mit grafischen
Aufträgen in Paris mehr schlecht als recht über Wasser hielt, hatte nur per Zufall in den
Weihnachtstagen des Jahres 1894 den Auftrag erhalten, für die große Schauspielerin
schnell ein Plakat zu entwerfen. Entgegen allen Befürchtungen war die Bernhardt von dem
Plakat begeistert. Sie schloß mit Mucha einen Exklusivvertrag ab, der ihm ein gesichertes Auskommen, viele neue Aufträge und der Bernhardt einen zusätzlichen schwunghaften Handel mit den Plakaten erlaubte. Denn die Plakatkunst war – von England und den
sozialistischen Ästheten um William Morris ausgehend (jenes Morris, der seine Frau Jane
als Muse an Rossetti entlieh) – zu einer neuen und beliebten »Kunst für alle« avanciert;
jede Mauer wurde zu einer Museumswand.

Des neuen Mediums bedienten sich so bedeutende Künstler wie Bonnard, Valotton, Cheret, Ibels, Steinlen und Toulouse-Lautrec. Insbesondere die erfolgreichen Werbeplakate
des Autodidakten Jules Cheret zeigten den damals allseits beliebten Typ der *femme de Paris*: kokette, selbstbewußte, temperamentvolle, modische und fast immer rothaarige junge
Frauen. Der jüngere Mucha kreierte einen verspielteren Stil, der ebenfalls perfekt den
Nerv der Zeit traf: eine »byzantinische Feierlichkeit« ging einher mit geschwungenen Linien und Spiralen, die die *Art Nouveau* oder den *Jugendstil*, wie diese Kunstrichtung im
Deutschen nach der Zeitschrift *Jugend* benannt wurde, prägten. Das Plakat *Gismonda* war

aber auch eine Sensation, weil Mucha nicht mehr wie seine Vorgänger mit Zinnober- und Scharlachrot zum Erzielen greller Effekte arbeitete, sondern sanfte, mit Gold gehöhte Farben verwandte. Vielleicht ein Grund, warum es im Jugendstil allgemein, aber ganz besonders bei Mucha, von rotblonden, goldhaarfarbigen Frauen fortan nur so wimmelte.
Die Dominanz der geschwungenen Linien und Spiralen beförderte geradezu eine Haarflut in den Bildern der *Art Nouveau*. Langwallende weibliche Haare sind ein Leitmotiv des Jugendstils; sie werden zu einem Fetisch, der sowohl den symbolischen als auch den dekorativen Tendenzen des Stils entgegenkommt. In kaum einer anderen Kunstrichtung wurde der erotischen Symbolik des Haars, wie sie beispielsweise in der Legende von Delilah und Samson zum Ausdruck kommt, so hingebungsvoll gehuldigt – sieht man einmal von den Präraffaeliten, die zu den Vorläufern des Jugendstils zählen, ab. Frauen werden zu Anhängseln ihrer Haarflut, die als Symbol des Begehrens und der Verführung steht. Die Zerlegung des weiblichen Körpers in Symbolzeichen erlebte im Jugendstil einen Höhepunkt und wurde zunehmend auch zu Reklamezwecken eingesetzt – Vorläufer der bekannten Körpersymbolsprache in der heutigen Werbung. Muchas Plakate für das Zigarettenpapier JOB sind ein Beispiel für die dekorativ-symbolische Verwendung wallender Haarlocken: mit dem Produkt haben die Haare nichts zu tun, zum Kauf eines derart erotisch angebotenen Zigarettenpapiers animieren sie dennoch. Daß diese Haargebirge oftmals rot sind, mag – zumal wenn es um die Anpreisung von Bier und Keksen geht – rein dekorative Gründe haben. Genauso oft steht die Farbe aber sicherlich auch in den Werbeplakaten als Symbol für Verruchtheit, Leidenschaft und Begehren. Wobei nicht nur die flammend rothaarige Frau, sondern das Produkt gleich mitbegehrt werden soll. Auch Sarah Bernhardt wurde von Mucha entgegen ihrer Gewohnheit, das Haar aufgesteckt zu tragen, oft mit langen offenen Haaren porträtiert. So schuf er mit seinen Plakaten den symbolischen Rahmen für die endgültige Idolisierung der berühmten Schauspielerin.

Doch im Schatten dieses glamourösen Bohemien-Lebens gab es auch Schmerz und Verzweiflung. Im heutigen mondänen Paris erinnert man sich an das Fin de siècle gern in der blankgeputzten Variante, wie sie sinnbildlich im *Forum Les Halles* entstanden ist. Verdrängt wird all das, was nicht so schön dekadent oder verworfen war – eine Attitüde, in der auch das Scheitern von Künstlern in der verlogenen Welt des Fin de siècle nur als schaurig-schöne Anekdote wahrgenommen wird. Wie zum Beispiel das Schicksal der Camille Claudel, der es nicht gelang, sich in der Mätressenwirtschaft der Belle Epoque einzurichten und als verführerische *femme fatale* oder ausgehaltene Künstlerin zu reüssieren.
»Sieh, wie schön sie ist; oh, sie ist schön, wie du dir nicht vorzustellen vermagst ... Aber das Schönste an ihr ist ihr Haar; es ist rot wie Gold.« So beschreibt der Dichter Paul Claudel seine Schwester Camille in seinem Gedicht *Die Schlummernde*. Außer ihrer Schönheit wird ihr eine ausgeprägte Begabung, Herrschsucht und ein aufbrausendes Temperament nachgesagt. Aber hätte Camille nicht diesen eigenwilligen Charakter gehabt, wäre es ihr wohl kaum gelungen, ihrem Wunsch nach einer künstlerischen Laufbahn den nöti-

gen Nachdruck zu verleihen. Zur Jahrhundertwende war es nicht gerade üblich, daß Mädchen vom Lande sich im Kittel in ein Atelier stellten, um aus Ton, Stein und Bronze Köpfe und Figuren zu modellieren. Entsprechend ablehnend reagierte denn auch die Mutter auf die in ihren Augen hochmütige Tochter. Camille fand nur freundliches Gewähren beim Vater und Zuneigung beim ebenfalls künstlerischen Bruder. Der Rest war bewundernswerte Dickköpfigkeit – eine Eigenschaft, die man Rothaarigen gerne nachsagt.

»Unseren lieben Dickkopf« nennt Rodin sie denn auch in den noch zärtlichen Anfangsjahren ihrer Liaison. 1883 lernte sie mit 19 Jahren den um 24 Jahre älteren Bildhauer Rodin kennen und wurde seine Schülerin und Muse. Nicht nur sie lernte von ihm, sondern auch der gestandene Meister von ihr; beider Schaffen wurde von ihrer Liebe geprägt. Doch während bei Rodin sich die erlebte Liebe in sinnlichen, ganz auf sich selbst konzentrierten Paaren ausdrückte, herrschte in Camilles Werk schon bald der Schmerz und die Verzweiflung vor. Eine Verzweiflung, die von Rodin offensichtlich mit Unverständnis quittiert wurde. Er war es wie alle Männer des 19. Jahrhunderts gewohnt, mehrere und wechselnde Mätressen zu haben, und nahm bei Camille wie bei all seinen Modellen eine Art *ius primae noctis* selbstverständlich in Anspruch, wie die Enkelin Paul Claudels, Reine-Marie Paris zu berichten weiß. Daß Camille nicht gewillt war, sich mit der Rolle der Muse und Künstlermätresse zufrieden zu geben, war Rodin nicht einsichtig. Mehr noch, er erwartete von ihr, daß sie wie selbstverständlich sein Verhältnis zu Rose Beuret akzeptierte, die ihm seit Jahren mehr oder weniger klaglos den Haushalt führte und das getan hatte, was Camille sich weigerte zu tun: sich in das Schicksal einer unverheirateten und damit gesellschaftlich nicht akzeptierten Frau zu fügen.

Rodin wußte natürlich auch, daß Camilles Situation ganz und gar unmöglich war. Eine Frau, die sozusagen »frei herumlief«, unverheiratet und zu allem Überfluß auch noch Künstlerin war, stellte Anfang des 20. Jahrhunderts schlicht ein Skandalon dar. Sarah Bernhardt wußte damit umzugehen, weil sie aus der Demimonde kam, Colette ertrug die Empörung, weil ihre Mutter und Freunde zu ihr standen, aber eine junge Frau aus bürgerlichem Haus, deren Familie voller Abscheu das Verhältnis zu einem 24 Jahre älteren Künstler ablehnte, konnte an der gesellschaftlichen Ächtung zerbrechen. Doch Rodin hielt es für unnötig, als Unterpfand seiner Liebe irgendwelche Veränderungen in seinem bequem eingerichteten Leben vorzunehmen. Zudem entsprach es dem weitverbreiteten Glauben jener Zeit, daß die Frau die Kreativität des Mannes untergrabe, weswegen nicht nur Rodin, sondern auch Delacroix, Courbet, Degas, Munch und Moreau niemals heirateten. »Das ernsthafte Eindringen der Frau in die Kunst würde eine nicht wiedergutzumachende Katastrophe darstellen«, befand der Symbolist Moreau und hatte dabei noch nicht einmal die künstlerisch aktive, sondern schlicht die liebende Frau an der Seite des edlen männlichen Künstlers im Auge. Was diesen natürlich nicht davon abhielt, gleich mehrere Mätressen zu halten. Siehe Rodin. Trotzdem scheint Rodin Camilles Emanzipation schmerzlich überrascht zu haben. So soll er eines Tages völlig fassungslos und unter Tränen seinem Freund Roger-Marx gesagt haben, er habe »keinerlei Macht mehr über sie«.

Daß Camille ihren eigenen rotschöpfigen Kopf hatte und sowohl als Künstlerin als auch als Frau auf ihrem Recht bestand, wurde ihr in der Zeit der Jahrhundertwende zum Verhängnis. Da sie sich von Rodin befreien mußte, blieb ihr nur das Schicksal einer alleinstehenden Frau, das allein schon schwierig war. Um wieviel schwieriger mußte es da sein, zu beobachten, wie ihr ehemaliger Geliebter nun zum gefragtesten Bildhauer seiner Zeit aufstieg, während sie von ein paar kümmerlichen Aufträgen kaum leben konnte. Es ist unbestritten, daß Rodin sich auch nach der Trennung noch hier und da bei einflußreichen Leuten für seine ehemalige Geliebte verwandte – aber was kostete ihn das schon und welches schlechte Gewissen mochte dahinterstehen? Er jedenfalls hatte schon bald neue Mätressen – die Rose ebenfalls ertrug –, während Camille immer mehr verfiel und unter Verfolgungswahn zu leiden begann. Camille war – obwohl Frau – von ihrer Begabung überzeugt. Daß Rodin reüssierte, während sie in Armut lebte, konnte sie sich nur damit erklären, daß Rodin gegen sie intrigierte und an ihren Werken geistigen Diebstahl beging. Später glaubte sie, daß er Modelle ihrer Werke stehlen ließ, und sie begann ihre eigenen Arbeiten zu zerstören. Für Rodin, der sie so in ihrem Stolz verletzt hatte, blieb ihr nur noch Haß. 1913 wurde sie auf Betreiben der Mutter und des Bruders in eine Irrenanstalt eingeliefert, wo sie bis zu ihrem physischen Tod im Jahre 1943 lebendig begraben blieb.

Ebenfalls im Wahnsinn endete das Leben eines anderen Künstlers, der für einige Jahre durch die Straßen von Paris zog. Obwohl Mann, war er den selbstgerechten und frauenverachtenden Attitüden vieler seiner Künstlerkollegen sehr fern, seine Sensibilität war fast weiblich. Daß auch er sich wie der verwachsene Toulouse-Lautrec stark zu Prostituierten hingezogen fühlte, mag daran gelegen haben, daß er in ihnen ebenfalls Verwandte im Ausgestoßensein sah. Denn Vincent van Gogh, der das erste Mal als Kunsthändlerlehrling im Jahre 1875 nach Paris kam und dann noch einmal von 1886 bis 1888 bei seinem Bruder Theo in Paris lebte, war rothaarig und nach damaliger Ansicht kein schöner Mann. Vor allem ist er kein schönes Kind gewesen und sein abweisendes und seltsames Wesen verstörte Gleichaltrige wie Erwachsene. Allerdings war schon seine Geburt derartig belastet, daß er auch ohne rote Haare zum Sonderling hätte werden können. Seine Mutter hatte auf den Tag genau ein Jahr vor seiner Geburt schon einmal einen Vincent Willem van Gogh geboren, doch das Kind war tot zur Welt gekommen.
Die Tatsache, daß die Eltern dem am 30. März 1853 geborenen zweiten Sohn denselben Namen gaben und er unter derselben Ordnungsnummer im Standesregister eingetragen wurde wie der totgeborene, zeigt die verworrenen Gefühle der Eltern, die mit dem neuen Kind den Verlust des ersten wettzumachen suchten. Vincent Willem van Gogh der Zweite war vom Tag seiner Zeugung an ein mit zwiespältigen Gefühlen und vielen Ängsten erwarteter Ersatz für Vincent den Ersten, der nur als idealisiertes Kind in den Vorstellungen seiner Eltern existierte. Eine schwere Erblast für den kleinen Rothaarigen, der sich zeitlebens von seinen Eltern nicht wirklich geliebt und verstanden fühlte und sich dennoch oder gerade deswegen nur äußerst schwer von ihnen trennen konnte. Jeden Sonntag, wenn

der kleine Vincent in die Kirche ging, um den schlechten Predigten seines Vaters zu lauschen, mußte er an einem Grab vorbei, auf dem sein Name stand: Sein toter Bruder war nahe der Kirchentür begraben. Das hätte wohl auch robustere Naturen als den sommersprossigen Pastorensohn erschüttert.

Ihn zeichnete schon bald eine unangepaßte, aufbrausende und selbstzerstörerische Art aus, die einherging mit einer großen Verletzlichkeit und Sympathie für alles Arme, Schwache und Ausgestoßene. Nachdem er sich eine Karriere als Kunsthändler durch sein unangepaßtes und »antiautoritäres« Verhalten verbaut hatte, ging er als glühender Evangelist unter belgische Bergarbeiter, um mit ihnen zu leben und zu leiden. Er verschenkt alles, was er besitzt und schläft in einer Holzhütte auf Stroh. Die kirchlichen Autoritäten sind entsetzt: sie finden sein Verhalten allzu selbstlos und exzentrisch, und sein ungepflegtes und schmutziges Äußere entspricht ihrer Ansicht nach nicht der Würde des Amtes. Er wird von seinem Posten entlassen. Tragischerweise nehmen ihn nicht einmal diejenigen ernst, mit denen er sich solidarisch fühlt.

Vincent van Gogh
Selbstbildnis

Mit Frauen hat Vincent bis zu seinem 29. Lebensjahr nur platonische Beziehungen, und die sind allesamt unglücklich. Schließlich nimmt er eine schwangere Prostituierte, deren Kind und Mutter zu sich, was natürlich auf höchstes Entsetzen bei seiner Familie stößt. Christine oder »Sien«, wie er sie nennt, muß eine sehr grobschlächtige Frau gewesen sein, doch mit ihr und insbesondere dem neugeborenen Sohn hat er wohl das einzige Mal in seinem Leben so etwas wie familiäre Geborgenheit erlebt. Gegen das Ansinnen seiner Familie, Sien zu verlassen, wehrt er sich zunächst heftig: »Nun, meine Herrschaften, ich will es euch sagen, euch, die ihr auf gesellschaftliche Formen und Bildung soviel Wert legt ... was ist gebildeter, feinfühliger, männlicher, eine Frau zu verlassen oder einer Verlassenen sich anzunehmen?« Er wird Sien dann doch verlassen. Wegen ständigen Geldmangels ist das Zusammenleben nicht einfach und der Druck der Familie van Gogh, von der er finanziell abhängig ist, zu groß. Insbesondere Siens kleinen Sohn vermißt er in der Folge sehr.

In seinem Elternhaus, in das er schließlich zurückkehrt, fühlt er sich völlig unerwünscht. »Man hat eine ähnliche Scheu, mich ins Haus zu nehmen, wie man sich scheuen würde, einen großen zottigen Hund im Haus zu haben. Er kommt mit nassen Pfoten in die Stube – und er ist überhaupt so zottig und wüst.« Zottig und wüst ist er tatsächlich. Er läuft in abgerissenen Kleidern herum, achtet nicht im Geringsten auf sein Äußeres. Was tut das schon, wo er doch ohnehin so unansehnlich und ungeliebt ist?

Sein einziger Kontakt zu Menschen ist von nun an der zu seinen Modellen. Für sie gibt er das bißchen Geld aus, das er von Theo bekommt. Genau wie Toulouse-Lautrec holt auch er sich bei einer von ihnen eine Syphilis. So unwahrscheinlich es heute klingen mag, aber Vincent van Gogh war offensichtlich völlig unbegabt, was Zeichnen und Malen anbetrifft, und es ist nur seinem starken Willen zu verdanken, daß die ungelenke Hand schließlich die Meisterwerke vollführte, für die er heute verehrt wird. Einmal entschlossen, Maler zu werden, arbeitet er wie ein Besessener – Willensstärke, Ehrgeiz und Zielstrebigkeit sind ja auch Eigenschaften, die man Rothaarigen gerne nachsagt! Aus der Kunstakademie in Antwerpen, wo er sich nicht zuletzt einschreibt, um »Menschen kennenzulernen«, fliegt er bald wieder raus, weil der »Wilde« sich den Weisungen und Korrekturen seiner Lehrer widersetzt.

Er geht schließlich zu seinem Bruder Theo nach Paris. Hier trifft er auf die Impressionisten, die mondäne Welt des Fin de siècle und den Absinth. Theo, dem er schnell zur Last wird, kann zudem als Kunsthändler in dieser Zeit nicht ein Bild von Vincent verkaufen. Vincent entwickelt einen starken Widerwillen gegen das glitzernde und falsche Paris.

Auf Anraten von Toulouse-Lautrec zieht er nach Arles. Hier in der Einsamkeit der südländischen Natur schafft Vicent seine schönsten Bilder, doch sie beschleunigt auch die Katastrophe, auf die sein Leben zusteuert. Seine einzigen Freunde sind der republikanisch gesinnte Postbote und seine Familie sowie einige Frauen des örtlichen Provinz-Bordells. Als der Maler Gauguin, den Vincent hoch verehrt, aus nicht ganz uneigennützigen Gründen mit Vincent im Gelben Haus in Arles zusammenzieht, kommt es nicht zu der von Vincent so sehr erhofften künstlerisch-harmonischen Zusammenarbeit, sondern zu heftigen

Streitereien über Kunst. Das Verhältnis wird auch dadurch belastet gewesen sein, daß der sehr männliche Gauguin viel Erfolg bei den Frauen von Arles hat. Auf dem Höhepunkt der Auseinandersetzung schneidet sich Vincent die Hälfte seines Ohres ab und bringt es ordentlich eingewickelt seiner Freundin Rachel ins Bordell. Nach seiner Entlassung aus dem Krankenhaus stellen einige Bürger von Arles den Antrag, ihn in der Irrenanstalt internieren zu lassen. Vincent läßt sich widerstandslos abführen, ist aber sehr verbittert. »Wenn die Polizei meine Freiheit schützen würde, indem sie die Kinder und selbst die Erwachsenen daran hinderte, mein Haus zu umstellen und bis zu den Fenstern zu klettern, wie sie es getan haben (als sei ich ein merkwürdiges Tier), so wäre ich ruhiger geblieben; jedenfalls habe ich niemandem etwas Böses getan.« Dem merkwürdigen Tier widerfahren ausgerechnet in dieser Zeit des Zusammenbruchs die ersten Erfolge. Doch das macht Vincent – nur an Mißerfolge gewöhnt – noch nervöser. Immer häufiger bekommt er nun paranoide Anfälle. Dennoch malt er unermüdlich weiter. Am 27. Juli 1890 richtet er in einem Kornfeld eine Waffe gegen sich und stirbt zwei Tage später in den Armen seines herbeigeeilten Bruders Theo.

Es ist selten, daß man sich als Frau in einem Mann wiedererkennt, doch das Schicksal Vincent van Goghs berührt mich in einer Weise, die über bloße Empathie hinausgeht. Ist es das rote Haar, das solch überraschende Nähe schafft? Dieses Gefühl, anders zu sein als die anderen und von ihnen ausgegrenzt zu werden; dieses übertriebene Mitfühlen mit der leidenden Kreatur – seien es nun vom Schicksal geschlagene Menschen oder getretene Tiere; dieses verbissene Arbeiten, um nur ein bißchen Anerkennung zu bekommen; dieser verletzte Stolz, der zwischen Hochmut und Verzweiflung schwankt; diese Unfähigkeit, mit der Mehrheit zu schwimmen und sich ihr – und sei es auch nur aus überlebenstechnischen Gründen – anzupassen: all das kommt mir bekannt vor, wühlt mich auf und stößt mich auch ab. Van Gogh ging den Weg des Ausgegrenztseins sozusagen konsequent zu Ende, stilisierte sich nicht wie Toulouse-Lautrec zum Bürgerschreck, konnte aus sich auch keine gefährliche *femme fatale* machen. Ein Schicksal, das einem auch als gänzlich Unbegabtem Angst macht, ist doch seine Meisterschaft nur das Ergebnis seines verbissenen Strebens. Nach zwei Monaten Paris schien mir, wie seinerzeit Lou Andreas-Salomé »etwas oder jemand, in irgendeiner Nacht« zuzuwinken – ich mußte fort. »Mir selbst und allen unerwartet, heimlich und ohne Lebewohl, bin ich von Paris ausgerückt.« *Femme fatale* spielen macht nicht allzulange Spaß ...

Meiner nun eher trübsinnigen Stimmung kam das morbide Wien mehr entgegen. Auch Lou war bald nach ihrem Pariser Aufenthalt nach Wien gereist, wo sie sich 1895 für einige Monate aufhielt. Sie hatte sich inzwischen mit mehreren Veröffentlichungen einen Namen gemacht und ihren zweiten Roman geschrieben. In *Ruth* nimmt sie Abschied von ihrem eigenen exaltierten und asketischen Jungmädchenleben, die Wiener Atmosphäre mit ihrem entspannten Zusammengehen von Erotik und Intellektualität gefällt ihr. Wieder faszinieren die nun 34-Jährige die »süßen Mädels« – wienerische Pendants zu den Pariser »Grisettchen«. Gleichzeitig sitzt sie stundenlang mit Hugo von Hofmannsthal, Arthur Schnitzler, Felix Salten, Peter Altenberg und Richard Beer-Hofmann zusammen und diskutiert Fragen der Literatur und Psychologie. Freud hat gerade seine *Studien zur Hysterie* veröffentlicht, und in der »Isolierzelle, in der man schreien darf«, wie Karl Kraus das Wien der Jahrhundertwende nennt, beschäftigen Literaten und Künstler sich fasziniert mit der Seele und ihrem dunklem Gegenspieler, dem verdrängten Sexus. Es bleibt nicht aus, daß sich wieder einige in Lou verlieben und sie zu ihrer heimlichen Muse machen.

Dabei hat Wien eine eigene Muse, allerdings ist sie zu diesem Zeitpunkt noch minderjährig und wird unseren nach Inspiration lechzenden Künstlern schicklicherweise noch vorenthalten. Später wird sie als Alma Mahler-Werfel und schönste Muse Wiens in die Geschichte eingehen. Natürlich ist auch sie rothaarig. Der erste, der sie mit männlichen Künstleraugen ansah und für sie entflammte, war der Maler Gustav Klimt. Gustav Klimt war wie alle Männer des späten 19. Jahrhunderts dem Weiblichen sehr zugetan, was für ihn hieß, eine ständige Geliebte – Emilie Flöge – und viele Frauen zu haben. Seine Bilder werden dominiert von erotischen Frauen, Männer kommen fast gar nicht, ein Selbstporträt nie vor. »Ich interessiere mich nicht für die eigene Person als Gegenstand eines Bildes, eher für andere Menschen, vor allem weibliche, noch mehr jedoch für andere Erscheinungen.« Die 18-jährige Alma muß für Klimt so eine »andere Erscheinung« gewesen sein, für die er sich eine Zeitlang »interessierte«. Im Hause ihre Stiefvaters Moll fanden 1897 die ersten Sitzungen der Künstler statt, die sich von der alten und verkrusteten Künstlervereinigung losgesagt und die Wiener »Secession« gegründet hatten. Auch wenn Alma – noch gefangen in ihrer »guten Erziehung« – sich standhaft weigerte, zu Klimt ins Atelier zu kommen, scheint sie viele seiner rothaarigen Frauenporträts inspiriert zu haben.

1898 fand die erste Ausstellung der Wiener Secession statt, und sie war zu aller Überraschung ein großer Erfolg. Den größten Erfolg verbuchte der belgische Symbolist Fernand Khnopff, der einer alten österreichischen Familie entstammte. Khnopffs bizarre Frauenporträts mit starren Katzenaugen und roten Haaren haben auch Klimts Malerei beeinflußt, wenngleich er die kalten und abweisenden femmes fatales von Khnopff in sehr viel leben-

Fernand Khnopff *Liebkosungen* oder *Die Sphinx*

digere und erotischere Frauen verwandelt hat. Khnopff, ein aristokratischer, narzistisch weltabgewandter Mann, der sich für sein wertvolles Ich ein Haus als »feuerfeste Stube« im Höllenfeuer der Welt gebaut hatte, war ein Verehrer Gustave Moreaus und der englischen Präraffaeliten und ihres Frauentyps.

In seinen Bildern glaubt man die arme Elizabeth Siddal, die Muse Rossettis, wiederauferstanden: steile, hohe Stirn, starrer Blick, eckiges Kinn, sinnliche Lippen und rote Haare. Bei Khnopff ist dieser manisch wiederholte Typ seine Schwester Marguerite, deren Züge in allen möglichen symbolischen Darstellungen auftauchen, so auch im Gesicht der Sphinx in seinem berühmten Bild *Liebkosungen*. Marguerite scheint im wahren Leben schwarze Haare gehabt zu haben, doch das englische Vorbild und die symbolische Aussage lassen sie in Khnopffs zahlreichen Frauenbildern immer wieder »erröten«. Als Marguerite 1890 heiratete, wurden die drei rothaarigen Töchter Elsie, Lily und Nancy der in Brüssel lebenden englischen Familie Maquet Khnopffs bevorzugte Modelle. Von nun an dominieren Frauen mit opulentem rotem Haar in seinem Werk. In *Acrasia*, einer Laster und Ausschweifung verkörpernden Figur aus dem Epos *The Fairie Queen* von Edmund Spenser, greift sich eine Frau in aufreizender Pose in ihr langes leuchtend rotes Haar, das an ihrem hellen, nur von durchsichtigen Schleiern verhüllten Körper herabfällt.

Doch Marguerite war wohl Khnopffs eigentliche und auch einzige Liebe, was seine oft seltsam kalt und asexuell, zum Teil androgyn erscheinenden Frauen erklären mag. So über-

Franz von Stuck *Sphinx*

höhte und verdrängte er seine inzestuösen Wünsche, verschmolz mit der Schwester sozusagen zu einem Wesen, machte die Frau aber auch zur ständigen Bedrohung. Diese Frauen sind typisch für die ganze symbolistische Kunst in Europa. Mit ihrem starren Blick auf die Männer strahlen sie Frigidität genauso aus, wie sie sich selbst in einer unersättlichen Sinnlichkeit zu verlieren scheinen. Sie sind damit unerreichbar für den Mann, der im Weltbild der Symbolisten der leidend Unterdrückte, die willenlose Marionette in der herrschsüchtigen Hand der Frauen ist. Von Khnopff, der als ausgesprochen distinguierter Herr geschildert wird, sind keinerlei sexuelle Eskapaden und Ausschweifungen bekannt. Außer einer rätselhaften kurzen Ehe im Alter scheint er sich die Frauen vom Leibe gehalten zu haben. Oder sie sich ihn? »On ne a que soi« – »Man hat nur sich«, war sein arrogantes Lebensmotto. Seine Frauen sind dementsprechend irreale Wesen – Virgo, *femme fatale* oder rätselhafte Sphinx –, zu keinerlei Emotion fähig, wie in Trance delirierend, offenbar unter Drogen stehend. In Khnopffs Welt findet keine Kommunikation statt, sie ist eiskalt und einsam. Das kam an am Ende des Jahrhunderts, als für alle spürbar und bedrohlich die Epoche der dekadenten Bürgerlichkeit und eindeutiger Geschlechterverhältnisse zu Ende ging. Eine geradezu zwanghafte Beschäftigung mit dem Sexuellen machte sich breit, es gab ein regelrechtes *femme fatale*-Fieber. Selbst Alltagsobjekte wie Suppenteller, Aschenbecher und Tintengläser wurden mit dämonischen Frauen geschmückt.

Klimt griff die Themen der Präraffaeliten und Khnopffs auf, befreite aber seine Frauen vom *femme fatale*-Image, machte sie realer, erotischer, menschlicher. Vermutlich deswegen stieß er im Wien der Jahrhundertwende auf sehr viel mehr Widerstand als die Verherrlicher des asexuell-schlüpfrigen Satansweibs, wie es neben Khnopff insbesondere auch der zeitlebens äußerst erfolgreiche Münchener Franz Stuck war. Seine Bildnisse von Nymphen, Satyren und Sphinxen wurden als »gesunde« Sexualität angesehen, während Klimts nackte Körper provozierten. Das Bildnis der rothaarigen Schwangeren mit dem Titel »Hoffnung« provoziert sogar heute noch, wie meine Schwester erfuhr, als sie die Geburtsanzeige für ihre Tochter mit diesem wunderschönen Bild Klimts schmückte. Wobei fraglich ist, was mehr schockiert: die rothaarige Frau vor der symbolischen Todesfigur, der spitze schwangere Bauch, das rote Schamhaar oder alles zusammen?

In einigen Werken über Klimt wird das Bild als »drastisch« bezeichnet, da die naturalistische Wiedergabe der rothaarigen Schwangeren die dekorativen Elemente in den Hintergrund drängt. Es gibt auch noch eine »akzeptablere« Darstellung der Hoffnung, die *Hoffnung II* von 1907/08. Hier ist die Frau schwarzhaarig und Bauch und Scham sind unter dekorativen Mosaiken nur noch zu erahnen. *Kindlers Lexikon der Malerei* nennt die *Hoffnung I* typisch für Klimts Vorliebe, durch ungewöhnliche Auffassungen den Widerspruch engherziger Beurteiler herauszufordern. Mit Erfolg: das Bild durfte einige Jahre nicht ausgestellt werden.

Zum Zeitpunkt des Zusammentreffens mit Alma Mahler-Werfel, damals noch Schindler, war Klimt auf dem Höhepunkt seines Ruhms. Als Präsident der Wiener Secession entwarf er ihr Symbol, die kämpferische Beschützerin Pallas Athene. Ist es seiner Begeisterung für die rothaarige Minderjährige zu verdanken, daß auch die *Pallas Athene* der Wiener Secession rote Haare unter ihrem Helm hat? In der linken Hand hält sie einen Speer, in der rechten ein verkleinertes Abbild ihrer selbst als nackte Nike. Es ist diese kleine rothaarige Nike, die Klimt ein Jahr später zur gar nicht prüden *Nuda Veritas* mit rotem Schopf und Schamhaar anwachsen ließ. Auch die anderen rothaarigen Frauen Klimts, sei es Danae oder auch die dahintreibenden Frauen in seinem Bild *Bewegtes Wasser*, sind erotisch und verführerisch, aber nicht zerstörerisch oder schrecklich.

Klimt war im Wien der Jahrhundertwende der Botschafter eines unverfälschten Eros, weswegen man ihm »obszöne Kunst«, »gemalte Pornographie« oder gar eine »Allegorie der Geschlechtskrankheit« vorwarf. Frauenverächter wie Karl Kraus oder Otto Weininger waren von Klimts Frauenbildnissen geradezu angeekelt. Für heutige Betrachter hat Klimt durch seine starke Ornamentik und seine reiche Verwendung von Silber und Gold eher etwas Liebliches, fast Kitschiges. Alma Mahler-Werfel tut ihm in ihren Erinnerungen ähnlich unrecht: »Klimt umgab seine anfangs groß angelegten Bilder mit Flitterkram, und seine Künstlervision versank in Goldmosaiken und Ornamenten. Er hatte niemand um sich als wertlose Frauenzimmer – und darum suchte er mich, weil er fühlte, daß ich ihm hätte helfen können.«

Dieser eigenartigen Mischung aus mütterlich-hochmütigem Helfersyndrom und *femme-fatale*-Image verdankt Alma übrigens wohl, daß sie Zeit ihres Lebens von bedeutenden Män-

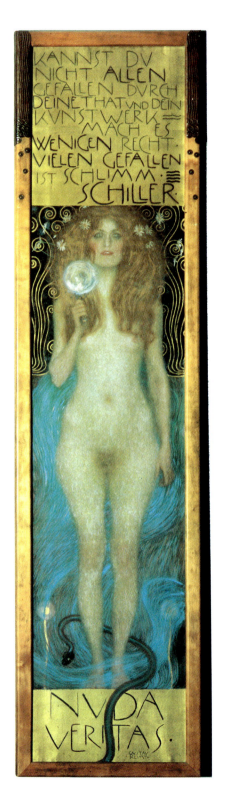

Gustav Klimt *Nuda Veritas*

nern verehrt und geradezu verfolgt wurde. Als erstes heiratete sie den wesentlich älteren Gustav Mahler, der ihr kurzerhand das leidenschaftlich betriebene Komponieren verbot, was sie depressiv und einsam werden ließ. Nach seinem Tod stürzte sie sich in eine *amour fou* mit dem Bürgerschreck Oskar Kokoschka, der von ihr ebenfalls bedingungslose Hingabe verlangte, denn »sonst geht meine Begabung zugrunde«. Um den narzistischen Egomanen loszuwerden, heiratete sie daraufhin den brillanten Architekten Walter Gropius, gab sich aber schon bald dem Schriftsteller Franz Werfel hin. Auch Werfel wollte nun geheiratet werden, um sein Leben zu verbessern und zu verschönern, wie Alma schreibt. »Dieses liebe, große Kind!« seufzt sie, während ihr kleiner Sohn im Sterben liegt, Kokoschka ihr durch Boten die Bude einrennt und sie die Scheidungseinwilligung von Gropius in Berlin einholt.

Die Faszination, die sie auf Männer ausübte, korrespondierte wohl mit ihrem Masochismus und auch ihrem Geltungsbedürfnis. Ohne die Bewunderung dieser bedeutenden Künstler wäre sie, die auf alles eigene verzichtet hatte, nichts. Alma hat für ihr aufregendes Musendasein im Schatten der wichtigsten Künstler ihrer Zeit teuer bezahlt. Sie verzichtete auf ein eigenes künstlerisches Schaffen – etwas, was sie zeitlebens unzufrieden sein ließ –, von vier Kindern starben drei, schließlich floh sie mit dem jüdischen Werfel vor den Nazis und pflegte den Herzkranken bis zu seinem Tode. Sie selbst endete in Manhattan als Alkoholikerin, wenn auch – anders als die Pariser Muse Misia – immer noch umschwärmt.

Und ihrer Ausstrahlungskraft verdanken wir eines der bizarrsten Produkte der modernen Kunst, jene lebensgroße Puppe mit kastanienrotem Haar, die Kokoschka nach seiner

Gustav Klimt
Bewegtes Wasser

Trennung von Alma herstellen ließ. Mit wohl maßlos enttäuschendem Ergebnis: Das »Fetzenbündel«, nach detaillierten Beschreibungen Kokoschkas bis in die Hautfalten und »parties honteuses« von der Puppenmacherin Hermine Moos zusammengenäht, konnte ihm mitnichten die geliebte Frau ersetzen. Irgendwann hatte der rothaarige Fetisch deswegen ausgedient und landete – symbolischer Lustmord an der unerreichbaren Frau? – auf dem Müll.

Es gab noch einen dritten Maler roter Haare im Wien der Jahrhundertwende, und es nimmt wenig wunder, daß man auch ihn in die Schublade des Erotomanen, gar Pornographen steckte: Egon Schiele. Ob es nun daran lag, daß er ein Schüler Gustav Klimts war, ob es das obszöne Sujet vieler seiner Bilder nahelegte, oder ob seine Frau Edith ihn animierte, die angeblich ebenfalls rothaarig war: Tatsache ist, daß viele seiner gemalten Frauen rotschimmernde Haare haben.

Schiele, dem aufgrund seines frühen Todes etwas Tragisches anhaftet, war zu Lebzeiten ein durchaus selbstbewußter, selbstverliebter Mann. Er war von seiner Berufung zum

Guatav Klimt *Beethovenfries* (Ausschnitt *Die feindlichen Gewalten*)

Künstler überzeugt, fühlte in sich eine Art Sendungsauftrag als Hohepriester der Kunst und Visionär. Darin war er seinem Zeitgenossen Kokoschka sehr ähnlich, der auch sofort seine Rolle als »Oberwildling« der Wiener Kunstszene durch den jungen Künstler gefährdet sah. Schiele verabschiedete sich bald vom »Allesversöhner«-Stil Klimts und seiner glättenden Ornamentik, die ihm einige Zeitgenossen vorwarfen, übernahm dafür aber ein Modell Klimts als Geliebte.

Wally Neuzil, mit der er mehrere Jahre zusammenlebte, mußte für viele seiner verkrampften Frauenakte sitzen. Auf Porträtbildern erscheint sie übrigens auch rotblond. Wally ging mit Schiele durch Verleumdung und Verfolgung. So wurde Schiele verhaftet und verbrachte drei Wochen in Untersuchungshaft, weil man ihm wegen seiner jugendlichen Modelle »Kinderschändung« vorwarf. Verurteilt wurde er schließlich nur wegen der Verbreitung unsittlicher Zeichnungen. Auch wurden sie beide aus dem kleinen Ort Krumau wegen ihrer wilden Ehegemeinschaft vertrieben. Doch eines Tages gelüstete es den jungen Künstler nach etwas mehr Bürgerlichkeit, und er überreichte der konsternierten Wally ohne ein Wort einen Brief, in dem er ihrer beider Scheidung von Tisch und Bett bekanntgab. Kurz darauf heiratete er die gutbürgerliche Edith Harms, die sich aber schon bald weigerte, weiterhin für Egon Modell zu sitzen. Das überließ sie lieber wieder den Berufsmodellen, die in der Gesellschaft der Jahrhundertwende einen Status nahe der Prostituierten innehatten und sich den »Luxus von Verweigerung und Selbstachtung« nicht leisten konnten, wie ein Biograph Schieles schreibt. Denn für Schiele Modell zu sitzen, dürfte keine Freude gewesen sein. Man hat Schiele als erotischen Maler gelobt und als Pornographen verleumdet. Beides trifft sein Werk nicht. Seine Frauen sind nicht lasziv und

Oskar Kokoschka
Stehender weiblicher Akt, Alma Mahler

verführerisch, sondern vor dem sezierenden Auge des Künstlers entblößt. Sie müssen sich öffnen und posieren, werden schutzlos dem Betrachter ausgeliefert. Wenn die Modelle nicht Prostituierte waren, so wirken sie zumindest auf den Bildern so. Auch sein Interesse für das Pathologische und Nicht-Sozialkonforme, das er mit französischen symbolistischen Dichtern teilte, ließ seine Figuren oft fratzenartig entstellt, an ihren Affekten leidend erscheinen. Und rote Haare, sind es nun die von Wally, Edith oder nur imaginierte – sie passen wieder gut dazu.

Der modebewußte und dandyhafte Schiele, der auf Fotos wirkt wie die derzeit modernen, schlaksigen und zerzausten Anzugknaben in den Anzeigen einiger Modemacher, teilte die frauenfeindlichen Ansichten seiner Zeit, wie sie beispielsweise Otto Weininger in *Geschlecht und Charakter* zum Besten gab. Die Frau war für ihn naturhaft, Trieben gehorchend und dem Muttersein bestimmt, der Mann verkörperte das geistige Prinzip. Welch bittere Ironie, daß Edith starb, als sie im sechsten Monat schwanger war. Egon, der ebenfalls an der Spanischen Grippe erkrankte, starb 28jährig nur einige Tage später. Er hatte gerade einen großen Erfolg bei der Ausstellung der Wiener Secession gehabt. Auf einem Familienbild, das er kurz vor seinem Tod malte, sieht man ihn, Edith und ein Kind – ein

Egon Schiele *Bildnis Wally*

schönes, melancholisches, irgendwie ahnungsvolles Bild. Vielleicht war er doch ein Visionär und wäre noch ein ganz sympathischer Mensch geworden?
Es ist erstaunlich, wie schnell man des leichten und amüsanten Lebens überdrüssig werden kann. Jedenfalls war das bei mir so. Ich hatte das Savoir-vivre in Paris genossen und die melancholische Dekadenz in Wien eingesogen, nun war mir wieder nach deutscher Ernsthaftigkeit zumute. Irgendwann hatte ich genügend Komplimente, Blumensträuße und Liebesbriefe eingesammelt, um mich von mir wegbewegen zu können. Ich erinnerte mich wieder der anderen, mir vermeintlich seelenverwandten Minderheiten und beschloß, Gutes zu tun. So verschlug es mich nach Berlin, besser nach West-Berlin, damals noch Hochburg aller »anderen« und irgendwie »besseren« Menschen, und ich begann dort ein Zusatzstudium der Entwicklungspolitik. Lou von Salomé mir wieder hartnäckig auf den Fersen, oder besser: ich ihr. Auch sie hatte irgendwann genug von den Grisetten und süßen Mädels und schrieb ihren Roman *Fenitschka*, in dem sie das Recht der Frau auf einen Liebhaber und eine bedingungslose Hingabe in der Liebe forderte.
In dieser Zeit, 1897, lernte sie in München den sehr viel jüngeren Rainer Maria Rilke kennen. Schon vier Tage nach ihrer ersten Begegnung gesteht ihr Rilke, mit Rosen durch die Stadt gelaufen zu sein, »zitternd vor lauter Willen, Ihnen irgendwo zu begegnen«. Rilke zieht bald nach Berlin, Lou und ihr Mann Andreas hinterher. Man wohnt in einer seltsamen *menage a trois* zusammen, etwas, das Lou auch schon mit Nietzsche und Ree hatte praktizieren wollen. So muß sie wieder keine endgültigen Entscheidungen treffen und hat alle Lieben um sich. Mit Rilke erlebt sie eine intensive, wenn auch ungleiche Liebe. Rilke betet sie an, sucht in ihr den Halt, den er sich selbst nicht geben kann. Von der jugendlichen Geliebten wird Lou so zur mütterlichen Liebhaberin – eine Rolle, die ihr nur eine Weile gefällt. Anders als die Seele Alma will Lou Salomé nicht nur geben. Eigentlich liegt ihr, der Intellektuellen mit dem *femme fatale*-Image, das emotionale Nehmen mehr als das Geben – auch in dieser Hinsicht sehr männlich. Die Abhängigkeit Rilkes, seine hysterischen Anfälle während gemeinsamer Reisen nach Rußland faszinieren die Ältere und Besonnenere ebenso, wie sie sie erschrecken. Die Beschäftigung mit Rilkes lebensuntüchtiger Seele bringt Lou zu Freuds Psychoanalyse, doch sie rät Rilke von einer Behandlung ab, um das Künstlerisch-Schöpferische durch eine Bearbeitung der Schattenseiten des Künstlers nicht zu gefährden. Nach drei Jahren beendet sie die Beziehung, doch sie bleibt ihm zeitlebens als Freundin und Beraterin verbunden.
Mehr und mehr zieht Lou sich von nun an resignierend in das unspektakuläre und unerotische Leben mit ihrem Mann am Hainberg in Göttingen zurück, wo Andreas eine Professur bekommen hat. Den provinziellen Göttingern ist Lou dennoch nicht geheuer. Die vielen fremden Männer, mit denen sie sich umgibt, das häufige Reisen ohne ihren Mann, das intensive Schreiben und Lesen tragen ihr den Ruf der »Hexe vom Hainberg« ein – so das Klischee von der Rothaarigen vollendend. Nach Hitlers Machtergreifung wird ihre Tätigkeit als Analytikerin endgültig zum jüdisch-kulturbolschewistischen Teufelswerk.

Mühsam hält sie sich über Wasser, vereinsamt. Kurz vor ihrem Tod 1937 fragt sie sich, warum sie eigentlich ihr ganzes Leben nur eins getan hat: gearbeitet. Immerhin hat sie dadurch nicht nur andere, vorwiegend Männer inspiriert, sondern auch sich selbst geschaffen. Keine geringe Leistung für eine Frau in jener Zeit.

Zur selben Zeit wie Lou und Rilke trieb sich noch eine andere unruhige Künstlerseele in Berlin herum und malte wütend Rothaarige: Edvard Munch. 1892 war der Norweger Munch vom Verein Berliner Künstler zu einer Einzelausstellung eingeladen worden, was den größten je in Deutschland erlebten Kunstskandal auslöste. In Norwegen werden seine Bilder nicht weniger heftig angefeindet, doch während er dort von der bösartigen und sehr persönlichen Kritik oft getroffen ist, amüsiert ihn die Aufregung in Berlin: »Unglaublich, daß etwas so Unschuldiges wie Malerei einen solchen Aufruhr erwecken kann.« Noch sind es nicht die Bilder, die man mit Munch verbindet: *Der Schrei*, *Madonna*, *Vampir*, *Sphinx*, *Angst*, *Eifersucht*, *Der Tanz des Lebens*. Sie entstehen erst in den Jahren danach, zum Teil in Berlin.
In der deutschen Hauptstadt verkehrt er mit einigen Freunden regelmäßig in der Wein-

Edvard Munch *Vampir*

stube *Zum schwarzen Ferkel*, unter anderen mit August Strindberg, Richard Dehmel, Julius Meier-Graefe und dem polnischen Dichter Stanislaw Przybyszewski. Die Stimmung ist aufgedreht, nervös, es fließt reichlich Alkohol. In diesen Kreis führt Munch eines Tages die Norwegerin Dagny Juel ein, die er aus den wildbewegten Tagen der Kristiana-Boheme kennt. Sie ist eine selbstbewußte und emanzipierte Musikstudentin, die die Gebote der Boheme ernst nimmt: absolute Freiheit in künstlerischer, politischer und vor allem auch sexueller Hinsicht. Sie bringt damit den genialen Männerbund gründlich durcheinander, obwohl sie sich schon bald für den Polen Przybyszewski entscheidet und ihn heiratet. Strindberg verliebt sich heftig in Dagny und verzehrt sich vor Eifersucht. Er ist zudem eifersüchtig auf Munch, dem er eine Beziehung zu Dagny unterstellt. Das Gemälde und die Graphiken *Eifersucht* entstehen. Der eifersüchtige Mann vorne im Bild ist grün im Gesicht, er hat die Züge von Stanislaw Przybyszewski. Die nackte Frau im Hintergrund, die mit einem anderen Mann flirtet, gibt es in verschiedenen Fassungen. Einmal hat sie auch rote Haare. War Dagny Juel rothaarig? Eine *femme fatale*, eine Nymphe war sie, in Strindbergs Worten eine »polnische Hure« und ein »Satansweib«, sie verwirrte alle Männer in Berlin, trieb Strindberg in den Wahnsinn, der bald glaubte, sie und Munch,

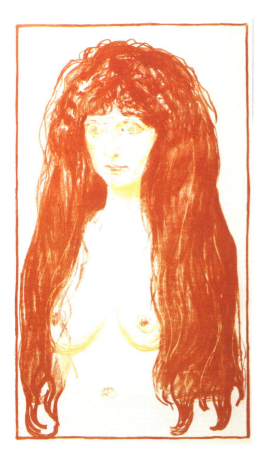

eigentlich sein Freund, verfolgten ihn und trachteten ihm nach dem Leben. War Dagny Juel rothaarig oder wurde sie zur Rothaarigen? Munch selbst malt ein Porträt von ihr in Blautönen, ihr Haar scheint dunkel. Wenn sie aber nicht rothaarig war, sondern blond, wie Ketil Bjornstad in seiner Biographie Munchs schreibt, wer sind dann all die rothaarigen Frauen in Munchs Bildern – von *Vampir* über *Sphinx* bis zum *Männerkopf im Frauenhaar*? Tulla Larsen, die große tragische Beziehung in Munchs Leben, war rothaarig – darin sind sich alle Biographen einig, aber das »rothaarige, verwöhnte Biest« trat erst 1898 in Munchs Leben. Welche Haarfarbe hatte Frau Thaulow, Munchs erste große leidenschaftliche Liebe, die er in seinen Aufzeichnungen Frau Heiberg nennt, die verheiratete Frau, die ihn ent-

Edvard Munch
Frauenakt mit rotem Haar (*Die Sünde*)

jungfert, im Wald verführt, schon bald betrügt, auf Jahre mit seinen Gedanken und Sehnsüchten gefangen hält? Bjornstad spricht von Milly Thaulows dickem weizenblonden Haar, dennoch malt Munch sich später im *Tanz des Lebens* mit seiner »(wahren) ersten Liebe«, und die Frau, die ihn – den Steifen, Abweisenden – auffordernd umfaßt, trägt ein rotes Kleid und ist rothaarig.

Als zentral für Munchs schwieriges, gar verächtliches Verhältnis zu Frauen wird das Bild *Vampir* angesehen: Eine Frau mit roten Haaren beugt sich über einen Mann, der in ihrem Schoß liegt, ihre blutroten Haare ergießen sich wie Polypenarme über ihn, ihren Mund preßt sie in seinen Nacken. Doch das Bild ist ein typisches Beispiel für männliche Projektionsleistungen, der schließlich Munch selbst erliegt. Ursprünglich nannte er das Bild »Liebe und Schmerz«; das Zärtliche und Beschützende der Frau, die den liebenden, offensichtlich verzweifelten Mann umfaßt, war wichtiger, als die Bedrohung, die das Bild auch ausdrückt.

Es war der polnische Dichter Przybyszewski, der das Bild im Sinne der damals beliebten Vampir-Symbolik 1894 interpretierte: »Ein gebrochener Mann und auf seinem Nacken ein beissendes Vampyrgesicht ... Der Mann da rollt und rollt in abgründige Tiefen, willenlos, ohnmächtig, und freut sich, daß er wie ein Stein so willenlos rollen kann. Den Vampyr wird er doch nicht los, den Schmerz wird er auch nicht los werden, und das Weib wird immer da sitzen, und wird ewig beissen mit tausend Natterzungen, mit tausend Giftzähnen.« Das schreibt übrigens ein Mann, der zwar nicht seine Frau – die erschoß bald ein konkurrie-

Edvard Munch *Tanz des Lebens*

render Liebhaber –, aber seine Geliebte auf dem Gewissen hatte. Marta Foerder, mit der er zwei Kinder hatte, beging Selbstmord, weil er sich nie für sie entscheiden wollte. Dennoch: In den Augen all dieser Männer sind sie die ausgesaugten, willenlosen Opfer verführerischer Weibsbilder, und Munch leistete gegen diese Interpretation keinen Widerstand, auch wenn für ihn die (unerfüllbare?) Sehnsucht nach Vereinigung ursprünglich im Vordergrund des Bildes stand. »Es ist in Wirklichkeit nur eine Frau, die den Nacken eines Mannes küßt.« Aber hatte nicht auch Milly Thaulow seine Sinne verwirrt und ihn seelisch gefangengenommen, ihn ausgesaugt, indem sie ihn betrog und verließ? Natürlich fühlt sich auch der frauenhassende Strindberg von dem Bild – sieht er im Vampir nicht seine polnische Hure Dagny? – angesprochen.

Für das Bild hatte Munch ein Modell in die Mittelstraße in Berlin bestellt, »nicht Dagny Juel, aber eine andere Frau mit flammend rotem Haar«, wie Bjornstad schreibt. »Es ergießt sich über ihre nackten Schultern. Wie Blut.« Frauenhaare symbolisieren in Munchs Malerei Sexualität und Bindung, wie in der Jugendstil-Malerei stehen sie oft im Mittelpunkt des Bildes. »Ich habe in der Übergangszeit gelebt,« sagte Munch später. »Mitten in der Frauenemanzipation. Da ist es die Frau, die den Mann verführt, lockt und betrügt.«

1894 malte Munch das Bild *Sphinx* oder auch *Die Frau in drei Stadien*: die weiß gekleidete, unschuldige Frau, die sich sehnsüchtig dem Meer zuwendet, die nackte, rothaarige Frau, die sich lustvoll und aufreizend dem Betrachter darbietet, und die schwarzgekleidete, trauernde Frau. Rechts am Rand der erschütterte, schwarzgekleidete Mann. »Die Frau in ihrer Verschiedenartigkeit ist für den Mann ein Mysterium«, erklärte Munch, »die Frau, gleichzeitig Heilige – Hure und eine unglücklich Ergebene«. Das bekannte Panoptikum – beliebt bis heute. Für Munch hatte die Farbe Rot Symbolcharakter: Im *Schrei* die zinnoberroten Wolken, der blutrote rankende wilde Wein, das rote Kleid der verführerischen Frau. Aber hatte nicht auch seine geliebte Schwester Sophie, die mit 15 Jahren wie vorher auch schon seine Mutter an der Schwindsucht starb, rote Haare? Er malte *Das kranke Mädchen* mit bleichem Gesicht und roten Haaren auf weißem Kopfkissen – immer wieder. Der Tod, in der Familie Munch oft zugegen, ist eine ständige Bedrohung, ein Motiv in Munchs Bildern, die von Angst, Verzweiflung und todbringender Leidenschaft erzählen. *Das junge Mädchen und der Tod*: eine nackte rothaarige Frau umarmt fordernd den Tod; *Salome-Paraphrase* und *Männerkopf in Frauenhaar*: abgeschlagene Männerköpfe verfangen sich in schlingenden roten Haaren; *Vampir*: die rothaarige Frau saugt den Mann aus. Wächst da der Tod und die Liebe im Symbol der roten Haare zusammen? »Das Bild hier sagt, daß die Liebe Hand in Hand geht mit dem Tod«, bemerkt Munch in einer autobiographischen Notiz zu einer Freundin, offensichtlich über das Bild *Vampir*.

Eines Tages begegnet er der Frau, die all die schon gemalten symbolischen Bilder mit echtem Leben erfüllt: Tulla Larsen. »Er hat die rothaarige Frau gefunden, nach der er immer gesucht hat, jedenfalls in seiner Kunst«, schreibt Bjornstad. Kommt er mit Tulla zusammen, weil er wie Rossetti nach der Rothaarigen Ausschau hält, die seine Bildinhalte symbolisiert? Nicht, daß er nicht auch andere Frauen hätte haben können. Zum Beispiel die blonde Ase Carlsen, ebenfalls Malerin, die ihm ehrlich zugetan ist, aber sein Abwarten nicht erträgt und schließlich einen anderen heiratet. Oder Tupsy Jebe, auch sie Künstlerin, witzig, selbstbewußt, heftig verliebt. Sie bombardiert ihn eine Weile mit Briefen, gibt schließlich auf. Diese Frauen sind zu klug, zu ehrlich, zu lebenstüchtig. Munch sucht ganz offensichtlich das Verderben, die Symbiose von Eros und Tod, die sich als Thema durch sein Leben zieht. Sucht und findet er deswegen die Rothaarige, die schon vorher sein Werk dominierte – eine von den verderbnisbringenden Vampiren, Salomes und Sphinxen, die sich auch auf Pariser und Wiener Leinwänden tummeln? Tulla Larsen scheint alles zu bestätigen, was Munch und all die anderen schon immer über die Frau im Allgemeinen und die Rothaarige im Besonderen dachten.

Tulla ist die Tochter eines reichen Weinhändlers; vermutlich hat sie Graphik studiert. Von den einen wird sie als besonders schön, großzügig und lebenserfahren, von den anderen als besitzergreifend und verwöhnt beschrieben. Wie auch immer: vier Jahre lang werden Munch und sie sich in einer turbulenten Beziehung quälen, voreinander fliehen, sich immer wieder finden, verschmelzen, sich losreißen. Munch, von schwacher Gesundheit, »nervenkrank«, Alkoholiker, versucht sich der vereinnahmenden Tulla schon bald zu entziehen: »Du weißt, was ich alles getan und geopfert habe, um mit Dir zusammenzusein, ich habe meine Gesundheit so sehr und so oft strapaziert, daß es vielleicht zweifelhaft ist, ob ich sie je wiedererlange, ich habe meine Arbeit vernachlässigt, Du darfst nicht übertreiben, liebe Freundin, Du darfst nicht noch mehr verlangen.«

Warum eigentlich nicht? Tulla, zielstrebige, willensstarke Rothaarige, will nicht akzeptieren, daß Munch sich zwischen Arbeit und Liebe entscheiden muß, wie Rodin, Degas und andere die Ehe flieht, um die Kunst nicht zu beschädigen. Sie ist die einzige Frau, die sein ewiges Nein nicht akzeptiert, sie will ihn heiraten. Sie schreibt verzweifelte Briefe, droht mit Selbstmord. Munch stimmt schließlich einer Heirat zu und wirft alles wieder über den Haufen, als sie, die Reiche, die ihn aushält, Gütertrennung verlangt. Wie kann eine liebende Frau so nüchtern sein? Er beginnt sie zu verleumden, das »boshafte, rothaarige, kleine Biest«, verwöhnte Tochter reicher Leute, die gewohnt ist, alles zu bekommen, was sie will. Aber nicht von ihm! In Berlin malt er 1901 die flammendrote *Sünde* nach einem rothaarigen Modell.

Eineinhalb Jahre sehen sie sich nicht, da erreicht ihn plötzlich die Nachricht, daß Tulla im Sterben liegt. Oder so ähnlich. Die sogenannte Revolveraffäre eignet sich hervorragend zur Legendenbildung, meist zu Lasten von Tulla. Jedenfalls eilt er zu ihr, und da steht sie auf und lacht und ist kerngesund. Als Munch sich tief verletzt abwendet, versucht Tulla sich zu töten, vielleicht tut sie auch nur so, jedenfalls entreißt ihr Munch den Revolver, woraufhin der Schuß in seinen Mittelfinger geht. Oder Tulla will auf ihn schießen und trifft ihn am Finger. Oder Munch nimmt Tulla mit nach Aargastraand, wo er sein Häuschen hat, und ist angesichts der kranken, deprimierten Frau, die er »auf dem Gewissen« hat, so verzweifelt, daß er sich die Pistole an die Schläfe hält. Nun löst sich der Schuß bei Tul-

las Versuch, den Selbstmord Munchs zu verhindern. Das scheint die glaubwürdigste Version zu sein, die anderen Versionen stammen von Munch selbst, der in der Folge unter einem sich bis zum Irrsinn steigernden Verfolgungswahn leidet. Er ist sich plötzlich sicher, daß das Ganze ein Komplott von Tulla und ihren Freunden ist, um ihn zu demütigen. Gemeinsame Freunde, die nach dem Vorfall weiter zu Tulla stehen, zählt er nun zu seinen »Feinden«, von denen er sich überall verfolgt fühlt und gegen die er beleidigende Karikaturen verschickt und regelrechte Kriegsstrategien entwickelt.
Wenn er von nun an überhaupt noch mit Frauen verkehrt, dann im Bordell, doch die Dirnen, die er malt, haben keine roten Haare, vermutlich sind sie dafür zu harmlos. Eine Frau mit roten Haaren taucht auf in *Stilleben/Die Mörderin*, später *Marats Tod*. Sie steht nackt nach vorn blickend vor einem Bett, auf dem der Mann blutig und vernichtet liegt: Tulla als Charlotte Corday, die im Jahre 1793 den französischen Revolutionär Marat in der Badewanne mit einem Messer erstach. Auf dem Tisch die Obstschale, die in Aargastraand auf dem Tisch stand, als der Schuß fiel. In einigen Versionen des Gemäldes sieht man auch die Hüte, die Tulla so gerne trug. Der tote Mann der Künstler selbst, kaltblütig hingemeuchelt. Wie einst Strindberg wegen Dagny Juel, verfällt nun Munch wegen Tulla Larsen wahnwitzigen Halluzinationen, wird zunehmend unsozial und alkoholkrank. In Warnemünde, wo er sich neben Berlin in den Jahren 1907 und 1908 aufhält, malt er eine Reihe Bilder, genannt *Das grüne Zimmer* – deprimierende Szenen mit rothaarigen Frauen: *Weinendes Mädchen, Begierde, Haß, Eifersucht*. In dieser Version von *Eifersucht* ist sogar der eifersüchtige Mann rothaarig. Sein Modell ist die Berlinerin Rosa Meissner, von allen Munch-Biographen als rothaarig bezeichnet, doch war sie offensichtlich dunkelblond. Munch machte sie zur Rothaarigen, getreu seinem symbolistischen Bekenntnis von 1890: »Ich male nicht, was ich sehe, sondern was ich sah«. Jetzt Tulla, zuvor die verführerische, unheilbringende rothaarige Frau.
1908 kommt es zum endgültigen Zusammenbruch, er wird in die Nervenheilanstalt eingeliefert. Noch aus der Klinik beschimpft er Tulla als »Salome der Geldaristokratie«. Auf eine Zeichnung von sich und dem Arzt, der ihn gerade mit einer Elektroschocktherapie behandelt, schreibt er: »Professor Jacobson elektrisiert den berühmten Maler Munch und bringt männlich positive und weiblich negative Kraft in sein verrücktes Gehirn.« Die männlich positiven Kräfte müssen überwogen haben, denn nach seiner Entlassung beruhigt sich Munch zusehends. Die dämonische Frau ist aus seinem Kopf und damit auch aus seiner Kunst verschwunden. Ist es überraschend, daß all die Kunst, die er von nun an hervorbringt, uns kaum bekannt ist, weil uns Landschaften, Arbeiter, Tiere und ähnliche Motive von einem Munch nicht interessieren?
Munch blieb auch den Rest seines Lebens ohne Frau und machte aus seiner Bindungslosigkeit Programm: »Ich habe immer meine Kunst vor alles andere gestellt. Oft fühlte ich, daß die Frau meiner Kunst im Wege stehen wollte.« Die Frauen läßt er nun »im Himmel, wie die alten italienischen Künstler«. Da er aber nicht wie die alten italienischen Meister ein durchaus irdischer Genießer ist, sind seine späteren Frauenbilder recht blutleer. Denn

Von Malern, Musen und Mätressen

aus seinem »Leiden am Weibe« bezog er auch künstlerische Inspiration. Milly Thaulow hatte er sogar gebeten: »Nimm mir diese Qualen nicht weg«, und indem sie ihn weiterquälte, hatte er einen Grund zum Malen. Ganz im Stile der Zeit gefiel er sich in der Rolle des armen Frauenopfers: »Du hast das Evangelium des Lebensgenusses«, schrieb er an Tulla, »ich das des Schmerzes«. Die Frauen, die er suchte und fand, lieferten ihm das gewünschte Programm, weil sie zu selbstbewußt und klug waren, um sich von ihm ewig hinhalten zu lassen.

Aber kennen wir das nicht auch von uns selbst? Mir jedenfalls kam dieses Programm sehr bekannt vor: Jetzt, wo ich nicht mehr *femme fatale* sein wollte, blieb mir nur die unglückliche Liebe. Und auch ich suchte und fand traumwandlerisch den schönen Mann, der mich quälte. Nichts leichter als das. Meine Sublimation fand im Tagebuch statt. Das war auch ein bißchen schön. Jedenfalls eine Zeitlang. Solange, bis mich das wirkliche Leben wieder hatte.

9. Kapitel
Durchsichtige empfindliche Haut
Der »andere« Körper der Rothaarigen

Schon fast aufs pathologische Gebiet führt die Besprechung von Sommersprossen.
Menschliche Erblehre und Rassehygiene, 1936

Schon wieder ein Fuchs und keine Flinte!
Volksweisheit

Eines Tages also hatte mich, fern allen Rothaar-Glamours, der Ernst des Lebens wieder. Und der hieß in meinem Fall Brasilien. Das mag alle erstaunen, die mit Brasilien nur Samba und Caipirinha verbinden, ich aber sollte im Auftrag der Vereinten Nationen den unterentwickelten *favelados* auf die Sprünge helfen, und das war nicht lustig, sondern eher deprimierend. Außerdem ist der Brasilianer den Rothaarigen gar nicht erlegen. Weiße Haut ist zwar auch im angeblich fröhlich rassengemischten Brasilien höchstes Gut, aber sie muß schon *morena*, schön gebräunt sein. Doch damit kann ich bekanntermaßen nicht dienen.

Brasilien ist das sonnenfanatischste Land, das ich kennengelernt habe. Während ich in der Karibik am Strand noch gemeinsam mit den Schwarzen im Schatten der Palme gesessen hatte, war ich in Brasilien endgültig allein. Selbst Mulatten und Schwarze legten sich noch in die Sonne, um ein besonders schönes *moreno* zu erreichen. Da blieb mir nur die Rolle einer mitleidig belächelten »Tropenschönheit« – rothäutig, versproßt, nie im Tanga, sondern eher im langen Wallekleid – *tristes tropiques*! Was mich rettete, war mein rothaariges Temperament und die damit einhergehende Tanzleidenschaft, die mir wiederholt zu dem Kompliment verhalf, eine »Latina« zumindest von Herz und Seele zu sein. Und für den Rest gab es Gott sei Dank in der *international community* von Brasilia auch jede Menge Franzosen, welche die für mich etwas schockierende Erfahrung, ziemlich unbeachtet zu sein, ein wenig abfederten. Ich meinerseits fand nämlich die Brasilianer durchaus attraktiv – je dunkler desto mehr natürlich. Mit den abzockenden *international experts*, zu denen ich qua Funktion auch gehörte, wollte ich auf keinen Fall etwas zu tun haben.

So kam es, wie es kommen mußte. Eine weitere komplizierte interkulturelle, intersoziale und interrassische Beziehung begann, die trotz oder vielleicht auch wegen aller Mißverständnisse und Traurigkeiten ein für mich äußerst erfreuliches Ergebnis hatte: Ich wurde schwanger. Wunderbar! Ich war glückselig – nicht nur, weil ich unbedingt ein Kind wollte, sondern weil es mit Sicherheit nicht einmal einen Anflug von roten Haaren und sommersprossiger Haut haben würde. Der Vater nämlich war ein schöner dunkelhäutiger Mulatte. Und hatte ich mir in den Qualen meiner Kindheit nicht immer geschworen: Das tust du deinem Kind nicht an! Egal wie, ein Kind von dir darf nicht rothaarig und hellhäutig werden! Und mein erstes Kind wurde nicht rothaarig und hellhäutig, sondern hatte schwarze

Härchen und goldbraune Haut. Es kam in einem kleinen Hospital in Brasilia zur Welt, von einem überraschten braungebrannten Arzt mit offenem Kittel und Goldkettchen im gekräuselten Brusthaar ans Licht der Welt geholt, und es war das schönste Kind, das man sich denken kann. Von nun an saß ich mit grimmiger Zufriedenheit unter der Palme, während mein schönes, braunhäutiges und braunäugiges Töchterchen allein im Wasser planschte und hin und wieder traurig fragte, wann ich denn nun endlich mit ihr zusammen baden würde. »Bald«, tröstete ich sie dann lächelnd, nach 16 Uhr kann auch ich mich hervorwagen ...

Mit diesem Kind wurde vieles, was vorher so wichtig war, plötzlich ganz nebensächlich. Daß ich so etwas Perfektes und Schönes wie dieses Kind aus mir heraus »erschaffen« konnte, versöhnte mich mit mir selbst. Zum Glück für meine Söhne, die nach diesem erbrachten »Beweis« auch auf das Risiko hin, daß sie eventuell mein Schicksal würden teilen müssen, gezeugt wurden. Denn ihr Vater – Zeichen meiner endgültigen Heilung nach der Rückkehr aus Brasilien – ist ein schlicht aschblonder Deutscher, dessen einziger »Exotismus« darin besteht, daß er ostdeutsch ist, aber das schlägt ja bekanntlich nicht auf die Gene durch.

Bei und nach der Geburt meiner Kinder erfreute ich mich übrigens immer der besonderen Aufmerksamkeit von Krankenschwestern, Ärzten und Hebammen. In ihren Augen zählte ich zu den Risikopatienten. Rothaarige Frauen, so versicherte mir meine Hebamme bei meinen weiteren Geburten wieder zu Hause in Köln, würden zu sogenannten atonischen Blutungen neigen. Atonie, sagt das medizinische Wörterbuch, ist eine Erschlaffung der Muskulatur, die atonische Blutung nach der Geburt ist also auf die Atonia uteri, die ungenügende Zusammenziehung der Uterusmuskulatur nach der Entbindung zurückzuführen. Demnach müßten in früheren Zeiten, als es noch keine die Rückbildung stimulierende Mittel gab, rothaarige Frauen überdurchschnittlich oft nach Geburten verblutet sein. Aber wissenschaftliche Literatur zum Thema gibt es mal wieder nicht – das seien Erfahrungswerte, wird mir versichert.

Der Verdacht liegt nahe, daß hier einzelne Vorkommnisse in unzulässiger Weise verallgemeinert und dann immer weiter kolportiert worden sind. Auch der Gynäkologe, der mich von meinem dritten Kind entbunden hat, hielt eine solche Typeneinteilung von Frauen für statistisch nicht haltbar, meinte aber, daß Rothaarige wegen der schwachen Pigmentierung der Brustwarzen beim Stillen eher zu Brustwarzenentzündungen neigten. Die nur knapp über zwanzig Jahre alte Hebamme im Kreißsaal jedoch schwor Stein und Bein, sie habe bereits mehrfach erlebt, daß rothaarige Frauen starke nachgeburtliche Blutungen hatten! Ich für mein Teil hielt mich nicht an die Erfahrungsweisheiten und verließ immer zwei Tage nach den Geburten in bester Gesundheit das Krankenhaus.

In der Medizin werden rothaarige Menschen offenbar als eine besondere Art des Homo sapiens betrachtet. Viel spricht dafür, daß medizinisches Alltagswissen dabei nach dem schon beschriebenen Prinzip der Stigmatisierung entsteht. Weil Rothaarige über ein sogenanntes salientes, also ungewöhnliches Merkmal verfügen, erheischen sie in allem, was sie tun, mehr Aufmerksamkeit als andere. Ein durchschnittlich häufig auftretendes Phänomen wird bei einer Rothaarigen eher registriert und prägt sich stärker ein. Von der Rothaarigen, die eine atonische Blutung erleidet, wird deswegen rückgeschlossen auf eine Eigenschaft aller Rothaarigen, während eine Brünette mit einer atonischen Blutung eben nur als eine Frau mit einer atonischen Blutung wahrgenommen wird.

Auch bei rothaarigen Männern funktionieren diese Mechanismen der erhöhten Aufmerksamkeit. So weiß Hans B. Schiff in seinem Buch *Die Rothaarigen* vom rothaarigen französischen Schriftsteller Charles-Augustin Sainte-Beuve (1804–1869) das Folgende zu berichten: »Als Sainte-Beuve an den überraschend auftretenden Folgen einer Unterleibsoperation starb, sagte sein Arzt, seine Devise hätte sein sollen: ›noli me tangere‹, berühre mich nicht. Auch andere Chirugen haben festgestellt, daß Rothaarige verhältnismäßig leicht während oder nach dem chirurgischen Eingriff sterben und überhaupt gegen das Eindringen von Fremdkörpern in ihren Organismus besonders empfindlich sind. Eine schwach pigmentierte, sehr helle Haut bedeutet immer Empfindsamkeit und Feinfühligkeit, ein stark reaktives Verhalten der Nerven und Empfindungsorgane gegenüber jeglichem fremden Einfluß.«[1]

Was ist wissenschaftliche Wahrheit, und was ist mythenbildende Dichtung, die sich um den Körper der so anders aussehenden Roten rankt? Haarfarbe und -beschaffenheit wurden schon in frühen Zeiten mit Gesundheit und Charaktereigenschaften in Zusammenhang gebracht. So heißt es im *Großen vollständigen Universal Lexikon Aller Wissenschaften und Künste* von 1753: Die Haarfarbe wird bedingt von den »verschiedenen Temperamenten und der Beschaffenheit des Gebluts und des Flüßwassers her, wie denn diejenigen Personen, so einer feuchten und flüßigen Natur sind, gerne blond und weißlichte Haare haben, die jähzornigen und mit vieler Galle beschwerten, röthlichte, die schwermüthigen und melancholischen schwartze, die Blut-reichen, und welche eines frölichen Gemüths sind, schöne gelbe«.[2] Kein Wunder, daß man durch die Jahrhunderte hindurch eine Vorliebe für blonde und weiße Haare pflegte, denn diese »Wissenschaft« vom Zusammenhang zwischen sogenannten Körpersäften und Haaren war schon Jahrhunderte vor Erscheinen des großen Universal-Lexikons en vogue. Auch das martialische Haarseil, das – am hinteren Haaransatz mit Hilfe einer glühenden Nadel angebracht – im Mittelalter zur Ableitung »schlechter Körpersäfte« diente, ging auf solcherlei Erkenntnisse zurück. Von eher guten Körpersäften Rothaariger ging man offensichtlich in Kärnten und der Steiermark aus. Dort gestand man den Apothekern das Recht zu, jährlich einen rothaarigen Menschen zu Asant (krampfstillendes Mittel) zu verarbeiten – weshalb des öfteren rothaarige Menschen verschwunden sein sollen. Und den Holländern sagt man nach, sie hätten früher rothaarige Kinder auf Island gekauft, um aus ihrem Blut Medizin herzustellen.

Von diesem Aberglauben des Mittelalters bis zur Wissenschaft der heutigen Zeit scheint es nur ein kleiner Schritt gewesen zu sein. In seinem Buch *Die Konstitution der Frau* von 1924 zitiert der Mediziner Dr. Bernhard Aschner erst einmal zwei Sprichwörter, um das

Wesen der rothaarigen Frau zu charakterisieren, nämlich das italienische *Capelli rossi, o tutto foco o tutto mosci* (Rote Haare: entweder ganz Feuer oder ganz Sanftmut) und das deutsche *Mit rothaarigen Frauen umgehen heißt mit Zündhölzern spielen*, um dann zu folgenden bedeutenden Erkenntnisssen vorzustoßen: »Diese Individuen haben häufig nebst ihrer zarten Haut und ihrer schwachen Körperbehaarung noch andere infantile Züge. Rothaarige Menschen – bei Männern fällt dies noch mehr auf als bei Frauen – sehen oft bis ins höhere Lebensalter sehr jung aus. ... Rothaarige Menschen fiebern bei Erkrankungen leichter und gewöhnlich auch um einen Grad höher als andere Menschen, auch besteht oft eine vermehrte Erregbarkeit des Herzens, entsprechend einem vermehrten Sympathikustonus überhaupt. ... In sexueller Hinsicht sind rothaarige Menschen häufig exzentrisch veranlagt, meist im Sinne erhöhter Reizbarkeit, seltener im Sinne der Frigidität ... Zusammenfassend kann man von der Neigung der Rothaarigen zu bestimmten Erkrankungen Folgendes sagen: es besteht eine Neigung zur Diathesis inflammatoria, akute Infektionen gehen mit hohem Fieber einher, verlaufen heftig und stürmisch, Neigung zu Eiterungen, Venenentzündung, Wochenbettfieber, unerwartete und unberechenbare Komplikationen, wie metastasische Abzesse sind an der Tagesordnung. Partielle Rothaarigkeit der Augenbrauen, des Schnurrbarts, usw. oder Rothaarigkeit mit schwarzen Augen hat die Bedeutung einer Pigmentdisharmonie und läßt oft schwere Konstitutionsanomalien erwarten. Die Behandlung rothaariger Personen mahnt daher stets zu größter Vorsicht bei allen Maßnahmen. Die Überempfindlichkeit und Idiosynkrasie gegenüber Medikamenten, die große Empfindlichkeit der Haut und der Schleimhäute, die Disposition zur Vereiterung, endlich die labile Psyche und das oft übermäßig reizbare Nervensystem solcher Personen sowie Neigung zu nachoperativen Infektionen stellen an die ärztliche Umsicht die größten Anforderungen. Doch erfreuen sich solche Individuen bei geregelter Lebensführung oft der besten Gesundheit. Treten aber zu der latenten Disposition irgendwelche erhebliche äußere Schädlichkeiten hinzu, so entstehen aus oft geringfügigen Ursachen in manchmal explosiver Weise katastrophale Wirkungen – plötzlicher Tod, rapid verlaufende Infektion bei Fliegenstichen oder Schnittwunden, usw.«[3]

Ein wahrhaft riskantes Leben, das Rothaarige führen! Aschner fordert deswegen auch, »daß die Behandlung rothaariger Frauen immer zur größten Vorsicht bei allen Maßnahmen mahnen muß«. Alle rothaarigen Patientinnen, die Aschner in den letzten Jahren vor seiner Publikation behandelt hatte, litten seinen Angaben nach ohne Ausnahme an »mehr oder weniger stark ausgeprägten Konstitutionsanomalien«.
1926 greift ein Dr. Hans Schlösser aus der Landesfrauenklinik Bochum diese Erkenntnisse Aschners auf: »Nicht nur unter den Ärzten, sondern auch im Volke ist es bekannt, daß Blondinen und Rothaarige häufiger der Gefahr von Venenentzündungen, Milchdrüsenabszessen und Wochenbettfieber ausgesetzt sind als die Dunkelhaarigen.« Unter dem Titel »Über Menstruation, Wehenschwäche, Nachgeburtsperiode und Haarfarbe und ihre gegenseitigen Beziehungen« veröffentlicht Dr. Schlösser im *Zentralblatt für Gynäkologie* das

Ergebnis eigener Untersuchungen an gebärenden Frauen in seiner Klinik. Unter den untersuchten 577 Frauen gab es nur 23 Rotblonde, was aber immerhin vier Prozent ausmacht, also eigentlich überdurchschnittlich viele. Trotzdem beschleicht einen leichtes Unbehagen, wenn auf der Grundlage dieser disproportionierten Vergleichsgruppen festgestellt wird, daß Rotblonde unter verstärkten Menstruationsblutungen mit größeren Beschwerden litten, »daß bei den in unserer Anstalt beobachteten Fällen die Placenta bei den rotblonden Frauen sechsmal häufiger über eine Stunde zur Lösung brauchte als bei den Patientinnen mit brauner, dunkelblonder oder hellblonder Haarfarbe« und »daß die hellblonden und rotblonden Frauen mehr als dreimal so häufig zu größeren Nachgeburtsblutungen neigen als die Frauen mit dunklerer Haarfärbung«. Immerhin wissen wir jetzt, woher solche Weisheiten kommen, denn Dr. Schlösser taucht mit seinen Erkenntnissen in allen einschlägigen späteren Publikationen wieder auf und hat offensichtlich bis heute Einfluß auf die Geburtshilfe, wie man an den »Erfahrungen« der oben zitierten Hebammen sieht.

Im Jahre 1935 sah man sich dann veranlaßt, das Phänomen Rothaarigkeit unter »rassehygienischen« Gesichtspunkten noch einmal aufzugreifen. Noch relativ zurückhaltend erörtert ein Oberarzt Dr. Robert Ritter von der Universitäts-Nervenklinik in Tübingen in der Zeitschrift *Volk und Rasse* die Frage, ob unter »erbpathologischen« Gesichtspunkten Heiraten unter Rothaarigen besser zu verhindern sei. Rothaarige neigten nämlich »in einem auffallend hohen Grade zu Tuberkulose«. In Frankreich, wo man den Typ der tuberkulosegefährdeten Rothaarigen in Erinnerung an die Gemälde Tizians und Veroneses als *type vénétien* bezeichnete, sei dies schon vor Jahrzehnten vom französischen Kliniker Landouzy empfohlen worden. Außerdem wird die Frage erörtert, ob etwa Rassenmischung zu Rothaarigkeit führe. Auch der angeblich auffällig hohe Anteil Rothaariger unter den Verbrechern wird mit Hilfe einiger alter Listen »belegt«, wobei gewissen »Umwelteinflüssen« aufgrund von Hänseleien und Spott auch Rechnung getragen wird. Deswegen dürfte »eine endgültige Klärung, ob das Auftreten von Rothaarigkeit mit Rassenkreuzung ursächlich zusammenhängt, und ob sie als leichte Defektmutante zu bewerten ist ... wohl erst in einer ferneren Zukunft erfolgen können.« Ritter verweist auch auf die in der einschlägigen Literatur immer wieder aufgeführte Verwandtschaft zwischen Albinismus und Rothaarigkeit. »Wir hätten es demnach«, kommentiert er diesen Befund, »bei diesen Merkmalen mit konstitutionellen Anomalien im Sinne einer Entartung zu tun.« Rothaarige litten ebenso unter einer »starken Schweißsekretion« und einem »charakteristischen Geruch« – eine Behauptung, die sich übrigens auch schon in medizinischen und kosmetischen Abhandlungen vorhergehender Jahrhunderte findet.

Besonders schlecht weg kommen Menschen, die unter einem sogenannten Partialerythrismus (Erythrismus = Rothaarigkeit) leiden, also zum Beispiel einen roten Bart, aber blondes oder braunes Haar haben. Hierin wird ein Zeichen von Degeneration mit erhöhter Krankheitsanfälligkeit gesehen. »Aus allen den genannten Beobachtungen dürfte jedenfalls klar hervorgehen, daß es notwendig sein wird, sich in Zukunft sowohl von klinischer wie von rassehygienischer Seite gründlichst mit den Fragen der gesamtkonstitutionellen Eigenart der Rothaarigen zu befassen.« Deswegen wäre Oberarzt Dr. Ritter »dankbar, wenn ihm aus dem Leserkreise sowohl weitere diesbezügliche Beobachtungen und Erfahrungen als auch volkstümliche Meinungen über die Rothaarigen schriftlich mitgeteilt würden. Recht wertvoll dürfte es darüberhinaus sein, über Entwicklung und Anlagen von solchen Kindern Erfahrungen zu sammeln, die sowohl von väterlicher wie mütterlicher Seite mit Erythrismus belastet sind. Dem Verfasser ist bisher aus eigenen Untersuchungen ein solches Paar bekannt, das eine größere Anzahl – jedenfalls hinsichtlich ihrer Gesundheit und des erreichten Lebensalters – unauffälliger Nachkommen hatte.«

Dr. Ritter also hatte den Rothaarigen noch ein wenig Hoffnung zu bieten. 1936 wurde er übrigens Leiter der rassehygienischen Forschungsstelle am Reichsgesundheitsamt in Berlin, wo er und seine Mitarbeiter die Vorraussetzungen für den späteren Völkermord an den Sinti und Roma schufen. Angesichts dieses »großen Dienstes an der Volksgesundheit« scheint er die Rothaarigen aus dem Blick verloren zu haben. Zumal die Rothaarigen rassisch schwer zu erfassen waren und die Rassenfanatiker in geradezu verwirrende Widersprüche verwickelten. Im *Handbuch der Erbbiologie* aus dem Jahre 1940 wird im Kapitel »Erbpathologie der sogenannten Entartungszeichen« auch den Rothaarigen ein Abschnitt gewidmet. Unter einem Entartungszeichen verstanden die Nazi-Mediziner eine äußerliche »Abweichung«, aus der Rückschlüsse auf die körperliche Gesamtkonstitution sowie die seelische Veranlagung gezogen werden konnten, wobei ein sogenanntes »Stigma« nicht unbedingt erblicher Natur sein mußte. »Die eigentlichen Stigmen der modernen Konstitutionslehre sind aber natürlich erbliche Merkmale«, betont der Züricher »Erblichkeitsforscher« Ernst Hanhart, »die wenn nicht eine anlagemäßige Minderwertigkeit, so doch eine latente *Bereitschaft* verraten.« Unter »Stigmen im Bereiche des Kopfes«, die eine solche Minderwertigkeit signalisieren, werden neben verkürzter, fliehender Stirn, dem völligen Fehlen einer Hinterhauptswölbung, Turmschädeln, Pelzmützenbehaarung und ähnlichem auch »rote Haare« aufgeführt:

»Ein auch im Volk intuitiv erfaßtes Zeichen abwegiger Veranlagung ist die Rothaarigkeit (Rutilismus), und zwar nicht etwa jenes Rotblond Tizians, das wir bei einem reinen Teint ›wie Milch und Blut‹ so oft als normale Farbenvariante bei Bevölkerungen mit stark nordischem Einschlag finden, sondern das schreiend fuchsrote Kopfhaar, das zusammen mit einer völlig eigenartigen, durch eine gewisse Prognathie [Gesichtsprofil bei vorgeschobenem Oberkiefer] mit Aufstülpung von Nasenflügeln und Oberlippe sowie konfluierende [ineinanderfließende] Sommersprossen und stechenden Blick gekennzeichneten Physiognomie etwas durchaus anderes, von der Rasse unabhängiges darstellt. Zu diesem letzteren Typ bestehen sehr wahrscheinlich Korrelationen mit einer minderwertigen Charakteranlage, da er sich oft bei Schwachsinnigen und Psychopathen findet. Die von derartigen Personen erlittene soziale Zurücksetzung, die oft einen Circulus vitiosus hervorruft, vermag die besondere seelische Artung dieser Menschen nicht allein zu erklären.«

Ob diese Einschätzung der »fuchsroten« Menschen irgendwelche Folgen für die Betroffenen hatte, ist nicht erforscht, und auch ich konnte darüber nichts in Erfahrung bringen. Viel spricht dafür, daß die Rassehygieniker angesichts der avisierten »Endlösung« und des daraus folgenden millionenfachen Mordes an Juden, Roma, Sinti und Behinderten das Problem des »Rutilismus« als vernachlässigenswert einschätzten – zumal die Unterscheidung zwischen dem besonders germanischen Rotblonden und dem fuchsroten Untermenschen einige definitorische Schwierigkeiten hervorgerufen haben wird. Die Abneigung gegen die andersartigen Rothaarigen hatte sicherlich auch damit zu tun, daß Rothaarigkeit unter Juden relativ häufig vorkommt – doch dieser antisemitische Grundzug dürfte für keinen Rothaarigen lebensbedrohend gewesen sein, solange er nur seinen lückenlosen Arierstammbaum in der Tasche hatte. Erwägungen, daß Rothaarige aufgrund ihrer rezessiven Erbanlagen als Untermenschen angesehen wurden, halte ich für ziemlich töricht, ist doch das Blond des arischen Germanen gegenüber dunklem Haar auch rezessiv. Gerade deswegen mußte ja die germanische Rasse auf so mörderische Art und Weise »rein« gehalten werden.

Das Ende des Faschismus hatte bekanntlich nicht überall auch das Ende der Rassenlehre in Medizin und Psychiatrie zur Folge; die noch im Amt verharrenden Lehrkräfte und die nach wie vor benutzte Literatur beeinflußten auch noch nachfolgende Wissenschaftler-Generationen. Dr. med. et rer. nat. Gerfried Ziegelmayer zum Beispiel griff in den fünfziger Jahren die Befunde von Schlösser, Ritter und Hanhart auf, um mit seiner Habilitationsschrift eine Art Grundlagenwerk *Über die Konstitution der Rothaarigen* zu schreiben. Ausgehend von der These, daß der »Pigmentstoffwechsel in vielfältigem Zusammenhang mit dem intermediären Stoffwechsel des Gesamtorganismus steht«, geht Ziegelmayer der Frage nach, ob Rothaarigkeit ein »Symptom einer Gesamtkonstitution« ist oder nicht. Ziegelmayer fühlte sich offensichtlich berufen, das durch Rassehygieniker und Erbforscher ins Zwielicht geratene Ansehen der Rothaarigen zurechtzurücken. Zu diesem Zweck bediente er sich ihrer Aussagen und Methoden, nur um nach langen Untersuchungen schließlich festzustellen, daß Rothaarige sich eigentlich nicht sonderlich von anderen Mitgliedern der Spezies »weißer Mensch« unterscheiden. Das mußte nach 1945 offensichtlich erst einmal gesagt werden.
Hier das rotblonde nordische Schönheitsideal, dort der fuchsrote Untermensch, dessen abwegige Veranlagung »ein von der Rasse unabhängiges Merkmal ist«, da es bei allen Rassen und Völkern vorkommen kann – sogar bei »Negern«! Dergleichen rassistische Ergüsse nimmt Dr. Ziegelmayer zum Anlaß, um aus Untersuchungsbefunden an 5 099 Kindern und Erwachsenen beiderlei Geschlechts, die am Anthropologischen Institut der Universität München für »erbbiologische Vaterschaftsgutachten« gesammelt wurden, spezifische Konstitutionsmerkmale von Rothaarigen herauszufiltern.
Aus dem »Gesamtmaterial« wurden zunächst Untersuchungsbefunde an einer Gruppe von 154 Rothaarigen ausgewählt, wobei große Mühe auf die Definition von Rothaarigkeit verwendet wurde. Da auch unter blonden, braunen und schwarzen Haaren einzelne rote Haare sein könnten, ergäben sich insbesondere zu Blond und Braun oft fließende Übergänge. Zudem dunkelten rote Haare später nach, das heißt in den tiefer liegenden Haar-

abschnitten sammelten sich mehr braune Pigmentkörnchen an. Dadurch ergäben sich ebenfalls einige definitorische Unklarheiten. Ziegelmayer weist in diesem Zusammenhang zu Recht darauf hin, daß Aussagen über die Verbreitung Rothaariger nur sehr grobe Anhaltspunkte liefern können, da schon über die Definition dessen, was eigentlich »rote« Haare sind, wissenschaftliche Unklarheit herrsche. Er selber bezieht sich bei seiner Festlegung auf die Haarfarbentafel von Fischer-Saller, die übrigens den mörderischen Erbforscher-Ärzten in Auschwitz bei ihren Menschenvermessungen schon zu Diensten war. Ziegelmayer macht sich nun an die Untersuchung verschiedener Konstitutionsmerkmale, wobei er davon ausgeht, daß Rothaarigkeit auf Störungen des Pigmentstoffwechsels zurückzuführen ist, die Auswirkungen auf die Gesamtkonstitution haben könnten. Er vermutet, daß es sich beim »Rutilismus um eine als Mutation auftretende Hemmungsmißbildung« handelt, die eine Melaninsynthese, also die Herstellung des dunklen Farbstoffes, nur bis zur roten Vorstufe des Melanin erlaubt. Wo der Defekt in der Kette von der farblosen Grundsubstanz bis zum Melanin liegt, sei aber noch nicht endgültig erwiesen. Ziegelmayer sieht hier Ähnlichkeiten zum Albinismus und verweist auf die offensichtliche genetische Beziehung zwischen Rutilismus und Albinismus, auf die in der Literatur immer wieder hingewiesen werde. So seien beispielsweise aus der Ehe eines albinotischen Mannes mit einer normal pigmentierten Frau fünf rothaarige Kinder hervorgegangen.

Der Nachkriegs-Habilitand konstatiert als erstes, daß »in der Häufigkeit der verschiedenen rötlichen Haarfarben in Bayern deutliche Altersunterschiede bestehen«. So seien die hellroten Töne unter Jüngeren stärker vertreten, wogegen mit zunehmendem Alter die dunkleren Töne, die relativ viel braunes Pigment enthielten, zunähmen. Dies sei auf das vermutlich hormonell bedingte Nachdunkeln der Haare mit zunehmendem Alter zurückzuführen. Ebenso konstatiert er, ähnlich wie schon andere Autoren vor ihm, daß »im weiblichen Geschlecht rote Haarfarben häufiger zu finden sind als im männlichen«. Gleichzeitig stellt er fest, daß beim Mann die hellroten Töne, bei der Frau eher die dunkelroten Töne vorherrschen. Bei der Frage der Hautfarbe wird noch einmal auf die Nähe zum Albinismus und die Unfähigkeit zur Bildung ausreichenden Pigments verwiesen. Zur Untermalung gibt es auf Tafel III das ansprechende Bild rothaariger Zwillingsbrüder, die »eine sehr hellrosige Haut haben« und auch sonst Merkmale aufweisen, »die an Albinismus erinnern, insbesondere Lichtempfindlichkeit der Augen«, sogenannter Nystagmus. In der Iris dieser Brüder sei mit der Lupe kein Pigment zu erkennen, und die Haarfarbe sei leuchtend hellrot, wobei auch im Haar keine braunen Pigmentkörnchen festzustellen gewesen seien. »Solche Formen des Rutilismus gehören nach der Einteilung von Saller und Maroske fast in den Bereich des ›Übergangsalbinos‹«, kommentiert Ziegelmayer den Befund. In diesem Zusammenhang berichtet er von einem Herrn Kollmann, der in der Schweiz an 11356 (!) rothaarigen Kindern fast ausschließlich »helle« Haut beobachtet haben will.

Sodann wendet sich Ziegelmayer den Sommersprossen, den medizinisch so genannten Epheliden zu. Sommersprossen stellen seiner Ansicht nach Pigmentansammlungen in der Basalschicht der Epidermis, also der obersten Hautschicht, dar, die auf Sonnenbestrah-

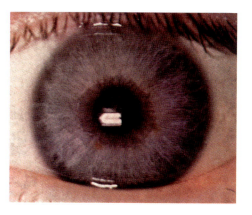
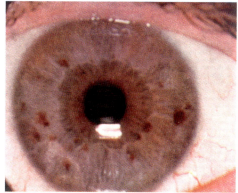

Farbige Fotografien von Augen und Haarsträhnen stützen Dr. Gerfried Ziegelmayers Thesen in seiner Habilitationsschrift *Über die Konstitution der Rothaarigen* aus dem Jahre 1958.

Durchsichtige empfindliche Haut

lung sozusagen übertrieben und anders als der Rest der Haut reagieren. Da sogar »rothaarige Neger« Ephelidenbekämen, sei eine Korrelation zwischen Rothaarigkeit und Ephelidenbildung ziemlich eindeutig.

Schließlich nimmt sich Ziegelmayer Körper, Schädel und Gesicht von Rothaarigen vor und sieht sich gezwungen, das nachzumessen, was den Rassehygienikern der Mühe nicht mal wert war: Kopflänge und -breite, Ohrhöhe, Kopfumfang, Stirnbreite, Jochbogenbreite, Unterkieferwinkelbreite, inneren Augenwinkelabstand, Nasenhöhe und Nasenbreite, die Körpergröße, das Gewicht und die entsprechenden Indexe. Nach einer langen Reihe von Vergleichen und statistischen Berechnungen kommt er zu folgendem bahnbrechenden Ergebnis: »Die Beobachtungen über Asymmetrie in der Gesichtsausbildung oder über auffällige Prognathie können an Hand unseres Materials für Personen mit rötlich-blondem, ›fuchsroten‹ oder dunkelrotem Haar nicht bestätigt werden. ... Zusammenfassend ergibt die vorliegende Untersuchung keine Bestätigung dafür, daß Rothaarige grundsätzlich in Körperbau oder Kopf- und Gesichtsbildung von den Nicht-Rothaarigen abweichen. Nur bei Personen mit hellrotem Haar findet sich ein gesicherter Unterschied gegenüber Nicht-Rothaarigen in Form einer größeren Stirnbreite und einer geringeren Nasenhöhe.«(!)[4]

Auch bei der Untersuchung der Irisstruktur, des Hautleistensystems, der Blutgruppen und -faktoren und der Eiweißzusammensetzung im Blutserum, kann Ziegelmayer keine sensationellen Unterschiede feststellen. Erst bei der Haarstruktur werden wieder Abweichungen des »breitstirnigen Halbalbinos« vom mitteleuropäischen Normalmenschen gefunden: So sind die roten Haare durchschnittlich und statistisch gesichert dicker als die Nicht-Rothaariger, wobei die dunkelroten wiederum dicker sind als die hellroten. In einem »gewissen Zusammenhang damit scheint auch die Haardichte zu stehen«. Ziegelmayer bezieht sich hier auf andere fleißige Wissenschaftler, die für Blondköpfe 140000, für braune 109000, für schwarze 102000 und für rote 88000 Haare ausgezählt haben.

Zum Schluß erwähnt Ziegelmayer auch noch die von vielen Autoren behauptete Korrelation zwischen Rothaarigkeit und der Neigung zu bestimmten Krankheiten, wie die bereits erwähnte Tuberkulose, Wehenschwäche, Schlaffheit des Gewebes etc. Ziegelmayer hält es hier mit Mayer, der im *Handbuch der Gynäkologie* schon 1927 vor Verallgemeinerungen warnte und nicht bestätigen konnte, »daß die Rothaarigen zu Infantilismus, Lymphatismus [Überentwicklung der Lymphorgane], Blutdrüsenerkrankungen, Leberstörungen und der von einigen Autoren behaupteten Überempfindlichkeit gegenüber Medikamenten besonders disponiert seien. Für die bei Hanhart und Ritter behaupteten Neigungen zu Schwachsinn, Psychopathie und Kriminalität findet Ziegelmayer in seinem »Material« keine Bestätigung. Im Gegenteil: »Unter den 46 rothaarigen Männern aus unserem Material fanden sich, im Vergleich zu einer Gruppe von 400 nicht-rothaarigen Männern keine wesentlich unterschiedliche Häufigkeiten der einzelnen Berufe: Bei Rothaarigen ist der Prozentsatz der ungelernten Arbeiter, Angestellten, kleineren und mittleren Beamten und Kaufleute etwas geringer als bei Nicht-Rothaarigen, dafür ist der Prozentsatz der Facharbeiter, Akademiker und Bauern etwas größer. Das Material ist jedoch nicht umfangreich genug, um daraus bindende Schlüsse ziehen zu können.«[5]

Wie schade! Denn nach Herrn Ziegelmayer machte sich offensichtlich kein Wissenschaftler mehr die Mühe, die Gesamtkonstitution, geschweige denn die beruflichen Dispositionen der Rothaarigen unter die Lupe zu nehmen. Eine Recherche in der *Medline*-Datenbank ergab lediglich Untersuchungen zu Korrelationen zwischen der Haarfarbe und der Anzahl von Muttermalen und der Häufigkeit von Hautkrebs. Einzige Ausnahmen: Eine israelische Untersuchung aus dem Jahre 1990 über Läusebefall konstatierte bei Kindern mit braunem und rotem Haar einen stärkeren Befall als bei schwarz- und blondhaarigen. Eine kalifornische Studie von 1980 über Dammschnitte bei Geburten stellte bei rothaarigen Frauen mit heller Haut eine größere Zahl von medizinischen Symptomen fest. Und schließlich fand eine chilenische Studie aus dem Jahre 1989 heraus, daß chilenische Fischer mit roten und blonden Haaren eher Degenerationserscheinungen in der Kollagenschicht der Haut zeigten. Breitstirnige Halbalbinos mit Disposition zu starkem Läusebefall, schlecht verheilenden Dammschnitten und schlaffem Hautgewebe – alles in allem ein deprimierender Befund.

Deutsche Forscher taten wenig bis gar nichts, um diesem Befund durch aktuellere Untersuchungen abzuhelfen – aus gutem Grund vermutlich. Aus neuerer Zeit gibt es zum Thema Rothaarigkeit aus medizinisch-anthropologischer Sicht nur die bereits erwähnte, an der Fachhochschule Kiel im Fachbereich Sozialwesen gemeinsam mit dem Institut für Anthropologie der Universität Mainz veröffentlichte Studie über die »Reifeunterschiede und psychophysische Merkmalsausprägung bei gleichaltrigen pubertierenden Mädchen unterschiedlicher Haarfarbe«.[6] Da die gleichen Hormone, die die Bildung der Farbstoffe in den Haaren steuern, auch mit der Kontrolle des Wachstums und der Regulierung des Informationsflusses im Zentralnervensystem betraut seien, untersuchten Welpe und Bernhard 452 nach Haarfarben aufgeteilte Mädchen in bezug auf ihren Entwicklungsstand, ihren Körperbau und ihre psychologische Verfassung. Die Ergebnisse: In ihrer körperlichen Entwicklung, gemessen am Zeitpunkt der ersten Monatsblutung, blieben die hellhaarigen Mädchen deutlich hinter ihren dunkelhaarigen Altersgenossinnen zurück, die etwa sechs Monate früher ihre Menarche hatten. Die Rotschöpfe aber menstruierten noch vier Monate früher. Die gleiche Tendenz beim Körperbau. Sowohl was Körpergewicht, Hautfaltendicke, Arm- und Beinumfang und andere physische Proportionen angeht, waren die dunkelhaarigen Mädchen »besser ausgestattet« als die blonden, die Rothaarigen lagen allerdings auch hier an der Spitze. Im Sportunterricht erhielten die Rotschöpfe vergleichsweise schlechte Noten, das aber wiederum kann auch etwas mit der größeren Zahl an Pfunden zu tun haben, die sie im Durchschnitt bewegen mußten. Im Vergleich zu allen anderen Haarfarbgruppen hatten die Rothaarigen deutlich mehr Gesundheitsprobleme. Auch im seelischen Bereich färbte nach Ansicht der Forscher die Haarfarbe auf das Wesen der untersuchten Mädchen ab.

Durchsichtige empfindliche Haut

In ihren Studien mischen sowohl Welpe und Bernhard als auch Ziegelmayer physische Untersuchungen mit psychischen Tests und korrelieren die Ergebnisse miteinander. Weitere methodische Fragwürdigkeiten bestehen darin, daß extrem ungleiche Gruppen miteinander verglichen und Unterschiede als signifikant eingestuft werden, die ebensogut auch Zufallsunterschiede sein können.

Obwohl es keine weiteren aktuelle Untersuchungen über den anderen Körper der Rothaarigen gibt, gehört am Ende des 20. Jahrhunderts die angeblich besondere Empfindlichkeit der Rothaarigen nach wie vor zum Allgemeinwissen der Mediziner. Eltern rothaariger Kinder konnten dadurch bis vor kurzem noch stark verunsichert werden. So berichtete in einer Hans-Meiser-Talkshow auf RTL zum Thema rote Haare eine Renate F. von ihrer Todesangst, die sie als Kind ausgestanden hat, weil die ebenfalls rothaarige Schwester der Mutter im Alter von zwölf Jahren gestorben war. Renate war sicher, daß ihr das gleiche Schicksal beschieden sei, sprachen die Eltern doch immer von der besonderen Empfindlichkeit rothaariger Kinder. Kinder mit roten Haaren müsse man mit Samthandschuhen anfassen, hieß es immer. In der gleichen Sendung erzählte der rothaarige Christian, daß sein HNO-Arzt, wenn er ihn mit Erkältungsbeschwerden aufgesucht habe, sicher gewesen sei, daß jetzt eine Grippewelle bevorstehe. »Empfindlich wie die Haut sind auch die Schleimhäute« – eine Weisheit, die sich ebenfalls durch alle medizinischen Werke über Rothaarige zieht.

Nach Ansicht von Homöopathen weisen rothaarige Personen häufig Charaktereigenschaften auf, die nach der homöopathischen Arzneimittellehre auf Phosphor hindeuten, denn sie seien sehr leicht aufbrausend, heftig, schreckhaft und nervös. Und jeder Chirurg, so erzählte man mir, der einen Rothaarigen auf dem Operationstisch hat, schlage drei Kreuze, da Wundheilungsstörungen bei Rothaarigen angeblich üblich sind. Allerdings, so wird auf Nachfrage konzediert, in den Fragebögen, die jeder Patient vor einer Operation ausfüllen muß und in dem er nach Risikofaktoren gefragt wird, taucht die Frage nach dem Haut- und Haartyp nicht auf. Was also ist dann dran an dem besonderen Risiko, das Rothaarige unterm Messer eingehen?

Orthopäden verweisen darauf, daß Rothaarige, respektive Hellhäutige bei orthopädischen Operationen einem größeren Risiko unterlägen, weil sie deutlich stärker unter der Knochenschwächekrankheit Osteoporose litten. Die Erklärung hierfür scheint einleuchtend: Wegen der höheren Sonnenempfindlichkeit der Hellhäutigen würden diese sich weniger dem Sonnenlicht aussetzen. Das führe zu einer geringeren Produktion von Vitamin D, das für Knochenaufbau und Härtung so wichtig sei. Wenn man allerdings bedenkt, daß es schon reicht, seine Hände täglich fünf bis zehn Minuten in die Sonne zu halten, um eine ausreichende Menge von Vitamin D im Körper zu produzieren, dann sind auch an dieser Erklärung Zweifel angebracht.

Versuchen wir also, uns so weit es geht, an die bekannten Fakten zu halten. Beginnen wir mit der Haarfarbe: Sie wird bestimmt durch Pigmente, die dem Haar eine Farbe zwischen den drei Extremen Hellblond, Schwarzbraun und Fuchsrot geben. Nur zwei Arten von Farbstoffen sind hierfür verantwortlich: das auch in der Haut vorkommende Melanin, auch Eumelanin genannt, das ein dunkelbraunes Pigment ist, und eine Gruppe von rötlichen Farbstoffen, die als Trichochrome oder auch Phaeomelanine bezeichnet werden. Je mehr Melanine das Haar enthält, desto dunkler ist es. Hellblondes Haar enthält kein Eumelanin und nur eine geringe Menge von Phaeomelaninen. Nimmt der Gehalt an Melanin zu, ergeben sich die Farbabstufungen von Mittelblond über Dunkelblond bis Schwarzbraun mit beliebigen Zwischenstufen. Steigender Gehalt an Phaeomelanin verursacht alle Farbschattierungen zwischen Hellblond und leuchtend Ziegelrot. Enthält das Haar gleichzeitig Eumelanin und Phaeomelanin, so gibt es die verschiedenen mittelbraunen bis rotbraunen Farbtöne. Phaeomelanin ist übrigens auch in sehr dunklen Haaren enthalten, doch wird es völlig vom Eumelanin überdeckt. Vereinzelte rote Haare, beziehungsweise Rotschimmer bei dunklen Haaren hatte ja auch schon Ziegelmayer festgestellt. Die Ansicht, daß Phaeomelanin Eisen enthält, rote Haare also besonders viel Eisen aufweisen, wie in allen Artikeln über Rothaarige immer wieder behauptet wird, hat sich als irrig herausgestellt. Dieser Annahme lag, wie schon beim Eisengehalt des Spinats, ein Meßfehler zugrunde!

Auch die braune Färbung der Haut wird durch das Melanin-Pigment hervorgerufen. In der Basalzellenschicht der Epidermis, also der Oberhaut, befinden sich besondere Zellen zur Produktion des braunen Hautfarbstoffs, die Melanocyten. Dabei enthält die Epidermis dunkelhäutiger Personen im Vergleich zu der Weißer nicht etwa mehr, sondern lediglich aktivere Melanocyten. Ob die Melanocyten das Melanin produzieren, hängt von einer durch Sonnenlicht ausgelösten Synthese ab, wobei es die vornehmliche Aufgabe des Melanins ist, die Haut vor den schädlichen UV-Strahlen zu schützen. Die Pigmentkörnchen dieses Farbstoffs befinden sich hauptsächlich in den verhornten abgestorbenen Zellen der Oberhaut, die die Hornschicht oder auch Lichtschwiele bilden. Mit den äußeren Hornschuppen wird also auch das Melanin ständig abgestreift, so daß in Zeiten schwacher Neusynthese – sprich geringer Sonnenbestrahlung – die Haut allmählich blasser wird, während sie bei angeregter Synthese – also viel Sonnenlicht – langsam bräunt.

Im Idealfall jedenfalls. Denn wie wir wissen, haben Rothaarige überwiegend eine sehr helle Haut und bräunen so gut wie gar nicht. Die Haut ist also schwach pigmentiert. Warum die Melanocyten der Rothaarigen so wenig Melanin produzieren, ist unklar, da die Biosynthese des Melanins noch nicht bekannt ist.

Je nach ihrer Fähigkeit, das bräunende Pigment zu bilden, wird die Haut in vier verschiedene Hauttypen unterteilt. Rothaarige gehören zum Hauttyp I, der auch der »keltische Typ« genannt wird. Seine Hautreaktion wird folgendermaßen charakterisiert: »Bekommt immer schnell einen schweren bis schmerzhaften Sonnenbrand, keine Bräunungsreaktion (wird nur rot und nach ein bis zwei Tagen wieder weiß). Die Haut schält sich.« Die Eigenschutzzeit in der Sonne beträgt fünf bis zehn Minuten. Der keltische Typ sind »Menschen mit auffallend heller Haut, rötlichen Haaren, blauen Augen und Sommersprossen, die gesamte Haut ist hell (›weiß‹). Sehr helle Brustwarzen.« Ein solcher Mensch sollte nach Empfehlung der AOK nie ohne Lichtschutzfaktor 15 aus dem Haus gehen.

Von der unbestreitbaren Lichtempfindlichkeit der Haut Rothaariger wird in der Regel auf ihre allgemeine, insbesondere Hautempfindlichkeit geschlossen. Das ist insofern richtig, als die Haut Rothaariger eine dünnere Hornschicht hat. Fremdstoffe können dadurch leichter in die Haut eindringen und sie beeinträchtigen. Auch die Rothaarigen oft zugeschriebene höhere Allergieanfälligkeit könnte darin ihre Ursache haben. Noch aber ist umstritten, ob denn eine solche höhere Anfälligkeit wirklich gegeben ist. Ansonsten kommen die beiden Varianten empfindlicher Haut, also die fettige und die trockene Haut, aber bei allen Hauttypen vor.

Trotzdem: Rothaarige, so sagt man, haben eine »dünne Haut« – und damit meint man nicht nur die sichtbare Haut, sondern auch ihre angeblich besonders verletzliche Seele. Eine dünnere Epidermis haben Rothaarige durch die nicht vorhandene Lichtschwiele tatsächlich. Die Haut wirkt durchscheinend, ihre Blutgefäße sind inbesondere an den Schläfen bläulich sichtbar. In früheren Jahrhunderten galt die blasse Hautfarbe als ein Zeichen von Vornehmheit; sie zeigte an, daß man nicht im Freien arbeiten mußte. Da bei ungebräunter Haut sich die blauen Venen besonders deutlich abzeichnen, entstand die Redensart vom blauen Blut des Adels. Ein bißchen von der Aura von Vornehmheit und Eleganz mag da auch auf die blassen Rothaarigen abgefallen sein. Doch nicht nur das blaue Blut ist sichtbar; auch Hautunreinheiten, Kratzer, Stiche, geplatzte Äderchen und Ähnliches sind bei hellhäutigen Menschen viel stärker zu sehen als bei dunkelhäutigen. Ob meine braungebrannte Tochter mit dem Hauttyp IV (»mediterraner Typ«) von Mückenstichen übersät ist und sich kratzt oder ob mich Blässling dieses Problem plagt, macht unter ästhetischen Gesichtspunkten einen großen Unterschied. Ich bin voller großer roter Pusteln und Kratzstriemen, meine Tochter hat allenfalls einige »Hautunebenheiten«. Vielleicht liegt in der höheren Sichtbarkeit aller Hautreaktionen auch der Grund, warum man Rothaarige für allergieanfälliger hält. Und: die dünne Haut macht auch sinnbildlich dünnhäutiger – sie bietet in physischer wie psychischer Hinsicht weniger Schutz. Sie eignet sich nicht zum Verstecken.

Unsere Haut ist mehr als nur äußerliche Hülle unseres Körpers. Neben ihren physiologischen Aufgaben ist sie im höchsten Maße ein soziales Organ. Insbesondere ist sie Ausdrucksorgan für Emotionen wie Scham, Angst, Erregung, Wut. Ein Gutteil der Ansichten über Rothaarige – leicht erregbar, verletzlich, dünnhäutig – hat mit Sicherheit mit der besonderen Durchsichtigkeit der hellen Haut zu tun. Emotionen zeigen sich bei Blassen direkt in Hautreaktionen. Während ein schwarzer Freund in Situationen von Verlegenheit kokett sagen konnte (und mußte): »*I'm blushing!*« (»ich werde rot«), muß unsereins angelegentlich in der Tasche unterm Tisch kramen oder sich sonstwie möglichst unauffällig abwenden, um den puterroten Kopf zu verbergen – ein oft scheiternder Versuch, »das Gesicht zu wahren«. Und eine von vielen Situationen für Rothaarige, wo sie sich »in ihrer Haut nicht wohlfühlen«.

Bleibt das Problem der Sommersprossen. Sie gehen mit roten Haaren fast immer einher – bei den einen mehr, bei anderen weniger, doch sind sie ein untrügliches Indiz für die Echtheit roter Haare. Jahrhundertelang mit allen möglichen und unmöglichen Mitteln bekämpft, werden sie heute zumindest nicht mehr als Krankheitszeichen gesehen. Oder doch? Im *Pschyrembel*, dem führenden Klinischen Wörterbuch, aus dem Jahre 1986 heißt es noch unter dem medizinischen Begriff »Epheliden« – das griechische Wort für Sommersprossen: »Nävoide Fehlbildungen des Hautpigmentsystems mit jahreszeitlich schwankender Manifestation«. Jahreszeitliche Manifestation – das kann man auch schöner sagen: Sommersprossen sprießen im Sommer, wenn die Haut der Sonne ausgesetzt ist. Daher der Name. Doch viel mehr weiß man offensichtlich heute auch nicht. Ein Naevus ist ein Muttermal – »angeborene oder erst später auftretende scharf umschriebene Fehlbildung der Haut«, hervorgerufen entweder durch übermäßige Entwicklung oder aber Fehlen eines oder mehrerer Bestandteile der Haut. Demnach wären Sommersprossen also kleine Muttermale.

Im *Roche Lexikon der Medizin* aus dem Jahre 1984 werden Epheliden als Lentigo bezeichnet: »Dominant-erbliche, gelblich-bräunliche Pigmentflecken der Haut durch Pigmentanhäufung in Basalzellen.« Die Lentigo wiederum ist ein Leberfleck, der durch eine Vermehrung der Melanocyten hervorgerufen wird. Im *Pschyrembel* von 1994 nun werden Epheliden nur noch als »hyperpigmentierte Flecken auf lichtexponierter Haut, bes. bei Rotblonden, durch verstärkte Melaninsynthese ohne erhöhte Melanocytenzahl« bezeichnet. Was denn nun? Werden Sommersprossen durch eine erhöhte Aktivität gleichmäßig verteilter Melanocytenzellen hervorgerufen oder entstehen sie durch eine Vermehrung und Anhäufung von Melanocytenzellen, in welchem Fall Sommersprossen so etwas wie ein gutartiger Tumor wären? Hierüber scheint allgemeine Verwirrung zu herrschen. Ein Professor, der in seinem Buch *Haut, Haar und Kosmetik* schrieb, daß bei Sommersprossen keine erhöhte Anzahl von Melanocyten vorhanden, diese vielmehr nur aktiver seien als die Melanocyten in der Umgebung, sprach mir gegenüber am Telefon von gutartigen Zellwucherungen, also einer überproportionalen Anhäufung von melaninbildenden Zellen in Sommersprossen, letzlich also kleinen Tumoren.

Der Chefarzt der Hautklinik in Göttingen wiederum möchte diese Zellanhäufungen nicht als Tumore bezeichnen, wartet aber mit einem anderen Schreckensbild auf: Sommersprossen seien kleine Anhäufungen aktiver Melanocyten, die das sogenannte »falsche Melanin«, das im Unterschied zum Eumelanin schwefelhaltige Phaeomelanin, bildeten. Und das stünde unter dem Verdacht, krebserregend zu sein. Sind Sommersprossen also doch eine Krankheit? Oder gar eine Abartigkeit? Amerikanische Forscher haben Sommersprossen als Resultat UV-induzierter somatischer Mutationen angesehen, sprich als durch Sonnenbestrahlung ausgelöste Veränderung des Erbguts. Dafür spricht, daß sich Sommersprossen in der Regel erst nach fünf bis sieben Jahren entwickeln. Dagegen spricht, daß sich Sommersprossen ganz offensichtlich vererben. Und das späte Erscheinen der Sprossen kann man damit erklären, daß die Zellen sich im Laufe des Lebens vermehren. Sommersprossen könnten wie Muttermale als Anlage da sein, müssen sich aber erst noch entwickeln.

Womit wir bei den Muttermalen wären. Die in der Datenbank *Medline Express* gefundenen Untersuchungen folgen der These, daß die Anzahl von Muttermalen ein Indiz für die Anfälligkeit für Hautkrebs ist. Wenig überraschend, daß helle Haut mit Sommersprossen auch besonders viele Muttermale aufweist, zumal wenn diese Haut viel der Sonne ausgesetzt ist, wie zum Beispiel bei Kindern in Australien. Sehr überraschend dagegen, daß unter den Hellhäutigen diejenigen mit roten Haaren vergleichsweise weniger Muttermale hatten, so daß die Forscher konstatierten: »*Red hair had a significant protective effect*«. Das bestätigen auch andere Studien. Untersuchungen, die das Risiko, ein malignes Melanom, also schwarzen Hautkrebs, zu entwickeln, ermitteln sollten, stellten gleichzeitig fest, daß Rothaarige besonders gefährdet sind. Dafür war aber nicht die Anzahl der Muttermale ein Indiz, sondern der Hauttyp I und die Anzahl der in der Kindheit erlebten Sonnenbrände.[7]

Sonnenbrände setzen Rothaarigen wirklich zu. Eine dänische Studie hat ergeben, daß Menschen, die bis zu ihrem 15. Lebensjahr starker Sonne ausgesetzt waren und einen (!) oder mehrere Sonnenbrände hatten, einem erhöhten Risiko unterliegen, zwischen ihrem 20. und 40. Lebensjahr an einem malignem Melanom, also dem schwarzen Hautkrebs, zu erkranken. Wenn das stimmt, sieht es für Rothaarige schlecht aus. Welcher Rothaarige es geschafft hat, Kindheit und Jugend ohne Sonnenbrand zu verbringen, der muß ein sommerlicher Stubenhocker gewesen sein. In Zeiten eines sich vergrößernden Ozonlochs geraten Rothaarige so unversehens zur gefährdeten Art.

In der Bundesrepublik haben sich die Fälle von Hautkrebs in den letzten 20 Jahren verdoppelt, in Ländern unter dem südlichen Ozonloch wie Australien, Neuseeland oder Chile sieht es noch viel schlimmer aus. Die von Menschen gemachte Umweltzerstörung wirkt sich immer dramatischer auf die Lebensgewohnheiten aus. Am stärksten betroffen sind die »empfindlichen« Rothaarigen, die aber nur »empfindlich« sind, weil die Umwelt aggressiv gemacht wurde. Oder hat man je gehört, daß die alten Germanen, Wikinger und Langobarden ihre Feldzüge abbrechen mußten, weil sie wegen akuter Sonnenbrände und Sonnenstiche kampfunfähig waren? Rothaarige müßten deswegen eigentlich in vorderster Front stehen, wenn es darum geht, die weitere Zerstörung unserer natürlichen Lebenswelt zu verhindern, geht es doch letztlich um ihr eigenes Überleben. Ob sie es tatsächlich tun, darüber gibt es leider kein gesichertes statistisches Material. Schade eigentlich.

10. Kapitel
Von falschen und echten Rothaarigen
Die Faszination des roten Haars

Die röthligen Haare waren by den alten Teutschen im größten Werthe. Ohne goldrothes Haar konnte kein Mädchen damals Anspruch auf Schönheit machen; und unter einem schönen teutschen Gesichte verstand man schlechterdings solche Haare und blaue Augen. Die Mode machte damals diese Farbe der Haare so allgemein beliebt, daß so gar zu Augusts Zeiten die koketten römischen Damen die teutschen drum beneideten, sie hierin nachahmten, und sich aus Teutschland nicht nur eine Seife, wie man glaubte, die teutschen Frauenzimmer bedienten, um ihren Haaren die röthliche Gold-Farbe zu geben, sondern auch selbst dergleichen Haar aus Teutschland kommen ließen, und dies Auricoma, durch Kunst als Eigenthum auf ihre Köpfe verpflanzten.
Wie aber die eigensinnige Göttin Mode in mehreren Dingen mit der schönen Welt ihr Spiel treibt, so machte sie auch in diesem Punkte unvermuthet eine allgemeine Reforme, und zum größten Leidwesen aller goldlockigen Mädchen, fiel auf einmal der Credit der rothen Haare auf dem Reichstage der Schönheit; und blieb so bis jezt. Grausames Geschick! –
»*Etwas von den rothen Haaren*«, in: *Journal des Luxus und der Moden* (1786-95)[1]

Blättre sie auf die Kamelien
Deiner bleichen Brüste!
Färbe dein Haar je nach den Leidenschaften:
Schwarz für den Sturm, rot für die Liebe!
Und trage die passenden Augen
Zu den Halsbändern aus Sternen,
Die dir Göttermillionäre schenken!
Yvan Goll, Poèmes de Jalousie[2]

Färben ja – oder nein? Auszupfen kann man die ersten weißen Haare, bald sind es zu viele. Wir müssen einen anderen Weg gehen, wenn wir uns dagegen wehren wollen, von der Natur zur »reifen Frau« gestempelt zu werden. Färben? Welch häßlicher Begriff! Welch falsche Vorstellungen weckt dieses Wort, man denkt an Farbanstrich, an unnatürliche Farbwirkungen. Man fürchtet auch aufzufallen und denkt mit Schrecken an den Eheliebsten. Ich möchte mein Haar färben lassen! ... wie wird er diese Eröffnung aufnehmen?
Constanze, Heft 2 (1949)[3]

Irgendwann wird man auch als Rothaarige mal erwachsen, und so kam auch für mich der Tag, an dem ich keinen gesteigerten Wert mehr auf meine Sonderrolle legte. Alles, was man sich an Minderheitenstatus so zulegen kann, hatte ich durchgemacht – vom Links-Sein übers Im-Ausland-Leben bis zum Alleinerziehen. Alles sehr spannend und alles schrecklich anstrengend – es reichte. Also gründete ich eine Familie, zog in eine Eigentumswohnung und ging möglichst unauffällig meinem Beruf nach. In meinem Bekanntenkreis führte das zu einigen Irritationen, meine Verwandtschaft aber war wohl sehr erleichtert.
Es ist eine auffallende Symbolik, daß mit dem »Vernünftigwerden« auch die roten Haare verschwinden. Mit zunehmendem Alter nämlich dunkelt das rote Haar nach, oder bei hellroten wie meinen verblaßt es. Doch so direkt möchte man ungern demonstrieren, daß man

reif, weise und durchschnittlich geworden ist – zumal der Volksmund halsstarrig behauptet: »Alter Fuchs ändert wohl das Haar, aber nicht den Sinn.« Außerdem wird jenseits der vierzig die rote Haarfarbe geradezu zur vorherrschenden Tönung, allerdings bei den »Normalen«, den Nicht-Rothaarigen. Da, wo ich wohne, ist das sehr auffallend, hier ist frau zur Zeit nämlich im Klimakterium. Oder kurz davor. Es ist eine Gegend, in der früher mal das kleine Volk und viele Ausländer wohnten. Heute residieren hier die arrivierten Alternativen mit Eigentumswohnung und Bio-Laden um die Ecke. Ein schönes Stadtviertel mit vielen schönen Frauen zwischen vierzig und fünfzig, denen nach Jahren des Kämpfens, Widerstehens und Emanzipiert-Seins nun auch ein bißchen der Sinn nach Schönheit, Genuß und Kinderkriegen steht. Zwei Drittel dieser späten Mütter haben einen Rotstich in den Haaren. Behauptet jedenfalls meine Freundin Ulrike, die trotzig zu ihren ersten grauen Strähnen steht. »Wir sind auch noch mit über vierzig jugendlich und vor allem anders!« – die heimliche Botschaft dieser falschen Roten?

»Rothaarige mußten sich immer gegen Vorurteile zur Wehr setzen«, weiß der Münchener Psychologe Dr. Stephan Lermer in der *Quick* zu berichten. »Das fördert Kampfgeist und Temperament. Wer sich diese Signalfarbe freiwillig zulegt, will auffallen, Normen sprengen und seine Freiheit auskosten.« Der Psychologe Henner Ertl sieht das in der *Petra* ähnlich: »Die gefärbte Rothaarige möchte ihre seelische oder ihre soziale Situation ändern. Sie möchte oder will sich frei machen, unabhängig sein, das Leben in vollen Zügen genießen. Schwierigkeiten geht sie am liebsten aus dem Weg oder übersieht sie. Sie will auffallen und ist bereit, dafür einiges zu tun.« Und auch der Frankfurter Diplom-Psychologe Werner Gross kann zu dem Thema in der *Rhein-Zeitung* noch etwas beitragen: »Frauen mit henna-gefärbten Haaren werden mit der Emanzipationsbewegung in Verbindung gebracht und repräsentieren deswegen Selbständigkeit, Power und Aggressivität.« Von der unterdrückten grauen Maus zur lebensfrohen, selbstbewußten Amazone. Die Verwaltungschefin einer Fachklinik für psychosomatische und onkologische Rehabilitation kann die Genesung ihrer Patientinnen an der Farbe ihrer Haare ablesen: »Es gibt Frauen, die kommen ganz unauffällig, und nach sechs Wochen färben sie sich die Haare rot und laufen anders und gehen ins Leben zurück. Nicht mehr mit hängenden Schultern.«[4]

Diese Signale oder neudeutsch diese Message, die rote Haare ausstrahlen, waren durch die Jahrhunderte stets dieselben, doch nicht immer wurde diese Botschaft gern vernommen. So kommt es, daß die Beliebtheit roter Haare erst neueren Datums ist, mit der modernen Frauenbewegung und einer auf Widerständigkeit und Protest beruhenden Ästhetik des Häßlichen zusammenfällt. Anders aussehen und um jeden Preis Individualität demonstrieren – auch wenn das in seiner massenhaften Verwirklichung schon wieder eine Gleichheit der Andersartigkeit hervorbrachte – dieser Individualismus der modernen Massengesellschaft war in früheren Gesellschaften wenig gefragt.

»Nichtswürdig sind alle Fremden, Bösewichter und Rothaarige«,[5] sagte Aristophanes, der das Thema dieses Buches schon in der griechischen Antike auf den Punkt bringt. Fremd

aussehen wollte auch der vorwiegend schwarzhaarige Grieche nicht, obwohl schon zu dieser Zeit Blond als die Farbe der Götter und Heroen galt, ihre menschlichen Ebenbilder auf Erden deswegen »Kinder des Lichts« hießen. Von dieser Vorliebe für das Helle profitierten auch die Rotblonden, wie überhaupt bei der Betrachtung der Rothaarigen wohl zwischen den Rotblonden und den Dunkelrothaarigen unterschieden werden muß.
Bereits in der Antike schien zu gelten, was der Psychologe Werner Gross über die verschiedenen Rottöne und ihre Message noch heute zu sagen hat: »Dunkelrotes Haar wird mit brennender, fast schon gefährlicher Erotik assoziiert. Hellrote Haare signalisieren dagegen Frische und Naturverbundenheit.« Auch im Altertum gehörten Sinnlichkeit und rotes Haar zusammen. Angeblich weil »rothaarige Frauen am stärksten und sinnlichsten riechen«.[6] (Patrick Süskind greift in seinem Erfolgsroman *Das Parfüm* diesen Mythos auf und läßt seinen geruchssüchtigen Helden Grenouille duftende rothaarige Mädchen jagen und morden.) Rotblondes Haar färbten die Griechinnen sich mit Safran, Henna oder verschiedenen Salben. Im griechischen Schauspiel waren die Rollen für die Männer dagegen eindeutig verteilt und konnten schon an den Perücken abgelesen werden: Der Held war blond, der Böse hatte schwarzes Haar, und Rot trug nur der Narr. Das ist heute kaum anders: Hell ist gut, Dunkel böse, und der Clown hat immer rote Haare. Ein Grund vielleicht, warum Roncalli seinen Zirkus gründete und damit mehr Erfolg hatte als andere: als Rothaariger brauchte er sich nie eine Perücke aufzusetzen. Er war der geborene Clown mit Haut und Haaren – und machte aus der Not eine lukrative Tugend.
Auch bei den Römern gab es ein eher nordisch geprägtes Schönheitsideal; die Vorliebe für blonde, helle Typen scheint also keine Errungenschaft des modernen westlichen Ethnozentrismus zu sein. Ungeachtet ihrer eigenen dunklen Haare hatten die Römer ein Faible für das blonde und rote Haar der Germanen, wobei oft von »goldenem Haar« die Rede ist. Das war in der Regel durchaus wörtlich zu nehmen: Reiche Römer streuten sich nämlich Goldstaub ins Haar, das sie vorher mit Laugenseife rotblond gebleicht hatten. Andere webten Gold- oder purpurne Wollfäden hinein. Auch Perücken und Haarteile von blonden und rothaarigen Germaninnen waren üblich und beliebt: »Wirst nun gefangenes Haar fernhin von Germanien dir holen; ein unterworfenes Volk verleiht dir Deckung und Schmuck«, dichtete Ovid. Diese Sitte wird von Martial, einem anderen römischen Dichter, in einem seiner Epigramme als falsche Eitelkeit gegeißelt: »Galla!« attackiert er eine modebewußte Römerin, »dein Putztisch flickt dich aus tausend Lügen zusammen: während in Rom du lebst, rötet am Rhein sich dein Haar.«
Der Volkskundler Niedermeier glaubt zu wissen, daß »das Aufstecken roter Haare ... nur eine der üblichen weiblichen Modetorheiten, um aufzufallen« war. »Im allgemeinen schmückten sich die Römerinnen mit dem Blondhaar germanischer Sklavinnen. Denn rote Haare waren sowohl bei den Römern wie bei den Griechen unbeliebt.« Herr Niedermeier scheint sich bei den Weibern aller Zeiten auszukennen. Vorausgesetzt er hat recht, dann war die Einstellung zum roten Haar bei den Römern so wie heute bei den Deutschen: Eine Mode zum Auffallen, zum Sich-Herausheben aus der angepaßten Masse. Auch die

Römer unterschieden dabei zwischen schönem und häßlichem Rot: Das Wort »rutilus« verwendeten sie bei goldrotem, also rotblondem Haar, während sie sonst für rothaarig das Wort »rufus« benutzten. Damit war das fuchsig-rote Haar gemeint, das als unschön galt. Diese Haarfarbe wurde von den römischen Dichtern entweder allein oder zusammen mit anderen Kennzeichen als Beweis der Häßlichkeit angeführt und auf der Bühne schmückte »fuchsiges« Haar stets nur die Sklaven. Und doch galt das rote Haar als Sinnbild für germanische Freiheit und Stärke. Der römische Gewaltherrscher Caligula zum Beispiel zwang eine Anzahl von Galliern, sich das Haar rot zu färben, damit er in einem theatralischen Triumphzug angebliche Germanen als Gefangene vorführen konnte. Die Germanen selbst schienen rotes Haar als Ausdruck von Kraft und Kampfesgeist zu kultivieren. So färbten sich die germanischen Stämme der Bataver und Alemannen ihre Haare vor der Schlacht mit einer beizenden Salbe aus Ziegentalk und Buchenasche rötlich, um möglichst furchterregend auszusehen. Zum Rotfärben dienten auch mineralische und pflanzliche Stoffe wie Mennige, Ocker oder Zinnober.

Selbst bei den Ägyptern scheint es rote Haare gegeben zu haben. So soll König Ramses II. (1290–1224 v. Chr.) rothaarig und blauäugig gewesen sein, während sein Volk wohl eher braune bis tiefschwarze Haare hatte. Ob auch Ramses II. schon von der Verachtung der Araber für Rothaarige betroffen war, ist nicht überliefert. Namentlich die Ägypter sollen Rothaarige früher mit Kot beworfen haben. Doch auch hier wird unterschieden zwischen rot und »gold«. Die im alten Ägypten weit verbreiteten Perücken gab es in bläulichem Grün(!), insbesondere aber in Blond und Rotblond. Auch die antike *femme fatale* Kleopatra wird in dem einen oder anderen populären Werk schon mal zur Rothaarigen erklärt, vermutlich auch deswegen, weil sie sich ebenso wie Nofretete zur Haarpflege des klassischen Färbemittels Henna bedient hat. Doch egal, ob Kleopatra dabei das farblose oder tatsächlich rot färbendes Henna benutzt hat – Henna auf schwarzem Haar ergibt kein rotes Haar, sondern schwarzes Haar mit rötlichem Glanz. Ein entscheidender Unterschied, denn ungeachtet der angeblich besonders großen Verachtung der Araber für Rothaarige, färben sich arabische Frauen bis heute Haare, Fuß- und Handinnenflächen sowie die Nägel mit Henna, was sie sicherlich nicht täten, würden sie danach »fuchsig-rot«.

Womit wir beim klassischen Färbemittel für rotes Haar, dem orientalischen Henna, wären. Die getrockneten Blätter des Cypernstrauchs *Lawsonia inermis* oder auch *Al-Hina*, wie die Pflanze im Arabischen heißt, geben, im Frühjahr geerntet, ein Haarpflegemittel ohne Farbpigmente. Erst die bis zur Herbsternte gereiften Blätter enthalten genug Farbstoffe, um das bekannte Henna-Rot zu ergeben. Henna war in der Antike die Grundsubstanz zur Haarfärbung und hat es heute erneut zu großer Popularität gebracht. In den Jahrhunderten dazwischen spielte es außerhalb Arabiens – von einer kurzen Unterbrechung zu Zeiten Tizians einmal abgesehen – keine Rolle. Gleichzeitig mit der Verachtung für rotes Haar fiel auch das Henna dem Vergessen anheim.

Im Mittelalter hegte man ebenso wie in der Antike eine große Abneigung gegen Rothaarige. Das legendäre Epos *Ruodlieb*, das etwa um das Jahr 1000 gedichtet wurde, enthält den einschlägigen und die Einstellung zu Rothaarigen jahrhundertelang prägenden Satz: »Trau keinem Rotkopf, das sind schlechte und jähzornige Menschen.« Kaiser Otto II. (955-983), der rothaarig war, galt daher auch als »übel man«. Ab 1300 wurde auch der Verräter Judas auf Gemälden mit rotem Haar dargestellt. Als schön galt Gold- oder Gelbblond, die bevorzugte Haarfarbe auch der Prinzessinnen in den deutschen Märchen. Wer kein blondes Haar hatte, dem wurde ein Mangel an Stand, Charakter oder gar die Herkunft aus einer barbarischen Nation nachgesagt.[7] Um dunkle Haare aufzuhellen, wurde zum Beispiel empfohlen, eine Paste aus gesalzenen roten Schnecken aufzutragen. So hatten vielleicht auch Dunkelrote eine Chance, das im Mittelalter beliebte Rotblond zu erzielen, wenn man sich nicht gleich mit einer rotblonden Perücke behelfen wollte, was ebenfalls im Mittelalter *en vogue* war. Doch so sehr die Verachtung rothaarige Männer und Frauen treffen mochte – die Legende von den als Hexen verfolgten roten Frauen des Spätmittelalters stimmt schon deswegen nicht, wie wir gesehen haben, weil die Hexenverfolgung erst in der Neuzeit einsetzte, also in der Renaissance. Und ausgerechnet in der Renaissance avancierte die rote Haarfarbe, ausgehend von Italien, zum ersten und bis heute letzten Mal zur Modefarbe.

Leitbild der Hochrenaissance ist der »allseitige Mensch«; und auch der *Gentildonna*, der edlen Dame, wird zugestanden, daß sie der Ausbildung ihrer Persönlichkeit genausoviel Aufmerksamkeit schenkt wie der Pflege ihrer Schönheit. Sicherlich ein Zufall, daß dieses humanistisch-aufklärerische Menschen- und Frauenbild zusammenfällt mit einer Vorliebe für das rote Haar – aber es ist ein schöner Zufall. Das Schönheitsideal ist eine stattliche, natürlich wirkende, hellhäutige »vollerblühte Frau« mit entweder blonden oder rötlichen Haaren. Das nach dem Maler Tizian so genannte »Tizianrot« erzielte man mit Hilfe von Henna. Auch die Männer färbten sich ihre damals sehr beliebten Bärte rot. Haar- und Schönheitspflege nahmen einen gewichtigen Raum im Leben der Frauen der oberen Stände ein. Man wusch das Haar mit parfümierten Essenzen und unterzog sich mühseligen Bleichverfahren, um den ersehnten zarten weißen Teint und die hellen Haare zu bekommen. Von den Venezianerinnen wird berichtet, daß sie nach einer Kamillenwäsche das Haar in der Sonne bleichten, indem sie einen Strohhut mit breiter Krempe aber ohne Kopf aufsetzten, derart den Teint schützend, während die Haare auf der Krempe ausgebreitet der Sonne auf den venezianischen Dachterassen ausgesetzt waren.[8] In deutschen Landen war diese Vorliebe für das gebleichte Haar weniger verbreitet, zumal es in den unteren Schichten weitgehend unter einer Haube versteckt blieb. In England hingegen verlieh Elisabeth I. den roten Haaren die Weihe einer Modefarbe, schließlich war sie selbst rothaarig.

Im Barock war die schöne Zeit der meist falschen Rothaarigen dann schon wieder vorbei. Während in der Renaissance Schwarz völlig *out* war, avancierte es nun zur Lieblingsfarbe, Rot war wieder verpönt. Gegen rotes Haar sollte der häufige Gebrauch des Bleikamms helfen, auch Mittel zum Schwarzfärben wurden angedient.

Von falschen und echten Rothaarigen

Im Rokoko empfahl man, Kinderhaar einmal im Monat zu schneiden, da so rotes Haar verhindert werden könnte. Man ging davon aus, daß häufiges Schneiden die Haare dunkler werden ließ. In der Biedermeierzeit war es nicht anders: Schwarz war beliebt, auch blond, doch rot war nur dazu da, übertönt zu werden. So schrieb Ignatz Jackowitz in seinem *Buch der Haare und Bärte – Humoristische Abhandlungen für jedermann – und jede Frau* im Jahre 1844: »Da es jedoch bei uns nicht an Menschen fehlt, welche über jedes graue oder rothe Härchen herfallen, und hiernach nicht selten den ganzen Menschen taxiren, so kann es Fälle geben, wo man lieber durch Kunst Das ersetzt, was uns die Natur stiefmütterlich versagt, und für solche Fälle muß man hier Rath finden.«[9] Ein Rat lautete, rotes Haar mit Pottasche und Seife zu behandeln; hernach sei es angeblich blond. Schwarz wurde es durch »Griechisches Wasser«, das aus Silber, aufgelöst in Salpetersäure, bestand. Das Motto »Wer schön sein will, muß leiden« zog sich durch die Jahrhunderte, massive Gesundheitsschäden miteingerechnet.

Ende des 19. Jahrhunderts wurde der Ruf der sinnlichen, verführerischen Rothaarigen endgültig etabliert. Rot wurde zur Farbe der französischen Demimonde, in der bürgerlichen Welt galt rotes Haar deswegen als ordinär, das Rotfärben als unschicklich. Selbst das Rot auf Wangen und Lippen ereilte dieses Verdikt. Es war die Hoch-Zeit der Bigotterie, die Geburtsstunde der rothaarigen, männerfressenden *femme fatale*, der die Männer im Séparée erlagen, derweil zu Hause ordentliche blonde oder dunkelhaarige Gattinnen der Langeweile oder Hysterie anheimfielen.

Aus der zwielichtigen *femme fatale* des ausgehenden 19. Jahrhunderts wurde der selbstbewußte Vamp des 20. Jahrhunderts. Namentlich im Berlin der zwanziger Jahre tummelte sich die »Neue Frau« mit kurzen Haaren, praktischer Kleidung und einer Zigarette zwischen den Lippen. Girls mit Bubikopf, Garçonnes in Männerkleidung und mit Pomadefrisur und die eher weiblich-naiven, aus den USA importierten Flappers mit blonden Locken repräsentierten einen neuen Frauentypus, der Selbständigkeit und Souveränität suggerierte. Diese Frauen trieben sich nach Ansicht der geschockten Öffentlichkeit vornehmlich in Tanzlokalen, Revuetheatern und Kaffeehäusern herum und wurden von Malern wie George Grosz oder Otto Dix mit Vorliebe in eben solchen Etablissements gemalt: Die skandalumwitterte Tänzerin Anita Berber, von der Klaus Mann sagte: »Sie tanzt den Koitus«, wurde von Otto Dix mit leuchtend roten Haaren und rotem, hautengen Kleid vor rotem Hintergrund festgehalten. Die Auftritte dieser exzentrischen Tänzerin in Varietés und Nachtklubs waren so gewagt, daß manche Besucher der Vorstellung es vorzogen, nicht erkannt zu werden und sich am Eingang Masken liehen. Es paßte natürlich gut ins Klischee, daß Anita Berber bereits mit 29 Jahren an den Folgen ihrer Drogen- und Alkoholsucht starb. Dennoch: Ungewöhnliche und selbstbewußte Frauen hatten kurze Haare, und seit den zwanziger Jahren, so Michael Altrogge vom Berliner Institut für Populärforschung, gab es zumindest in Berlin eine Tradition, sich diese kurzen Haare rot zu färben.

Die vorherrschenden Idole der Deutschen waren jedoch blond: Greta Garbo, Lilian Harvey, Henny Porten und der Vamp Marlene Dietrich; eher schräge Gestalten wie Tilla Durieux oder Asta Nielsen waren dunkel. Das künstliche Henna-Rot der zwanziger Jahre war wohl ähnlich wie zu heutigen Zeiten Ausdruck von Unabhängigkeit und Selbstbewußtsein. Rot signalisierte Rebellion gegen die miefige, in der alten Kaiserzeit verhaftete Kleinbürgerwelt der Weimarer Republik; es war eine Farbe widerborstiger Künstler und Intellektueller. Die Ähnlichkeiten zur Situation der Frauen in den siebziger und achtziger Jahren ist frappierend: die Befreiung von veralteten Normen in Beruf, Partnerschaft, Sexualität und Freizeit wirkte nicht nur befreiend, sondern schürte auch Ängste: Die Neue Frau hatte freizügig und »ihrem Ehemann eine sexuell aufgeschlossene und anpassungsbereite Partnerin«[10] zu sein. Die Folge: ein Boom von Sexualberatungsstellen, die hauptsächlich von Frauen frequentiert wurden. Das kurze und oftmals rotgefärbte Haar hatte so auch etwas Plakatives, eine Zurschaustellung gefragter Eigenschaften, die man nicht unbedingt hatte, sich dafür aber ins Haar wusch. Das Neu- und Anderssein wurde zu einem Muß; Henna wird dabei – wie auch in den achtziger und neunziger Jahren wieder – nachgeholfen haben.

Die breiten deutschen Schichten waren dessen ungeachtet nicht aufs Auffallen geeicht. Sie bevorzugten nach wie vor die Farben Blond und Schwarz, die man respektive frau ab 1927 mit Hilfe der Firma Schwarzkopf leicht auffrischen konnte: »Blond« mit Kamille und »Dunkel« mit Teer waren die ersten flüssigen Shampoos Mitteleuropas. Das Schönsein wurde einfacher, Kosmetikfirmen, die einem erstmals durch Medien und Werbung propagiertem Schönheitsideal zur Entstehung verhalfen, boomten. Tausende von Frauen versuchten, sich wie Greta Garbo zu schminken: »Das Gesicht blaß, nur mit wenig Rouge auf den Wangen, um das Verruchte und Vampartige zu unterstreichen; der Mund kirschrot und unabhängig von der natürlichen Form der Lippen herzförmig. Die Wimpern wurden schwarz getuscht. In den Augenwinkeln wurde rechts und links ein zarter blauer Strich gezogen, auf die Lider ein schwacher, bläulicher Schatten und in den Augenhöhlen kaum merklich Rot aufgetragen. Die Augenbrauen wurden gezupft und mit einem Stift dünn nachgezogen.«[11]

Der Vamp wurde Anfang der dreißiger Jahre ganz gemäß dem sich bereits abzeichnenden nationalsozialistischen Menschenbild immer mehr als Verfallserscheinung und degenerierter Frauentyp denunziert. Kosmetische Korrekturen oder das Färben der Haare hatte ein deutsches Mädel, eine deutsche Frau und Mutter nicht nötig. Der Ruf nach dem Normalen, nach Natürlichkeit wurde laut, das blonde stattliche Jungmädel mit Zöpfen und die weiblich-repräsentative Dame wurden Vorbotinnen des neuen völkischen Frauenbildes. Männerhaarschnitt und Henna-Rot waren der wahren Berufung der Frau zuwider, ihre Darstellungen in der Kunst, insbesondere des Expressionismus, abartig: »Die entartete Kunst kannte keine Frau und Mutter mehr. Sie verherrlichte die Dirne und beschimpfte die Mutter. Damit war sie Teil des bolschewistischen Großangriffs auf die Familie und die Gesundheit des Volkes.«[12] Der arische Mensch, die deutsche Frau und Mutter waren blond, blauäugig – und vor allem natürlich. Natürliches rotes Haar, zumal das rotblonde Haar, wurde deswegen als eine Erscheinungsvariante der nordischen Rasse akzeptiert,

Von falschen und echten Rothaarigen

wenngleich auch hier zwischen einem arischen Rotblond und dem als rasseunabhängig und abartig angesehenen fuchsig-rot unterschieden wird. Erst nach 1945 tastet frau sich langsam wieder an die Farbe heran.

»Man schreibt das Jahr 1947. Themen wie Wiederaufbau, Tauschhandel und Schwarzmarkt bewegen die Gemüter der Deutschen. Da kommt mit Poly Color, der ersten flüssigen Haarfarbe für die kosmetische Selbstbehandlung zu Hause mit einem Schlag Farbe ins triste Grau der Nachkriegstage. Die Geburtsstunde der Heimanwendung beginnt mit einem Skandal. Auf der Verpackung der ersten flüssigen Haarfarbe für den Hausgebrauch prangt unübersehbar eine von Botticelli entlehnte ›nackte Venus‹ – Symbol für die verschönernde Wirkung des Produktes. Zuviel an Nacktheit für die Frauenverbände, die mit Erfolg protestieren. Wenig später wird das Packungsbild von der Tera Chemie, einem Vorläufer der Henkel Cosmetic zurückgezogen und durch ein unverfänglicheres Motiv ersetzt.«[13]

Besser als in dieser Selbstdarstellung der Haarkosmetikfirma Poly könnte man den verklemmten Mief, der in Fortwirkung nationalsozialistischer Sittenmoral im Nachkriegsdeutschland herrschte, kaum beschreiben. »Das tut man nicht!« und »Das darf man nicht!« waren die Gebote der Stunde. Nach den auffallenden »Fehltritten« der Vergangenheit war nun Nichtauffallen um jeden Preis gefragt. Auch in den Frisuren und der Haarfarbe war strenger Konformismus angesagt. Mittellange Frisuren in den vierziger Jahren, artige Wellenfrisuren, die in einem Lockenkranz endeten, in den Fünfzigern. Die meisten deutschen Frauen hatten dunkles, braunes oder brünettes Haar; doch hoch im Kurs bei den Männern stand – langweilige Kontinuität seit der Antike! – das blonde Haar. Vorbild war die eigentlich brünette, aber mit Hilfe der neuen Oxidationsfarben wasserstoffblond gefärbte Marilyn Monroe, berühmt unter anderem durch den amerikanischen Spielfilm *Blondinen bevorzugt*. Als Tera Chemie das erste Haartönungsmittel für die Heimanwendung auf den Markt brachte, war dies ein Verkaufshit. »Poly Color Haarfarbe Directa« verbarg sich in einem braunen Apothekerfläschchen mit einem Label mit der Venus von Botticelli. Im Original eigentlich rotblond, wurde der Venus hier gelb-blondes Wallehaar verpaßt – und wurde trotz allem noch als anstößig empfunden. Die neuen Blondierungen, die es ab 1953 auch in Cremeform in der Tube gab, sollten die eigene Haarfarbe aber möglichst nur dezent um einige Nuancen aufhellen. Gefärbtes Haar galt nach wie vor als unschicklich, allenfalls Filmschauspielerinnen oder wie eh und je die Dirnen durften sich derart auffällig verändern. Die Frau der fünfziger Jahre, so die Poly-Historie, hatte zwei Lebensfragen: »Was zieh' ich heute an und was koch' ich heute?« Und sie war dankbar für hilfreiche Tips von Peter Frankenfeld im ersten Fernseh-Werbespot über das Creme-Shampoo-Pastell von Poly, das ihr zu einem gepflegten und unauffälligen Äußeren verhalf. In dieser Zeit wurde meinen Eltern zum ersten Mal eine rothaarige Tochter geboren. Erstaunlicherweise waren sie darüber ganz beglückt.

Doch der Verfall der Sitten schritt hurtig voran. In einem Fernsehspot von Poly aus den sechziger Jahren sieht man bereits eine Frau mit rotgefärbten Haaren. Dialog zweier faszinierter Herren: »Ist das ihre Naturfarbe?« Antwort: »Sieht so aus!« Vollbracht hat das Wunder Poly Color Tönungswäsche mit Keratinpflege. In seiner Abhandlung über die Rothaarigen aus dem Jahre 1963 kann der Volkskundler Niedermeier solche Modetorheiten nicht fassen: »In unseren Städten können wir gegenwärtig oftmals jüngeren und älteren Frauen mit rot- oder braungefärbten Haaren begegnen und könnten daraus den Schluß ziehen, daß sich die Geschmacksrichtung der breiten Masse plötzlich geändert habe. Eine derartige Schlußfolgerung wäre jedoch verfehlt, denn derlei ›Färbereiprodukte‹ sind lediglich das Ergebnis einer erfolgreichen Industriepropaganda. Wenn diese erklärt, daß ab jetzt silbergrau, kastanienbraun oder tizianrot als Haarfarbe ›modern‹ sei, so können ihren Werbe-Slogans merkwürdigerweise viele Frauen nicht widerstehen. Tatsächlich hat sich aber in der Volksmeinung über die Rothaarigen seit Jahrhunderten nichts geändert. Wie die Wirklichkeit in der Gegenwart aussieht, erfahren wir u.a. auch durch die schonungslose Aussage eines Fachmannes für Haarfragen, dem Objektivität und Sachkenntnis nicht abgesprochen werden können. Zum festen Bestandteil im Unterrichtsplan einer Handelsschule, die in Abendkursen Schreibzimmermädchen zu ›Chef-Sekretärinnen‹ heranbildet, gehört der Unterricht in Schönheitspflege durch einen Friseurmeister. Dieser erklärte seinen Schülerinnen wegen des oft planlosen Haarfärbens: ›Meine Damen, als Sekretärin müssen Sie auch äußerlich eine Persönlichkeit darstellen. Ich rate Ihnen ab von Silbergrau, aber auch von Schwarz, und was die roten Tönungen anlangt, bitte, seien Sie sich klar darüber: Rot wirkt immer etwas ordinär!‹«[14]

Dankbar für solch schonungslose Offenheit, und weil nicht nur Sekretärinnen Anfang der sechziger Jahre ungern ordinär wirken möchten, orientiert sich die deutsche Frau weiterhin an ihren blonden Idolen, als da nun sind: Brigitte Bardot, Maria Schell und Heidi Brühl. Der Blondinen-Kult gipfelt in der Behauptung aus Amerika »Blondes have more fun!« Und wie zum Beweis verführt in einem Fernsehspot eine mit Poly Clair aufgehellte Frau ihren Mann dazu, ihr beim Abwasch zu helfen: statt in den Fernseher guckt er lieber auf ihr schönes blondes Haar. »Poly Color hat zum Abbau der ungleichen Arbeitsverteilung im Haushalt beigetragen«, frohlockt das Video zur Poly-Historie.

Noch in den Siebzigern singt Udo Jürgens begeistert: »Siebzehn Jahr, blondes Haar«, doch der Konformitätsdruck in der Mode kommt ins Wanken. Die Flower-Power der Hippies bringt alle Farbregeln durcheinander, und Alice Schwarzer führt die Frauen im Kampf gegen den Paragraphen 218 und den vaginalen Orgasmus aus ihrem Schattendasein am heimischen Herd hinaus in die grelle Öffentlichkeit. Die Gesellschaft spaltet sich nicht nur modisch zusehends. Protest wird auch und besonders in der Haartracht ausgedrückt: lange offene Haare bei Männern und Frauen, das vergessene Henna hat wieder Konjunktur. Die Kosmetikfirmen integrieren die neuen Modebedürfnisse schnell in ihre Vermarktungsstrategien. In der spröden Sprache eines Kosmetikwissenschaftlers: »Während bei allen Säugetieren die Haare zur Wärmeisolierung unentbehrlich sind, haben sie beim

Menschen keine direkte biologische Bedeutung mehr. Trotzdem kommt den wenigen Haarinseln auf unserer Haut, welche die Evolution bis jetzt überstanden haben, eine große soziale Bedeutung zu, da sie Alter, geschlechtsspezifische Eigenschaften und anderes signalisieren. Besonders das Haupthaar hat eine große Signalwirkung, daher werden die enormen kosmetischen Bemühungen um dieses Rudiment verständlich.«[15]

In dem Maße, wie die Signalwirkung meiner roten Haare verlorenging, steigerten sich auch meine »kosmetischen Bemühungen« – schließlich macht ein kräftiges Rot jünger. Aber so einfach ist der Status quo ante vierzig nicht wieder herzustellen! Bei Karstadt in der Abteilung für Haarfärbemittel geriet ich des öfteren in komplette Konfusion. Einmal bat ich eine etwa fünfzigjährige Verkäuferin um Hilfe bei der Auswahl unter den verwirrend vielen Rottönen im Regal für Haartönungen. »Sind Ihre Haare echt?« fragte sie mich, während sie die Mappe mit den Farbwahlkarten aufklappte. »So ziemlich«, antwortete ich, denn ehrlich gesagt, weiß ich nicht immer, in welchem Zustand des Ausgewaschenseins sich die letzte Henna-Shampoo-Behandlung befindet, ob gar noch etwas von der letzten Henna-Packung in den Haaren ist, mit der ich meinen nun auch etwas fahlen Rotton auffrische. Die vierteljährliche Henna-Schlammschlacht immer kurz vor irgendwelchen bedeutenden Auftritten ist mir aber zu dumm geworden. Auch ist mir das Risiko, plötzlich mit flammendroten Haaren dazustehen, weil ich die Matsche die entscheidenden drei Minuten zu spät wieder ausgewaschen habe, zu groß geworden. So eigentlich für Rothaarige und Hellblonde gedacht ist Henna wohl nicht; nur wenn es zur Hälfte mit farblosem Henna gemischt wird, ist die Gefahr, innerhalb von Minuten feuerrot zu werden, einigermaßen kalkulierbar. Ich suchte also nach einer etwas risikoloseren und einfacher zu handhabenden Lösung. Also eine Tönungswäsche. Aber was, um Gottes Willen, traf nun meinen echten, irgendwie orange-gold-roten Ton? War es Calypso, Papaya, oder Kupfer? »Ich hatte früher auch solches Haar wie Sie«, sagte die Verkäuferin, die jetzt eher aschfahl ausschaute. »Heute sind solche Haare ja modern, aber früher, war das nicht schrecklich?« Wir nickten uns verschwörerisch zu. »Und nun werden nur noch Rottöne gekauft! Da können Sie ja jetzt froh sein mit Ihren Haaren.« Das sei ich inzwischen auch, sagte ich, während sie mir verschiedene rote Haarbüschel an den Kopf hielt. Wir einigten uns, daß Calypso etwa meinem Naturton entsprach, wenngleich Papaya auch nicht schlecht aussah. Die Stunde der Wahrheit schlug ja sowieso erst im heimischen Badezimmer, wenn frau entscheiden mußte, ob sie das Zeug noch drei Minuten länger drin ließ oder vorsichtshalber lieber doch nicht ...

Obwohl rotes Haar ja nun eindeutig eine eher nordische Angelegenheit ist, siedeln die Haarfarben-Fachleute der Haarkosmetik-Firmen feurige Rote eher in den Tropen an: L'Oréal hat von Rouge Salsa (Hellkupfer intensiv) über Rouge Cha-Cha (Kupfer intensiv) und Rouge Mambo (Mahagoni intensiv) bis Rouge Bolero (Dunkelrot intensiv) so gut wie alle lateinamerikanischen Tänze im Programm. Poly verschlägt es mit Calypso, Papaya und Koralle eher in die Karibik, und Wella läßt Rothaarige mit Chili, Tabasco und

Cayenne gepfeffertes Feuer entfachen. Bodenständiger und heimischer wird es dann mit Kastanie und Rotbuche, zu denen sich noch das tropische Mahagoni gesellt. Wertvolle Farben sind Granat, Kupfer, Rubin, Korall und Gold sowie süffige Beaujolais und Burgunder. Das Ganze gibt es dann noch in diversen Abstufungen von hell bis dunkel, in verschiedenen Kombinationen – Orange-Gold, Kupfer-Rot und so fort – und in verschiedenen Anwendungsformen. All diese herrlichen Rottöne kann man sich nämlich färben, tönen, intensiv-tönen, schaum-tönen, soft-tönen oder colorieren – und spätestens jetzt ist frau endgültig verwirrt.

Go red nennt Schwarzkopf einen anspruchsvoll aufgemachten Fotoprospekt voller Schönheiten, die ihre verschiedenen Rottöne alle mit »Igora Royal« hergestellt oder aufgepeppt haben (denn einige Models haben sogar Sommersprossen!). Zusammen mit einer hauseigenen Schrift mit dem Titel *Feuer und Flamme für rotes Haar* eine eindrucksvolle Dokumentation aus dem Hause Schwarzkopf, die mir auf Nachfrage zugesandt wird. Wella schickt gleich einen ganzen Karton voller bunter Haarbüschel. Auch hier der Trend: Bei den dauerhaften und mit 65 Prozent Marktanteil verbreitetsten Haarfärbemitteln zum Überdecken der grauen Haare dominieren die unauffälligen Naturfarben, bei den vergänglichen, auswaschbaren Tönungen wagt sich das Rot nach vorne. »Aber«, so die Wella-Pressestelle, »Rothaarige sind immer noch eine Minderheit, auch unter den falschen«, und beigelegte ausführliche Schaubilder und Nachfragestatistiken bestätigen dies. Das bedauert wiederum die Firma L'Oréal, die ein Extraprogramm »Diacolor Rouge« aufgelegt hat: »Der Traum von der Haarfarbe Rot ist nur wenigen Frauen von Natur aus gegönnt. So haben nur ca. 2 % der deutschen Frauen rotes Haar. Das Ergebnis ist um so bedauernswerter, wenn man berücksichtigt, daß der rothaarige Typ als besonders feurig und sensibel gilt. Jetzt ist die Haarfarbe Rot für nahezu jede Frau möglich. Durch das neue Diacolor Rouge gibt es ein Rotergebnis für alle Tonhöhen von blond bis braun.« Da möchten andere Firmen nicht nachstehen. Alle haben sie eine reichhaltige Auswahl Rottöne im Programm.
Und schon jagt ein neuer Trend alle Firmen zu hektischer Betriebsamkeit: Natur ist gefragt, auch beim Ändern der Naturhaarfarbe in eine Kunstfarbe. In hübschen ungebleichten Packpapierprospekten werden den ökologisch modebewußten Frauen jetzt Rottöne auch in den neuen Pflanzenfarben angeboten: Henna wird sozusagen massenproduktionsfähig, kommt raus aus den düsteren Indien- und Biolädenecken in die gleißenden Regale teurer Kosmetikboutiquen. Was sich ehedem mit bauchtanzenden und verschleierten Araberinnen auf billigen Pappschächtelchen für ein intensives »Rouge Ardent« und lächerliche 3,- DM anbot, wird jetzt, ordentlich in Tuben und Schachteln verpackt, auch der nicht frauenbewegten Dame offeriert. Aber eins bleibt: die Schweinerei. Henna ist und bleibt auch in seiner industriellen Form ein Pulver, das mit warmem Wasser angerührt werden muß. Dabei staubt es erst ganz fürchterlich, und dann matscht es ganz fürchterlich; das Badezimmer ist hinterher ein braunrotes Schlachtfeld.

Die Stiftung Warentest, die im August 1995 chemische und pflanzliche Tönungen der Farbe Mahagoni unter die Lupe genommen hat, rät in diesem Zusammenhang: »Grundsätzlich sollte man beim Ausschütten den Beutel immer mit der Spitze nach unten halten und den Kopf zur Seite drehen – insbesondere, wenn man Allergieprobleme hat.« Die Untersuchung birgt noch ein paar weitere Enttäuschungen für Naturbewegte: Die Kämmbarkeit ist nach der Hennabehandlung schlechter als bei den chemischen Farben und die Farbintensität sticht auch nicht besonders hervor. Zudem sind Farbergebnisse stark vom Zustand der Haare abhängig und also wenig berechenbar, abgesehen von der langen Einwirkdauer, die nötig ist. Henna versiegelt langfristig das Haar – einerseits ein Pflegeeffekt, für Dauerwellen und eventuell spätere Tönungen aber ein Killer. Um es komplett zu machen: Henna enthält Naphthochinon, das Allergien auslösen kann.[16] Dies wird in den alternativen Ratgebern meist ignoriert, stattdessen wird betont, daß die chemischen Mittel allergieauslösend sind. »Ach ja, schon ganze Völker sind ausgestorben«, höhnt denn auch wohlgelaunt Professor Ippen, Chefarzt der Göttinger Hautklinik, auf die Frage nach den gefährlichen Chemikalien fürs Haupt. »Dabei sind Naturstoffe oft gefährlicher als reine Chemikalien, da sie viel öfter Allergien auslösen. Und man hat sogar schon Blei in Henna gefunden.« Immerhin: die in Pflanzenfarben enthaltene Gerbsäure gibt dem Haar Volumen und besonders schön glänzen soll das hennagefärbte Haar auch.

Wie dem auch sei: »Farbe ist immer Ausdruck menschlichen Seins. Ob der Mensch Henna, Indigo, Vashma, Karachak oder Pfefferminze zur Haar- und Körperfärbung einsetzte oder Vincent van Gogh im gleißenden Mittagslicht der Provence blaue Häuser malte: Farbe ist häufig der Spiegel des menschlichen Seelenlebens«, sagt Harald Brost vom Frankfurter Städl-Museum. Und er schwärmt weiter: »Das Haarefärben beginnt stets mit der Suche nach Verwirklichung der inneren Träume. Frisur und Kosmetik äußern sich als Flaggensignale einer im Umbruch befindlichen Seele. Farbige Haare sind Schreie nach Emotionen, nach Freuden oder Ängsten, nach Unerfülltem oder nach dem Unerreichten. Je zwingender eine innere Situation nach außen drängt, desto wichtiger wird das Farbsignal auf dem Kopf.«[17] Der Poly-Haarberater sagt es prosaischer: »Wer sich eine andere Haarfarbe wünscht, möchte damit meist auch einen bisher geheimen reizvollen Teil seiner Persönlichkeit ans Licht bringen. Testen Sie doch einmal, welche Farbträume bei Ihnen im Verborgenen schlummern.« Das erfährt frau angeblich, indem sie acht mitgelieferte Fragen beantwortet, etwa in welchem Film sie am liebsten die Hauptrolle gespielt hätte, welche guten Eigenschaften der Traummann haben müßte, und was sie sich wünscht, wenn eine Sternschnuppe vom Himmel fällt.

Jede fünfte Frau kommt auf die eine oder andere Art inzwischen zu einer Rot-Nuance. auf dem Kopf, Tendenz steigend. (Männerfarben, wie etwa ManColor von Poly, die es inzwischen auch gibt, bieten übrigens nicht einen Rotton an. Die karge Farbenpalette reicht von mittelblond bis schwarz.) Doch nicht immer geht das Erröten gut aus. Das Gesicht durch Rottöne weicher und jugendlicher erscheinen zu lassen, funktioniert nach Ansicht von Typberaterinnen nur dann, wenn der warme Grundton im Teint schon da ist, also die Frau ein Typ des warmen Farbbereichs ist. Der Friseur mag da noch so gute Arbeit leisten, wenn ein sogenannter »kühler Sommertyp« mit rosa Bluse feurigrot wird, sieht das daneben aus. Da hilft auch nicht, daß Wella seinen Tönungen Granatrot und Cayenne gleich den passenden Lidschatten in Olivgrün und hellem Ocker mitliefert. Und Friseure, die Haare gar als Ausdruck der Seele ansehen und Dienste wie »Psycho-Haircut« oder »Ganzheitliche Haarschnitte« anbieten, lehnen das Färben ganz ab, egal ob mit Chemie oder Naturfarben: »Jeder Mensch hat seine Schwingung. Und wenn ich sein Haar vertöne, vertöne ich auch seinen Schwingungston. Er kann keine Energie mehr aufnehmen«, warnt eine Friseurmeisterin.

Einen abgeschlafften Eindruck machen die falschen Roten aber selten, im Gegenteil. Angetreten, mit ihrem Farbton auch aufzufallen, sind sie wohl eher energiegeladen. Und was die Farbpalette der Typberaterinnen angeht, die Rothaarige fast immer zu »warmen Herbsttypen« erklären, so ist sie ja gerade dazu angetan, die Frau nicht auffallend herauszuputzen, sondern harmonisch zu stylen. Das mag gerade auch die falsche Rothaarige langweilig finden, will sie doch gerne »anders«, vielleicht sogar ein bißchen verrucht sein. Nichts schöner, als zu einer Party in knallend rotem Pullover und mit knallrot geschminkten Lippen zu gehen, auf dem Kopf das flammendrote Haar. Da scheint die Frage eines Düsseldorfer Promi-Friseurs schon wichtiger zu sein: »Wenn eine Frau sich rote Haare färbt, sollte sie sich fragen, ob die Stimmung auch von innen stimmt.« Und für uns echte Rote bleibt der Trost, daß die Falsche immer zu erkennen ist: an ihrem nicht stimmigen, sommersprossenlosen Teint.

11. Kapitel
Die Macht der Schönheit
Oder warum gibt es so wenige rothaarige Models?

> Frage an Supermodel Sybil Buck, die sich ihre Haare tomatenrot gefärbt hat: Können Sie sich ein Kleidungsstück vorstellen, das ähnlich deutlich spricht wie rotgefärbte Haare?
> Sybil Buck: Vielleicht ein G-String-Slip – Sex ist ja immer noch der Schocker. Aber nichts ist vergleichbar mit der Haarfarbe, mit der ich glücklich bin.
> *SZ-Magazin, Nr. 50 vom 15. Dezember 1995*

Ich muß schon sagen, ich fühlte mich vom Schicksal ein wenig veräppelt, als meine schöne schwarzhaarige Tochter mich eines Tages fragte, wie sie sich die Haare rot färben könne. Alle ihre Freundinnen, wie sie zwischen zwölf und dreizehn Jahre alt, würden sich ihre Haare jetzt rot färben. Ich war baff – und mußte meine Tochter mit der traurigen Tatsache konfrontieren, daß sich ihre Haare wohl nicht rot färben ließen. Allenfalls ein Rotschimmer wäre vielleicht drin. Doch mein Henna-Shampoo zeitigte keinerlei Wirkung in ihrem dichten, dunklen Haar. Wenn sie nicht eines Tages zu Wasserstoffsuperoxyd greifen wollte, mußte sie sich wohl oder übel damit abfinden, nur eine rothaarige Mutter zu haben, das arme Ding. Wie hätte ich dieses Drama vor zwölf Jahren auch ahnen können?

Nichts, das wird mir an dieser Geschichte wieder mal klar, scheint so wandlungsfähig wie das vorherrschende Schönheitsideal. Wer wie ich Frauenzeitschriften nur alle paar Jahre mal in den Händen hält, muß sich schon wundern: das Mädchen mit den fransig geschnittenen orangeblonden Haaren, dem verrutschten Scheitel und dem herausgewachsenen dunklen Haaransatz, das uns eben im Bus gegenübersaß, war nicht etwa ungepflegt und schon lange nicht mehr beim Friseur gewesen, sondern kam vermutlich direkt von dort. Fransig, strähnig, schlecht gefärbt und dunkler Haaransatz (!!) ist nämlich angesagt und firmiert unter Girlie-Look und Grunge – totgesagt oder nicht, wer weiß das schon so genau. Blaß ist ebenfalls *en vogue*. Je teurer das Blatt und je gehobener der vermeintliche Geschmack, desto kränklicher und anämischer kommen die Models daher. Die Fotos mit den zumeist blonden Frauen sehen aus wie überbelichtet, allenfalls die Augen heben sich etwas ab von dem grellem Weiß in Weiß von Haut, Kleidung und blaß geschminkten Lippen.

Blaß – wer hätte das gedacht. Wo sie doch bei mir auf der Wiese vorm Haus im Sommer immer noch stundenlang in der prallen Sonne braten und winters die vielen Solarien ringsherum frequentieren. Das neue Schönheitsideal? Uns ergreift beim Anblick dieser elegisch und schlaksig-tapsig daherkommenden Mädchen eher Mitleid.

Doch was als schön gilt, darüber läßt sich trefflich streiten. Ob es ein über alle Zeiten, Kulturen und Moden erhabenes Schönheitsideal gibt oder ob dieses sich nur immer wieder neuen modischen und kulturellen Launen verdankt, darüber ist nicht nur viel gedacht, geforscht und geschrieben worden, sondern auch ein geradezu ideologischer Kampf ent-

brannt. Die amerikanische Feministin Naomi Wolf hält »Schönheit« für eine erst im 19. Jahrhundert entstandene Kulturnorm, deren einziger Zweck darin bestehe, aufbegehrende und sich aus dem Joch von Haus, Mann und Kindern befreiende Frauen wieder zu domestizieren.[1] Das Entstehen des Schönheitsmythos siedelt sie im beginnenden 19. Jahrhundert an, weil es erst zu dieser Zeit möglich gewesen sei, vermeintliche Ideale massenhaft zu verbreiten.
Tatsächlich waren das Aufkommen der Daguerrotypie, Ferrotypie und des Kupfertiefdrucks die Voraussetzung für Werbeanzeigen mit »schönen« Frauen; berühmte Kunstwerke, bis dato nur gehobenen Kreisen oder gar wenigen Sammlern zugänglich, fanden erst jetzt eine Verbreitung, die zum Entstehen eines Schönheitsideals beitragen konnte. Die barocken Schönen Rubens', die zarten Renaissance-Frauen Botticellis, der antike Alabasterkörper – sie mögen Schönheitsideale ihrer Epochen wiedergeben; große Wirkung auf die Lebenswelt der einfachen Menschen hatten sie nicht, kamen diese doch außerhalb von Tempeln und Kirchen mit solchen Darstellungen kaum in Berührung. Vor der Emanzipationsbewegung gab es klar umrissene Gruppen von Frauen, die für ihre Schönheit bezahlt wurden: Schauspielerinnen, Tänzerinnen, »gehobene Sexarbeiterinnen«. Auf dem normalen Heiratsmarkt spielte Schönheit keine Rolle. Der Wert der Frau, sofern sie nicht Aristokratin oder Prostituierte war, gründete sich auf ihre Arbeitsfertigkeiten, ihre häuslichen Fähigkeiten, ihre Gesundheit und Fruchtbarkeit. Das Ansehen der professionell Schönen war dagegen eher schlecht, sie galten als nicht ehrbar. Das änderte sich in dem Maße, wie Frauen in traditionelle Männerdomänen vordrangen. Heute, so Naomi Wolf, sei ein alles überwältigendes Schönheitsideal zu einer wahren Bilderflut »schöner« Frauen angewachsen, nur dazu angetan, emanzipierte Frauen mit Schuldgefühlen zu manipulieren und in ihrem gesellschaftlichen und beruflichen Aufstieg effektvoll zu stoppen. Schönheit ist für Naomi Wolf eine völlig beliebige und jederzeit veränderbare Größe, die zweckorientiert als Währung im Konkurrenzkampf um knappe Berufschancen und gesellschaftliche Macht eingesetzt wird. »Schönheit« sei für Frauen zu einem »Berufseignungskriterium« geworden, daß sie jederzeit scheitern lassen könne. Dieses von Wolf zu einem Kürzel geadelte Kriterium (BES) habe weder historische noch sozialpsychologische oder gar ästhetische Wurzeln.
Solcherlei feministische Schönheitsverachtung treibt männliche Schönheitsanbeter offensichtlich zur Verzweiflung. Der Berliner Politologe Bernd Guggenberger etwa kann es nicht fassen, daß Frauen die ihnen in den Schoß gelegte »soziale Macht der Schönheit« nicht anerkennen wollen.[2] Wo Frauen es durch Schönheit, wie wir alle wissen, doch im Leben soviel leichter haben! Denn wer schön ist, hat es auch sonst schön – eine Feststellung, der Frau Wolf vermutlich zustimmen würde. Dem schönen Menschen wird von Kindesbeinen an gehuldigt. Er bekommt, so haben zahlreiche Untersuchungen herausgefunden, in der Schule die besseren Noten, er hat mehr Freunde, und wenn er seine Bewerbungen nebst Bild losschickt, hat er allemal die besseren Karten. Und das, obwohl dem Schönen zwar alle positiven Eigenschaften dieser Welt zugedacht werden – Charakter, Persönlichkeits-

stärke, Charme, Witz, Erotik, interessante Persönlichkeit, Kultur, Erfolg – jedoch eines nicht: Intelligenz. Vielleicht ist es deswegen an dieser Stelle wichtig festzuhalten, daß es sich bei dem schönen Menschen in der Regel um eine Frau handelt, denn Schönheit – so Guggenberger in einem argumentativen Handstreich – ist weiblich. Der Nimbuseffekt, der die positive Variante negativer Stereotypisierung ist, funktioniert auch hier nach dem Prinzip der *self-fulfilling prophecy*: Weil der schönen Frau das Leben soviel einfacher und bunter gestaltet wird, weil ihr soviel mehr Angebote gemacht werden, ist sie in der Regel auch der interessantere Mensch. Wozu also einen Widerspruch konstruieren zwischen der schönen Frau und der interessanten Persönlichkeit, der nach Ansicht der Feministinnen die größere Aufmerksamkeit gebührt? Die schöne Frau, so Guggenberger, ist gleichzeitig auch die interessantere Persönlichkeit! Weil ihr allein aufgrund ihres Äußeren dauernd Bestätigung widerfährt, ist sie selbstbewußter und stärker als andere. Und sie ist eine mächtige Persönlichkeit. Was Naomi Wolf als negativen Selektionsmechanismus brandmarkt – BES – erkennt Guggenberger ehrfurchtsvoll als im Grunde ungerechtfertigte Bevorteilung der von Natur aus Beschenkten an: die soziale Macht der Schönen. Ihnen stehen alle Wege offen. Wie immer man die Bedeutung von Schönheit im Alltag der Menschen einschätzt, im Grunde sind sich ihre Verächter und Anbeter einig: Schönheit spielt eine große Rolle. Der Unterschied besteht nur darin, daß die einen diese große Rolle für nicht naturgegeben halten und sie beklagen – wohl weil sie Frauen sind und sich einem anstrengenden Zwang zur Schönheit unterworfen sehen –, und die anderen sie als gottgewollt besingen – wohl weil sie Männer sind und deswegen Schönheit nicht nötig haben, um soziale Macht auszuüben. Andererseits ignorieren beide Lager die Untersuchungen, die Thomas F. Cash und Louis H. Janda Mitte der achtziger Jahre an der Old Dominion Universität in Norfolk, Virginia durchführten. Sie kamen nämlich zu dem Ergebnis, daß Schönheit und weibliche Attraktivität dann für Frauen zu einem echten Hindernis werden, wenn sie sich für Jobs interessieren, die außerhalb typisch weiblicher Geschlechterrollen liegen. So war gutes Aussehen bei Frauen nur dann von Vorteil, wenn sie sich um Positionen außerhalb des Managements bemühten, wenn sie also zum Beispiel Sekretärin werden wollten. Strebten sie aber in Männerdomänen, so wurde ihnen weiblich-attraktives Aussehen als Kompetenzmangel ausgelegt, umgekehrt wurden sie um so kompetenter eingeschätzt, je weniger feminin ihre Erscheinung war. Unnötig zu sagen, daß dies bei Männern anders war. Hier war attraktives Aussehen immer von Vorteil.[3]
Doch was Schönheit eigentlich ist, darüber können auch eingefleischte Ästheten keine bindende Antwort geben. Fest steht nur: Es gibt sie, und zwar nicht nur im Auge des Betrachters, in welchem Fall sie rein willkürlich wäre, sondern auch als sozusagen objektive Größe. Denn darüber, was schön ist, gibt es eine überraschende Übereinkunft unter den Menschen, auch wenn diese Übereinkunft in verschiedenen Epochen und Kulturen unterschiedlich geprägt zutage tritt. Schon zwei bis drei Monate alte Säuglinge beschäftigen sich mit einem Gesicht, das Erwachsene als attraktiv empfinden, länger als mit einem unattraktiven Gesicht. Fernab von jeglichem Schönheitsmythos wirken schöne Gesichtszüge offen-

sichtlich anziehend. Was dieses über alle Kulturen und sich wandelnde Schönheitsideale gültige Schönheitsmuster ausmacht, ist nach den Erkenntnissen von Judith Langlois und Lori Roggman aus dem Jahre 1990 eher ernüchternd: »Schöne Gesichter sind Durchschnittsgesichter.«
Dies ist durchaus wörtlich zu nehmen. Schon vor hundert Jahren hatte der Psychologe Francis Galton in der Absicht, typische Charaktergesichter zu erhalten, mit sogenannten Kompositgesichtern experimentiert. Dabei projizierte er verschiedene Gesichter etwa von Schwindsüchtigen, Verbrechern oder Soldaten übereinander. Zu seiner Überraschung erhielt er am Ende nicht das Bild des prototypischen Soldaten oder die Verbrechervisage, sondern im Gegenteil immer allgemeinere und gefälligere Bilder, je mehr Einzelgesichter er übereinanderschob. Das Kompositgesicht sah dabei immer besser aus als das Einzelgesicht. Auch Langlois und Roggman stellten mit Hilfe von Computern Kompositgesichter her und kamen zum selben Ergebnis: Das durchschnittliche Gesicht ist das schönste. Oder zumindest das gefälligste. Die Kompositmethode nivelliert nämlich alle Unebenheiten eines Gesichts. Kompositgesichter haben die vollkommen glatte Haut ohne Flecken und Narben, die Gesundheit signalisiert und im wahren Leben so selten ist. Und sie beseitigt alle Asymmetrien und schafft so das vollkommen symmetrische Gesicht.
Wenn Schönheit also immer gleich Durchschnittlichkeit ist, dann sieht es für die Rothaarigen schlecht aus. Wie vollkommen auch immer ihre Gesichtszüge, wie symmetrisch auch ihre Erscheinung, ihre Haut ist fleckig und ihr Haar ein Ausnahmezustand. Der Mensch, der nach Ansicht der Evolutionsbiologen das schön findet, was in den Jäger-und-Sammler-Clans des Pleistozäns den Partnerwert bestimmt hat, sucht unbeirrt nach einem gesund aussehendem Menschen, mit dem er gesunde Kinder in die Welt setzen kann. Und gesund ist, was durchschnittlich ist: »Der biologische Nutzen eines solchen Mechanismus leuchtet auf Anhieb ein. Es hätte immer schlecht um die Zukunft der Menschen gestanden, wenn sie den Hang gehabt hätten, ein Faible ausgerechnet für ausgefallene, extreme Züge zu entwickeln – dann hätten viele irgendwelchen Schönheiten nachgehangen, die nicht von ihrer Welt waren.«[4]
Es soll hier einmal dahingestellt bleiben, wie es um die Menschheit stehen würde, wenn sie ein Faible für ausgefallene, extreme Züge gehabt hätte. Die Thesen des amerikanischen Anthropologen Donald Symon, daß Schönheit aus evolutionsbiologischen Gründen in der Durchschnittlichkeit liege, da Lebewesen mit durchschnittlichen Eigenschaften am besten an ihren Lebensraum angepaßt seien, scheint aber in bezug auf Menschen und reine Äußerlichkeiten doch einigermaßen zweifelhaft zu sein. Wieso sollen sich Männer am erfolgreichsten fortpflanzen, wenn sie durchschnittliche Frauen mit Dutzendgesichtern schön finden? (Was Frauen schön finden, spielt selbstredend in der Evolution keine Rolle.) Daß Schönheit Gesundheit signalisiert, leuchtet dann nicht ein, wenn sich Schönheit an einem kurzen Abstand zwischen Mund und Nase manifestiert, wie die Analyse von Kompositgesichtern ergeben hat. Wieso sollten Frauen mit einem langen Abstand zwischen Mund und Nase weniger Kinder bekommen? Und rothaarige Frauen, die nie eine

Chance auf durchschnittliche Schönheit haben, wären evolutionsbiologisch demnach vom Aussterben bedroht.

Weitere Untersuchungen haben inzwischen aber auch ergeben, daß selbst das durchschnittliche Gesicht noch übertroffen werden kann. Schöner nämlich als das Kompositgesicht aus unterschiedlich attraktiven Gesichtern, die sogenannte Miss Mix, ist das Kompositgesicht aus lauter attraktiven Gesichtern, das von seinen Erschaffern, den Psychologen David I. Perrett und K. A. May, Miss Beauty genannt wurde. Und das wird wiederum übertroffen von einem Gesicht, in dem alle Unterschiede zwischen Miss Mix und Miss Beauty, die offensichtlich schönheitsprägend sind, um fünfzig Prozent verstärkt wurden. Miss Quasimodo ist die Schönste. Durchschnittlichkeit allein kann Schönheit also nicht sein.

Aller Symmetrie der diversen Kompositgesichter zum Trotz, auch die Schönheitsforscher müssen zugeben, daß das eine oder andere Einzelgesicht doch noch schöner wirkt. Vielleicht, weil vollkommene Schönheit schnell langweilig und steril wirkt. Es gibt in einem vollkommenen Gesicht, einem vollkommenen Körper nichts zu entdecken und nichts zu verzeihen. Weil sie ein Durchschnittsprodukt ist, mangelt es der perfekten Schönheit an Individualität und Persönlichkeit. So kommt es, daß es oft erst eine »Prise Häßlichkeit« – ein kleiner Makel, eine Unebenheit, eine Asymmetrie – ist, die die Schönheit »ins Leben lockt«.[5] Häßlichkeit hat, anders als die vollkommene Schönheit, Individualität und Charakter.

Eine Erkenntnis, mit der auch Werbepsychologen arbeiten. Der sogenannte *calculated flaw*, der berechnete Makel, wird bewußt eingesetzt, um mehr Aufmerksamkeit auf Produkte oder Menschen zu lenken. Berühmtestes Beispiel: Cindy Crawford. »Sie sieht aus wie ein Mädchen von nebenan – und ist dabei schön wie ein Wesen von über den Wolken.« Was der Frauenzeitschrift *Marie-Claire* paradox erscheint, verdankt sich dem perfekt durchschnittlichen Gesicht des US-Models: vollkommen bis in die Augenbrauenhärchen. Wäre da nicht Cindys Leberfleck über dem linken Mundwinkel. Den Trick kannten auch schon die Damen des Rokoko: das Schönheitspflästerchen oder in diesem Fall der geniale Einfall der Natur gibt dem glatten Antlitz einen Anziehungspunkt, der aus einem durchschnittlichen erst ein schönes und interessantes Gesicht macht. Was Agenten und Fotografen zu Beginn von Cindys Laufbahn nicht daran hinderte, sie zum Entfernen des Leberflecks aufzufordern. Sie tat's nicht – ein erstaunlicher Akt von Selbstbehauptung, der ihr nun aber auch nichts mehr nutzt, denn als braunäugiger und olivhäutiger mediterraner Typ ist Cindy im Zeitalter des rachitischen *sick-and-illness*-Look ziemlich out.

Kommt dies den Rothaarigen zugute? Blättert man in den gehobenen Frauenmagazinen, offenbart sich wenig Neues: angesagt wie eh und je ist Blond, auch Schwarz, die Haut nun nicht in der dezent braunen Solarienvariante, sondern weiß gepudert wie zu besten Rokoko-Zeiten. Bloß daß auf Rouge und rote Lippen auch noch verzichtet wird. Da trifft es sich, daß gehobene Modeprodukte sowieso bevorzugt in Schwarz-Weiß angepriesen werden. Weiß ist die Farbe der Saison, bunt und gebräunt geht es nur noch in den Anzeigen für den Normalverbraucher zu. Echte Rothaarige, die zwar Blässe, aber mit ihren Sommersprossen zu viel Natürlichkeit bieten, sind hier allerdings nicht zu finden. Die Geschäftsführerin von Mega Models in Hamburg findet das auch nicht überraschend. »Weil es nur wenige Rothaarige gibt, gibt es auch nur wenige rothaarige Models.« Das klingt überzeugend. Rothaarige Models würden sie zwar engagieren, aber aus genanntem Grunde nur wenige. Außerdem könne man Rothaarige natürlich nicht überall verwenden: »Genauso wie man Models mit Segelohren und langen Nasen nicht jederzeit einsetzen kann, kann man auch Rothaarige nicht überall plazieren.« Models mit Segelohren? Was es alles gibt ...

Beliebter als die nur begrenzt einsetzbaren echten Roten scheinen die punkigen Falschen zu sein. Den *calculated flaw* eines klatschroten Feuerkopfs kann man auch hier und da in den Zeitschriften und Katalogen für den etwas teureren Geschmack finden. Zum Beispiel Sybil Buck, das Super-Model, das sich eines Tages knallrote Haare zulegte. Ihr New Yorker Agent bekam erst einen Nervenzusammenbruch, sagte dann alle Termine ab und ist nun wieder dabei, wenn Sybil mit roten Haaren über die Laufstege von Chanel, Dior und Yves Saint Laurent läuft.

Der *trouble-maker* der Haute Couture und Sohn einer andalusischen Zigeunerin, John Galliano, der schwarze Models gelegentlich mit Rokokogewändern und hellblauen Haaren über den Laufsteg wandeln läßt, sagte ja zu Sybils rotem Haar, und schon akzeptierte es auch der Rest der Modebranche. Sybils Motive waren ja im Sinne des Werbeeffekts auch lauter (weswegen der Verdacht naheliegt, daß es sich um eine sorgsam kalkulierte PR-Ak-

tion handelte): »Ich fing mit Naturhaaren an, die waren braun, graubraun, ein Müllgrau würde ich heute sagen. Im Personalausweis sagen sie dunkelblond dazu. Und, ganz ehrlich, ich konnte mein Gesicht nicht ausstehen: Hohe Stirn, schmale Nase, breiter Mund, die großen und blauen Augen. Ich habe keine Narbe im Gesicht, nicht mal einen Leberfleck. Sie nennen dich eine klassische Schönheit, weißt du, das sagen die dann zu dir. Klassisch schön, klassisch schön ... aha. Es ist schon langweilig genug, eine Schönheit zu sein, aber eine klassische Schönheit? Keine Ahnung, aber das ist Klassisch-Bullshit. Ich sagte mir: Jetzt bringst du es und färbst dir deine Haare.«[6]

Was Sybil für sich als Befreiungsakt er-

Gefärbte Sybil Buck: Kalkulierter Makel?

lebte (»Ich war vollkommen frei. Du hast deine Haare rot gefärbt, und dich durchschüttelt eine Leichtigkeit, vom Kopf runter durch den Bauch bis in die großen Zehen, und plötzlich kannst du laufen«[7]), empfahl sich den Modeschöpfern nach dem ersten Schock als willkommen auffälliger Makel, der die klassische Schönheit des Top-Models sozusagen erst »ins Leben lockte«. Der *bad-taste*-Look des tomatenroten Schopfs von Sybil hat inzwischen Nachahmerinnen gefunden. Die Gründerin der berühmten amerikanischen Model-Agentur Ford, Eileen Ford, die selbst aus einer rothaarigen Familie kommt, hielt Anfang der achtziger Jahre rote Haare und Sommersprossen im Model-Geschäft noch für »unverkäuflich«.[8] Ihre Nachfolgerin Katie Ford läßt dagegen 1995 verlauten: »I think right now is the moment not just for redheads, but for extreme-colored hair«.[9] Und ein Kollege von der New Yorker Click Modeling Agency bringt den neuen Schock-Trend auf den Punkt: »Blondes und brunettes are establishment, redheads are fashion«.

Als Christa Päffgen aus Köln, die als Nico und Muse von Warhol in die Pop-Geschichte einging, sich Ende der sechziger Jahre die Haare hennarot färbte, war das noch anders. Christa – obwohl dunkelhaarig – war als superblondes Model äußerst erfolgreich. Unter anderem arbeitete sie auch für Eileen Ford. Bis Andy Warhol sie für seine schräge Band *Velvet Underground* entdeckte, wo sie als schöne blonde Frau das Tamburin schlug, falsch sang, und mit Lou Reed ins Bett ging. Alle waren von ihrem Äußeren überwältigt, was Christa, die nun schon Nico hieß, zunehmend nervte. Sie wollte nicht schön, sondern Künstlerin sein. Sie mußte ihr Image als hübsche Blondine zerstören. Also färbte sie sich ihre Haare rot. Der Plan ging auf: Kollegen und Manager waren entsetzt. »Als man ihr sagte: ›Nico, du siehst häßlich aus‹, war sie glücklich«, erzählt ziemlich konsterniert ein amerikanischer Freund in dem wunderbaren Film *Nico-Icon* von Susanne Ofteringer. »Sie wollte häßlich sein. Very German, I guess«! Mit ihrem roten Haar fühlte sich Nico ähnlich befreit wie Sybil, wenngleich Nicos Befreiungsaktion noch konsequenter war. Sie liebte und lebte in der Folge mit Jim Morrison, Jackson Browne, Philippe Garrel, wurde Sängerin, schrieb eigene Songs, nahm Heroin. Daß sie lange vor ihrer Zeit starb, paßt ebenfalls ins Bild einer verruchten Rothaarigen. Echt oder falsch – was macht das schon. Die Stimmung, die Persönlichkeit macht's.

Vor solchen unliebsamen Überraschungen plötzlich selbstbewußter Models schützen sich Agenturen und Designer heute in der Regel durch klare vertragliche Regelungen, wie sie zum Beispiel Calvin Klein Mitte der achtziger Jahre mit dem Fotomodell Jose Borain abschloß. In ihnen verpflichtete sich die brünette Schöne unter anderem:

»– ihren Haarstil, ihre Haarfarbe sowie alle wesentlichen Merkmale ihrer Physiognomie beizubehalten, wie sie zum Zeitpunkt des Vertragabschlusses sind;
– Frisuren, Make-up, Kleidung und Accessoires zu tragen, die Kleins Vorstellungen entsprechen;
– zu Friseuren zu gehen, die Klein billigt; und
– bestimmte Ärzte, Trainer, Haar- und Make-up-Stylisten zu konsultieren und deren Ratschläge zu befolgen, wenn Klein es wünscht.«[10]

Daß Klein zudem sein Model zu einem Lebensstil verpflichtete, der nach seinem subjektiven Urteil geeignet ist, »dem Image und hohem Niveau der Marke zu entsprechen und nicht das Prestige oder Ansehen des Markenzeichens in irgendeiner Weise zu schmälern«, zeigt die über die reine Modepräsentation hinausgehende Bedeutung der hochbezahlten Schönen.

Werbung in einer Zeit gesättigter Märkte und ununterscheidbarer Produkte ist nicht mehr die Anpreisung eines Produkts, das gekauft werden soll, sondern die Übermittlung einer Botschaft. Millionen werden zur Stilisierung von Lebensgefühlen, Meinungen und sozialen Botschaften ausgegeben, die sich vermittels eines großen »ästhetischen Zeichenspiels« dem Kunden aufdrängen. Nicht das Kleidchen, die Tasche oder das Parfüm sind die Message, sondern die *corporate identity* des Markennamens, für die das Model die Botschafterin ist. Werbung ist mehr als Modedesign, sie ist Kommunikationsdesign, eine »kulturelle Metapher«.[11]

Trägerinnen dieser ästhetischen Information sind in erster Linie die Models, insbesondere die Supermodels, die in Zeiten, in denen Hollywood *arty women*, sprich eher interessante als besonders schöne Filmidole produziert, längst die Rolle der ehemaligen entrückten Filmdiven übernommen haben. Was ein Model repräsentiert, ist fast das einzige, was an Inhalt in einer Reklame »rüberkommt«. Deswegen war es der Modezeitschrift *Vogue* auch einen Titel und dreißig (!) Seiten Reportage wert, als sich das Supermodel Linda Evangelista noch vor Sybil Buck die Haare rot färbte (inzwischen ist sie wieder erblondet). Eleganz, Frische, Jugend, Bodenständigkeit, Solidität oder aber Rebellion – all diese Aspekte einer *corporate identity* vermitteln sich über das Model. So versteht sich, daß die Models im Otto-Katalog eher langweilig klassisch-schön daherkommen: leicht gebräunt, blond oder brünett, ohne *calculated flaw*, so wie die Kundinnen von Otto mit durchschnittlichem Einkommen und durchschnittlichem Geschmack selbst gern aussehen würden. Wenn H&M hingegen mit dem muskulösen schwarzen Model Vladimir McCrary für Herrenunterwäsche wirbt, dann kann das Unternehmen sicher sein, größte Aufmerksamkeit zu erregen. Nicht etwa, weil der potentielle Kunde gerne wie Vladimir McCrary aussehen würde – bekanntlich ist es in Deutschland eher anstrengend, eine schwarze Haut zu haben. H&M vermittelt mit dieser Art Schockwerbung ein jugendlich-aufmüpfiges und zudem stark sexualisiertes Image: der ganze Model-Mann ein einziger *calculated flaw* sozusagen. Getreu ihrem Werbemotto »Man muß nicht schreien, um bemerkt zu werden« macht auch die Modefirma St. Emile Reklame mit einer Frau mit orangefarbenen Strähnen – für einen bemerkenswert unauffälligen schwarzen Blouser. Rothaarige Models werden ebenfalls bemerkt, ohne zu schreien. Das Punker-Image des kurzhaarigen, tomatenroten Girls paßt gut zur Jugendmode von C&A, aber auch zum »guten, schlechten Geschmack«, den der neue Chefdesigner des bisher eher verschlafenen Modehauses Gucci, Tom Ford, kreiert hat. Das Konzept des Texaners: Elemente des Underground und des Vulgären zu integrieren in den klassischen, konservativen Gucci-Stil. Das Model, das die

Die Macht der Schönheit

grellfarbigen und wild durcheinander gemusterten Kreationen präsentiert, hat orangefarbenes Strubbelhaar mit durchschimmerndem dunklem Haaransatz. Und das Mädchen mit zerrissener Jeans und Schlabberpulli, das unter dem Motto »Jeder hat einen Grund, warum er sich soundso anzieht« Werbung für die Zeitschrift *Young Miss* macht, hat sogar echte rote Haare und Sommersprossen. Noch der Widerstand gegen den alles überwältigenden Konsum wird durch ein Marketing des »Anti-Konsums« ironisch aufgegriffen und vereinnahmt. Bei MeXX sind nur noch große skurrile Köpfe zu sehen: das kleine Mulattenmädchen mit Hamsterzähnen, Salatsieb auf dem Kopf und Karnevalsbrille auf der Nase, der Woody Allen-Typ mit Hornbrille und Schlapphut und das rothaarige junge Mädchen mit ... nein: ohne alles. Rothaarig ist skurril, ist »Anti-« genug. Wie sagte doch bereits die Geschäftsführerin von Mega Models: Fotomodelle mit Segelohren und roten Haaren sind nicht überall einsetzbar. Doch da, wo die Message stimmt, haben auch sie ihren Platz. Die Schockwerbung mit Rothaarigen bedient sich also bevorzugt der unechten, punkigen. Aber auch elegante Modefirmen lieben offensichtlich das Spiel mit dem Kontrast: weißer Lederanzug, schlicht graues Kostüm und knallrotes Haar über dem klassisch schönen Gesicht eines Models wie Valerie Jean. Siehe Sybil Buck. Echte Rothaarige finden dagegen eher Verwendung in den Kategorien irischer Whiskey, englische Burberrys oder Naturmode mit Blümchen. So präsentiert der Katalog des ökologischen Versandhandels Waschbär seine altmodisch schwingende Kindermode bevorzugt mit einem frechen rothaarigen Mädchen und einem Mischlingskind. Beliebt sind natürlich auch die sommersprossigen kleinen Mädchen und Jungs, die ihre Papis über das neuste Auto befragen (Fiat, Renault). Freche rothaarige Jungs sind in, und das nicht erst seit Boris Becker und Matthias Sammer rote Haare auch bei Männern einigermaßen salonfähig gemacht haben. Auch McDonald's wirbt gern mit rothaarigen Kindern. Das war nicht immer so. Bis 1983 war die strikte Vorgabe für McDonald's Werbeagentur: keine Rothaarigen und keine Sommersprossen. Bis eine Angestellte der Agentur in der *Los Angeles Times* Interna ausplauderte: »Maybe that's because Ronald McDonald has red hair.« Ab sofort durften auch Rothaarige auf McDonald's-Plakaten Hamburger essen.

Auch natürlich-romantische Herbstmode läßt sich schon mal mit einer echten, sommersprossigen Rothaarigen vorstellen, sind Rothaarige doch der prototypische Herbsttyp. In *Brigitte* führt zum Beispiel das englische Topmodel Liddie Holt weite, bequeme und unkomplizierte Mode vor, die sich auch die Moderedakteurin anziehen würde. Und im neusten Katalog von JOOP! präsentiert sogar ein ausgewachsener Mann mit rotblonden Haaren und Sommersprossenhaut Kreationen des exklusiven Modeschöpfers. Eine kleine Sensation.

Bei Velvet, einer in Brüssel, Rotterdam, Düsseldorf und Köln ansässigen Model-Agentur, vermittelt man Models für Modenschauen, Editorials, Werbung und Kataloge, und da reicht es vollkommen, »wenn man unter hundert Models ein rothaariges hat.« Nach rothaarigen Models gäbe es nach wie vor keine große Nachfrage, bedauert man bei Velvet. Dort findet man nämlich die gefragten Beauty-Gesichter auch eher langweilig. Schlicht,

nett und hübsch, ebenmäßige Haut, ebenmäßige Maße im Gesicht, lange Schmink-Augenlider (obwohl Tatjana Patitz nun sogar Schlupflider gesellschaftsfähig macht), das wäre von Quelle bis Karstadt gefragt. Bei den Beauties darf nichts sein, was überschminkt werden muß. Zwar könne man heute auch alles wegretuschieren, aber das ist teuer und wozu viel Geld für ein Model ausgeben, wenn noch aufwendig nachgebessert werden muß. Da schnippelt doch besser das Model an sich herum. Eine Beauty sei selten Natur. In dieser Kategorie von Models gäbe es die meisten Schönheitsoperationen.
Doch Velvet hat auch die extremen Typen im Angebot, denn der Geschmack ändert sich, und ausgefallene Gesichter sind zunehmend gefragt. Moderne Gesichter seien im Moment die trotzige Kindfrau, das verhungert-verhärmte aber sexy Schulmädchen und dünne, schlaksige, eigentlich nicht gutaussehende Männer. Oder eben jemand wie Vladimir McCrary. Da hätten Rothaarige, echte wie falsche, natürlich auch ihren Platz. Eine Rothaarige mußte man auch bisher schon im Programm haben, wegen der Werbung für Haarfärbemittel. Damit der Ton auch stimmt. Zwar ist auch das per Dye-Transfer im Druck oder heute per Farbkorrektur im Computer alles machbar, doch »echt« ist besser. Letzlich ist der Aufstieg eines Models davon abhängig, wie die Agentur es puscht. Ein neues Gesicht erkennen, es von einem guten Fotografen fotografieren lassen, und schon ist ein neuer Typ kreiert. Velvet hat so ein Beispiel zu bieten: Virgine, wie alle bei Velvet ohne Nachnamen, die rothaarige sommersprossige Französin – »Cheveux Roux, Yeux Verts« –, die vor sechs Jahren bei Velvet anfing und nur sehr schwer zu vermitteln war. Von Velvet kräftig gepuscht, kam vor etwa zwei Jahren der Durchbruch. Virgine ist nun ein gefragtes Model mit Preisen zwischen 5000 und 6000 DM pro Tag. Aber sie ist eine Ausnahme. Außer ihr hat Velvet jetzt noch eine echte Rothaarige im Angebot, aber die hat ein strenges Gesicht, und das macht die Sache doppelt schwer. Bevor Velvet einem Kunden eine Rothaarige anbietet, fragt sie genau nach, was gewollt ist. »Denn alles, was aus dem Rahmen fällt, muß man extra erwähnen«. Wie Muttermale oder Sommersprossen im Dekolleté. Für klassische Miederware wird man eine sommersprossige Schöne wohl nicht nehmen, »außer vielleicht bei H&M«. Am liebsten würde man Rothaarige angezogen oder im Winter fotografieren, wenn die Sommersprossen kaum da sind, »denn irgendwie sehen die doch aus wie eine Pigmentstörung«.
Da bleibt für rothaarige Schöne nur die Hoffnung, daß immer mehr Modehäuser versuchen, Pep in ihre klassische Mode zu bringen. »Gerade wenn die Klamotten eher piefig sind, werden extreme Typen gefragt«, meint man bei Velvet. Wegen des Kontrasts und des Werbegags. Sybil Buck, das Topmodel, das am liebsten Kleider, Haare und Lippen im selben Knallrot trägt, wurde bereits zur »Venus der Mode« gekürt. Der Star der Agentur Absolu gewann den Titel des »Models der Saison« anläßlich einer Preisverleihung in der Diskothek *Les Bains* in Paris. Leider hat Sybil mit ihren eigentlich »müllgrauen« Haaren nicht eine einzige Sommersprosse zu bieten ...

12. Kapitel
Rot ist doch g'wiß a schöne Farb
Titus Feuerkopf, Poil de carotte und Die Rote – Ein roter Faden durch die Literatur

> Non tibi sit rufus umquam specialis amicus.
> Si fit is iratus, non est fidei memoratus;
> Nam uehemens dira sibi stat durabilis ira.
> Tam bonus haud fuerit, aliqua fraus quin in eo sit,
> Quam uitare nequis, quin ex hac commaculeris;
> Nam tangendam picem uix expurgaris ad unguem.
>
> Laß dich nie auf einen Rotschopf ein!
> Wenn er zornig ist, vergißt er der Treue.
> Heftig und unheilvoll ist sein Zorn und hält lange an.
> So gut er auch sei, irgendein Trug steckt immer drin.
> Und du kannst nicht vermeiden, daß du durch ihn Schaden nimmst.
> Wer Pech berührt, dessen Fingerspitzen werden nicht mehr sauber.
>
> *Ruodlieb, um 1000*

Am 20. März 1996 hatte ich ein Erlebnis der besonderen Art: zum ersten Mal in meinem Leben war ich Teil einer Mehrheit – einer rothaarigen Mehrheit. Um exakt zu bleiben, muß ich gestehen, daß wir nicht eine wirkliche Mehrheit waren, die Anderen waren immer noch in der Überzahl – aber wer gewohnt ist, sich in Kategorien von ein bis zwei Prozent aufzuhalten, der fühlt sich im Verhältnis 30 zu 70 einfach unglaublich stark vertreten. Es war phänomenal – so viele Rothaarige auf einmal! Zustandegebracht hatte dieses Wunder der Intendant des Schauspiels Frankfurt, Professor Peter Eschberg. Er hatte die Posse *Der Talisman* von Johann Nepomuk Nestroy auf den Spielplan gesetzt und am 20. März allen Rothaarigen freien Eintritt gewährt – ist doch das Thema dieser wundervollen Komödie das Vorurteil gegen Rothaarige. Und sie kamen in Scharen, echte wie unechte. Der Zuschauerraum erstrahlte im Glanz der vielen Rotschöpfe und Professor Eschberg ließ es sich nicht nehmen, vor den Vorhang zu treten, und all die schönen Roten, natürlich insbesondere die Frauen, von denen »ja sicherlich die meisten echt sind« (kicherndes Raunen im Saal) zu begrüßen. Nestroys *Talisman* war ihm ein schöner Vorwand, diese so besonderen Frauen zu sich ins Theater zu locken. Und da waren wir nun und musterten uns gegenseitig kritisch: echt, unecht, schön, erotisch? In der Pause schlichen wir umeinander herum, grinsten uns an, waren irgendwie verunsichert und flohen vor den Mikrofonen der Journalisten, die das besondere Rothaarigen-Feeling erfragen wollten und bei halbwüchsigen Jungs mit rotgefärbtem Punker-Look hängenblieben. Wir Echten blickten majestätisch-abweisend, wir wußten voneinander, was wir zu erzählen hätten, aber wir wollten es lieber für uns behalten. Es lag etwas Verschwörerisches in der Luft, auch wenn keiner den anderen ansprach.

Aber kennen wir Rothaarigen uns nicht alle irgendwie? Mit dem Sektglas in der Hand träumte ich mich in all die Schicksale, die da an mir vorbeidefilierten: die schöne Wilde mit der dunkelroten Lockenmähne, der lange Blasse mit dem hellen Matthias-Sammer-Haar, das kleine sommersprossige Mädchen mit seiner ebenfalls rothaarigen Mutter – ich wußte soviel von ihnen. Vielleicht müssen wir Rothaarigen uns aus dem Weg gehen, weil wir keine Geheimnisse voreinander haben.

Doch wir genossen es, auf der Bühne zum Thema gemacht zu werden. Hans Falar spielte einen großartigen Titus Feuerkopf, der mit seinem überschäumenden Temperament und seinem sprühenden Witz und Verstand die hochnäsigen »Normalen« als absolute Dummköpfe erscheinen ließ. Recht so! Der rothaarige *outcast* Titus ist seiner boshaften Umwelt intellektuell haushoch überlegen. Er hat die Schwächen seiner Mitmenschen kennengelernt und kann sie deswegen bei sich bietender Gelegenheit weidlich ausnutzen. Als Gegenstück zum raffinierten Verstandesmensch fungiert die ebenfalls rothaarige Gänsehüterin Salome Pockerl, die zumindest ihrem Vornamen gar keine Ehre macht, sondern ein rührender Ausbund an einfältiger Menschenfreundlichkeit und Hingabe ist. Als sie von der Dorfjugend wegen ihrem »baßgeig'nfarbnen Haar« veräppelt wird und »weg'n der Feuersg'fahr« nicht zum Tanz mitdarf, sinniert sie voller Unverständnis: »Ich bleib halt wieder allein z'ruck! Und warum? Weil ich die rotkopfete Salome bin. Rot ist doch g'wiß a schöne Farb', die schönsten Blumen sein die Rosen und die Rosen sein rot. Das Schönste in der Natur ist der Morgen, und der kündigt sich an durch das prächtigste Rot. Die Wolken sind doch g'wiß keine schöne Erfindung, und sogar die Wolken sein schön, wann's in der Abendsonn' brennrot dastehn au'm Himmel; drum sag ich: wer gegen die rote Farb' was hat, der weiß nit, was schön is. Aber was nutzt mich das alles, ich hab' doch kein', der mich auf'n Kirtag führt.«[1]

So ist es: mit der schönen Farbe Rot hat das Problem der Rothaarigen eben nichts zu tun. Schon weil rote Haare gar nicht rot, sondern eher orange bis rostbraun sind. Die Versuche von Volkskundlern und Rothaarigenliebhabern, das Problem der Rothaarigen mit der Rolle der Farbe Rot in Geschichte, Aberglauben und in der Farbpsychologie zu erklären, halte ich deswegen für ziemlich müßig. Dann müßten Rothaarige nämlich einem eher positiv geprägten Vorurteil begegnen: Rot ist nicht nur die Rose und das Abendrot – rot ist vor allem das Blut und Rot damit die Farbe der Lebenskraft. In vielen Kulturen gilt Blut als der Sitz der Seele. Die Farbe des Bluts konnte Krankheiten heilen. Im Wege des Analogiezaubers – Gleiches mit Gleichem – wurden rote Ausschläge mit roten Blättern oder Pflastern behandelt und in der Volksmagie mit roten Wollfäden alles Böse vom Ungeziefer bis zum Dämonen ferngehalten. Die symbolische Wirkung des Blutes macht Rot zur dominanten Farbe in allen positiven Lebensgefühlen. Rot ist auch die Farbe der Leidenschaft, von Liebe und Erotik, es ist die Farbe der kriegerischen Aggressivität, des Kriegsgottes Mars und der Justiz. Es ist das göttliche Feuer, die wärmende Flamme. In kalten Ländern ist Rot gleichbedeutend mit Wertvoll und Schön, wie etwa in Rußland, wo der Rote Platz nicht nur der Revolutions-, sondern auch der Schöne Platz ist. Nur in Ländern, wo die Sonne versengt, gilt Rot als dämonisch und zerstörerisch. Rot ist die hitzige Begierde und die wärmende Nähe. Im frühen Mittelalter war Rot die Farbe des Adels und der Reichen, denn der rote Farbstoff war teuer und die magische Bedeutung der Farbe verlieh Stärke und Macht. Niedere Stände durften deswegen keine rote Kleidung tragen. Rot ist auch die Farbe der Freiheit und der Revolution, von den Jakobinern bis zur russischen Revolution, und daß diese Symbolik bei uns heute zur »roten Gefahr« abgewertet und von lahmen Sozis beansprucht wird, kann man höchstens den Revolutionären, nicht aber dem schönen Rot zum Vorwurf machen. Rot ist natürlich auch die Farbe des Verbots, der Ampel und der Hölle, der Unmoral und des Teufels. Aber diese widersprüchliche Bedeutung macht gerade seine Dynamik aus. Denn keine Farbe steht ohne Funktionszusammenhang da. Jede Farbe ist an sich schön, doch wenn sie im falschen Zusammenhang steht, verliert sie ihre naturgegebene Schönheit, sie wird häßlich.

So wie das Rot auf dem Kopf der Menschen Titus Feuerkopf und Salome Pockerl häßlich wird, weil es dort nach Mehrheitsmeinung nicht hingehört. Rot auf dem Kopf eines menschlichen Wesens ist das Symbol einer Minderheit, und Minderheit heißt Außenseiter, und ein Außenseiter ist häßlich. Wären die Haare von Titus und Salome, die meinen und die der anderen im Theatersaal blau – immerhin die Lieblingsfarbe von vierzig Prozent aller Menschen – das Problem wäre nicht anders. Die Verachtung trifft nicht die Farbe, sie trifft den Außenseiter, den, der anders aussieht als die Mehrheit.

Titus hat dies mit seinem scharfen Verstand längst erfaßt, und wendet es sogleich gegen seine Widersacher. Zum Beispiel gegen seinen Vetter Spund, für den der Rotkopfete ein Makel der Familie ist. »Ich beleidige sein Aug', so oft er mich anschaut, denn er kann die roten Haar' nit leiden ... Er schließt von meiner Frisur auf einen heimtückischen Charakter.« Doch das sei, belehrt er die empörte Salome, »mehr dumm als abscheulich. Die Natur gibt uns hierüber die zarteste Andeutung. Werfen wir einen Blick auf das liebe Tierreich, so werden wir finden, daß die Ochsen einen Abscheu vor der roten Farb' haben, und unter diesen wieder zeigen die totalen Büffeln die heftigste Antipathie – welch ungeheuere Blöße also gibt sich der Mensch, wenn er rote Vorurteile gegen die rote Farb' zeigt.« Und als Titus zum Schluß die rote Salome zur Frau nimmt, bringt er die Sache ganz im obigen Sinne auf den Punkt: »Ich weiß, Herr Vetter, die roten Haar' mißfallen Ihnen, sie mißfallen ganz allgemein. Warum aber? Weil der Anblick zu ungewöhnlich is; wann 's recht viel' gäbet, käm' die Sach' in Schwung, und daß wir zu dieser Vervielfältigung das unsrige beitragen werden, da kann sich der Herr Vetter verlassen drauf.«[2] Nach diesen Worten umarmt er Salome.

Doch da aus einer Minderheit auf diese Weise sicherlich so schnell keine unauffällige Mehrheit zu machen ist, weist das kluge Stück noch eine zweite Variante auf, häßliche rote Haare unbedeutend werden zu lassen: »Rote Haare stehen im Grunde so übel nicht!« sagt die Kammerfrau Constantia, als sich herausstellt, daß Titus zum Universalerbe seines reichen Vetters avanciert ist. Die beste Variante aber ist sicherlich, das Außenseitersymbol, welcher Art und Farbe es auch sei, gar nicht zu haben. Und genau das probiert Titus mit seinem »Talisman«, einer schwarzen Perücke, mit durchschlagendem Erfolg. Mit scharfzüngiger Gewandheit demonstriert er, wie das Vorurteil gegen Rothaarige sich selbst schafft, denn nur durch Hinterhältigkeit und Falschsein kann er sich für einen kurzen Moment aus der sozialen Isolation befreien und gesellschaftlich aufsteigen. Mit Hilfe der Perücke, die er aus Dankbarkeit von einem Frisör geschenkt bekommen hat, verwandelt er sich vom verachteten *outcast* zum umschwärmten *beau*, dabei die Frauen je nach Stand mit gesteigertem Wortwitz foppend: Während er Salome noch mit der Auskunft, sein Vater sei »gegenwärtig ein verstorbener Schulmeister« aufklärt, umschmeichelt er die Möchtegern-Literatin und Schloßherrin Frau von Cypressenburg mit der erschöpfenden Auskunft: »Er betreibt ein stilles, abgeschiedenes Geschäft, bei dem die Ruhe das einzige Geschäft ist; er liegt von höherer Macht gefesselt, und doch ist er frei und unabhängig, denn er ist Verweser seiner selbst – er ist tot.«

Titus verhilft diese Formulierungskunst zuerst zur Position eines gräflichen Gärtners, hernach zu der eines gräflichen Jägers, und schließlich wird er zum Sekretär der gnädigen Frau selbst. Der jähe Absturz kommt, als ihn der Frisör aus Eifersucht verrät. »Ah, wie abscheulich sieht er aus!« ruft die Kammerfrau Constantia dem seiner Perücke beraubten Mann ins Gesicht, den sie eben noch partout hatte ehelichen wollen. Bis besagter dümmlicher Vetter auftaucht, durch Erben und Lotterie steinreich geworden, um die Sache zu einem märchenhaft versöhnlerischen Ende zu bringen. Zwar will Spund Titus gar nicht zum Universalerben machen (»Ich könnt' das nicht brauchen, daß mir a Rotkopfeter die Schand antut und erweist mir die letzte Ehr'«), aber Titus, nun mit einer Zopfperücke zu einer über Nacht ergrauten »welthistorischen Begebenheit« geworden, erweicht des dumpfen Verwandten Herz. Alle Frauen reißen sich wieder um Titus, doch dieser, wieder ohne Perücke und errötet, schlägt das Erbe und die Kammerfrau aus. »Sie soll Kammerfrau bleiben, wo sie will, meine Herzenskammern, die bezieht sie nicht mehr, die verlass' ich an einen ledigen Junggg'sellen, und der heißt: ›Weiberhaß‹!« Er entscheidet sich statt dessen für die ebenfalls ausgestoßene Salome – wohl weniger aus Liebe als aus Rache an den Arrivierten, damit zugleich das Bündnis der Deklassierten im Österreich des Vormärz symbolisierend.

Zum Schluß der Frankfurter Aufführung gab es großen Applaus. Doch während wir noch begeistert klatschten, kam von hinten ein älterer Herr an unseren Sitz, schnappte sich das Sektglas, das wir gewagt hatten, mit in den Zuschauerraum zu nehmen, und zischte empört: »Sektgläser klauen! So was gehört sich nicht!« Wer anders ist oder sich anders verhält als die Mehrheit, muß eben zurechtgewiesen und erzogen werden, Titus Feuerkopf und seine Theatermoral hin oder her. Womit mal wieder bewiesen wäre, daß die Wirkung des Theaters nicht weit ins reale Leben reicht.

Ebenso begeistert aufgenommen von Kritik und Publikum wie 1840 *Der Talisman*, wurde 54 Jahre später in Frankreich der Roman und das Theaterstück *Poil de Carotte* von Jules Renard. *Poil de Carotte* ist ein französisches Schimpfwort für Rothaarige, was soviel heißt wie »Karottenkopf« und noch etwas freundlicher ist als die ebenfalls in Frankreich ge-

bräuchliche Bezeichnung *Poil de Judas* – Judaskopf. Doch im Gegensatz zu Nestroys sprachwitziger Posse ist *Poil de carotte* oder auch *Rotfuchs*, wie der Roman in deutscher Übersetzung hier und da heißt, alles andere als komisch und erbaulich. Und dennoch war er ein Publikumserfolg. Kann es sein, daß die Außenseiterrolle eines Rothaarigen in jedem Menschen Erfahrungen anklingen läßt, die auch er schon einmal gemacht hat?
In *Poil de carotte* hat Renard seine eigene bittere Kindheit aufgeschrieben, die ihn bis ins Erwachsenenalter verfolgte. In einer Tagebuchnotiz von 1896 schrieb er: »Das Lächerliche dieser Tragik: Meine Frau und meine Kinder nennen mich *Poil de Carotte*.« Karottenkopf – diesen Namen hatte Madame Lepic »ihrem Jüngsten gegeben, weil er rote Haare und Sommersprossen hat.«[3] Und diesen Jüngsten behandelt Madame Lepic mit einem so durchtriebenen Sadismus, daß es einen gruselt. Die beiden älteren Geschwister werden dem Knaben mit dem »schwierigen Charakter« und dem »häßlichen Kopf« ständig vorgezogen. Die vom Vater gejagten Rebhühner darf Großer Bruder Felix auf der Tafel eintragen, seine Schwester Ernestine rupfen, aber Poil de Carotte muß die Rebhühner töten. »Er verdankt dieses Vorrecht der allseits bekannten Härte seines kalten Herzens.«[4] Er wird dem Hohn und Spott von Familie und Nachbarn ausgesetzt, wenn er ins Bett macht oder den Kamin als Klo benutzt, weil Madame Lepic keinen Nachttopf unters Bett stellt und die Tür abschließt. Ihm werden heftige Vorwürfe gemacht, als Großer Bruder Felix ihn aus Versehen mit einer Hacke trifft und angesichts des brüderlichen Blutschwalls in Ohnmacht fällt. »Es ist doch immer das gleiche!« sagt Madame Lepic zu Poil de Carotte; »konntest du denn nicht aufpassen, du kleiner Idiot?«[5]
Alle seine Versuche, sich auch einmal ins rechte Licht der Familie zu setzen, laufen in verständnislose Leere, alles was er macht, wird von den anderen gegen ihn verwendet. Als sich seine Mutter einen von Poil de Carottes Angelhaken in den Finger stößt, kann er es nicht fassen, daß sie ihn angesichts der herumstehenden Nachbarn mit Nachsicht behandelt. Er »übertreibt seine Reue, noch immer verblüfft darüber, der Züchtigung entronnen zu sein, entlockt seiner Kehle rauhe Seufzer und wäscht mit Tränenfluten die Sommersprossen seines häßlichen Ohrfeigengesichts.«[6] Eine fürchterliche Kindheit, doch es fällt schwer, sich mit Karottenkopf zu solidarisieren, denn er ist bereits zu einem kleinen miesen, unterwürfigen Charakter herangewachsen: Er quält Tiere, widerspricht seiner Mutter nic, sondern versucht, ihr alles recht zu machen, er ist hinterhältig und falsch. Er wird zu einem Tier, das sich im Stall versteckt, wo er sich »in sich selbst« zurückzieht, »in seine Hasenseele, wo es finster ist. Wie ein von Sand verlangsamtes Rinnsal kommt seine Träumerei aus Mangel an Gefälle zum Stillstand, bildet eine Pfütze und wird faulig.«[7] Doch eines Tages widersetzt er sich urplötzlich seiner Mutter, weigert sich, einen Botengang zu machen. Madame Lepic ist völlig fassungslos, ruft alle herbei, schreit: »Das ist ein Aufstand«, und vergißt, ihn zu schlagen. »Dieser Augenblick ist so schwerwiegend, daß sie ihre Macht verliert.« Ein anderer möge es sich nun aufbürden, »das wilde Tier zu zähmen«, sie ziehe sich zurück, sagt sie resigniert.[8] Monsieur Lepic, der seinem Sohn auf die Bitte, ihm doch ein Buch aus Paris mitzubringen, einmal geantwortet hatte: »Schreib selber

Bücher und lies sie danach« – Vater Lepic gesteht ihm auf einem Spaziergang, daß auch er seine Frau nicht liebt, was aber noch lange kein Grund sei, sich ihr zu widersetzen. Das ist das Schlußwort dieser »Geschichte einer sonderbaren Familie und eines schwierigen Kindes«.
Man hat in der Erzählung vom kleinen gequälten Karottenkopf insbesondere die traurige Kindheitsgeschichte gesehen; man las in ihr eine Parabel über die Zerstörung der kindlichen Persönlichkeit durch kaputte Familienbeziehungen und die Mißachtung der kindlichen Seele. In einer Schweizer Ausgabe des *Rotfuchs* von 1946 wird vor den gerade erlebten schlimmen Folgen einer solchen »kleinkriegenden, autoritären Erziehung« gewarnt, in einer dtv-Ausgabe von 1989 wird scharfsinnig die *double-bind* Situation von Poil de Carotte analysiert. Doch mit Rotfuchs' Häßlichkeit gibt sich keiner ab. Die dtv-Ausgabe tauft den Roman sogar in »Muttersohn« um, »Rotfuchs« schien ihnen wohl vom Thema abzulenken, das ihrer Meinung nach in der verkorksten Mutter-Sohn-Beziehung liegt. Warum aber wurde der Jüngste von Madame Lepic zum ungeliebten Ausgestoßenen, warum mußte ausgerechnet er den Sünden- und Prellbock für alle familiären Frustrationen abgeben?
»Unter seinen allzu langen dunkelroten Haaren finden sie ihn noch häßlicher«, schreibt Renard über den armen Kerl, der nach Monaten im Internat zum ersten Mal wieder zu Hause in der Wanne sitzt. Poil de Carotte muß für alles herhalten, weil er häßlich ist. Weil er rote Haare, Sommersprossen und abstehende Ohren hat, wird er zum schwarzen Schaf der Familie. Mehr noch als die Geschichte einer schlicht gewalttätigen Erziehung erzählt der Roman das Leben eines Sündenbocks. Für Rothaarige ist es schwierig, dieses Buch zu lesen. Weil man den Kerl selbst häßlich findet. An Leib und Seele. Anders als Titus Feuerkopf, der vom Opfer zum Täter wird und die Schmach rächt, bleibt Poil de Carotte Opfer. Selbst als er sich schließlich von seiner Mutter emanzipiert. Renard galt zeit seines Lebens als mißmutiger, schwieriger, wenngleich genialer Mensch – vom Rothaarigen-Schicksal seiner Kindheit geprägt.

Daß auch in anderen bedeutenden Werken der Weltliteratur Rothaarige als bösartige und mißmutige Mitmenschen geschildert werden, wen wundert's. Vermutlich hatten die Vorbilder für diese Figuren eine ähnlich greuliche Kindheit hinter sich wie Poil de Carotte. Man denke nur an Uriah Heep in *David Copperfield* oder den Juden Fagin in *Oliver Twist*, eine besonders fiese und verbrecherische Type.
Auch in Joseph Roths Roman *Tarabas* hält der gewalttätige Oberst Tarabas alte Frauen und rothaarige Menschen am Morgen, sowie Juden am Sonntag für sichere Unheilsbringer. Als ihm an einem Sonntag in einem galizischen Dorf ein rothaariger Jude begegnet, verliert er die Kontrolle: »Diese fürchterliche Erscheinung war ein hagerer, armseliger, schwächlicher, allerdings außerordentlich rothaariger Jude. Wie ein flammender Kranz umgab der kurzgewachsene Bart sein bleiches, von Sommersprossen übersätes Angesicht. Auf dem Kopf trug er eine verschossene, grünlich schimmernde Mütze aus schwarzem Sei-

denrips, unter deren Rändern sich brennende rote Löckchen hervorstahlen, um sich mit dem flammenden Bart zu vereinigen. Aus den grün-gelblichen kleinen Augen des Mannes, über denen winzige dichte rote Brauen standen, wie zwei angezündete Bürstchen, schienen ebenfalls Flämmchen hervorzuschießen, Feuerchen von anderer Art, eisige Stichflammen. Nichts Schlimmeres konnte Tarabas an einem Sonntag zustoßen.«[9]
Schon einmal war ihm ein fremder rothaariger Soldat als Bote des Unglücks an einem Sonntag begegnet. Der junge, rothaarige Jude zersetzte später durch bolschewistische Agitation die von Tarabas befehligte Kompanie. Der Bethausdiener Schemarjah, den sie den Roten nannten und vor dem sich sogar »manche Judenfrauen ängstigten«, wollte die angekokelten Thorarollen auf dem jüdischen Friedhof begraben. Am Tag zuvor hatte es ein Pogrom gegeben, bei dem auch das Bethaus angezündet worden war. Nun hatten die Juden Ausgehverbot, und Schemarjah hielt sich nicht dran. »Es war zuviel. Rothaarig und Jude sein – es wäre an einem Wochentag noch möglich gewesen; ein Sonntag machte diese Erscheinung grauenhaft; ... machte sie zu einer grauenhaften persönlichen Beleidigung des Obersten.«[10] Es kommt zu einem Handgemenge, das den Oberst so reizt, daß er dem armen Schemarjah, dem Vater jenes rothaarigen Agitators, den roten Bart ausreißt. Während der alte Jude an diesem Erlebnis irre wird, ist es für Tarabas der Beginn einer Läuterung, die in Frömmigkeit, Armut und schließlichem Tod endet. Das Menetekel des Unglücks, der rote Bart des Juden, hat Tarabas' blindwütige Wut erst provoziert und ihn dann zur Einkehr gebracht. Eine eigenartige Symbolik voller religiöser Mystik.
Weniger unheimlich als seltsam ist der Protagonist in Jean-Paul Sartres *Ekel*, genannt Antoine Roquentin, ein rothaariger Historiker, der sich mit wachsendem Abscheu und Widerwillen seiner langweiligen, nichtsnutzigen Existenz hingibt. Sartre porträtiert in diesem fiktiven Tagebuch, geschrieben fünf Jahre vor der theoretischen Grundlegung des Existentialismus im Jahre 1943, offensichtlich sich selbst, den rothaarigen Philosophen.
Bei seinen endlosen Betrachtungen über seine Person entdeckt Roquentin immerhin auch etwas Positives im Spiegel: »Andere Gesichter haben einen Sinn. Meines nicht. Ich kann nicht einmal unterscheiden, ob es schön oder häßlich ist. Ich nehme an, es ist häßlich, da man es mir gesagt hat ... Etwas aber sehe ich trotzdem mit Vergnügen, über den weichen Backen, über der Stirn: die schöne rote Flamme, die meinem Schädel einen goldenen Glanz verleiht – meine Haare. Die sind hübsch zum Anschauen. Das ist zumindest eine bestimmte Farbe: ich bin es zufrieden, rot zu sein. Das sieht man im Spiegel, das leuchtet. Ich habe noch Glück dabei: wenn ich einen jener glanzlosen Schöpfe am Schädel hätte, die zwischen Braun oder Blond schwanken, so würde sich mein Gesicht ins Wesenlose verlieren, es würde mir Schwindel verursachen.«[11] Rote Haare als Rechtfertigung einer ansonsten sinnlosen Existenz – es lebe der Existentialismus! Die Geliebte Antoines sieht das allerdings anders: »Deine verfluchten Haare verderben alles«, sagt sie, »was soll man schon mit einem Rothaarigen anfangen?«[12]
Ist es bei dieser Ansammlung seltsamer und bedrohlicher Typen verwunderlich, daß auch Grenouille, dieses geruchlose, unmenschliche Monster aus Patrick Süskinds Roman *Par-*

füm bei seiner Geburt im Paris des 18. Jahrhunderts rötliche Haare hat? Unklar bleibt, ob diese äußerliche Ähnlichkeit es ist, die Grenouille dem Duft rothaariger Mädchen besonders erlegen sein läßt, oder ob rothaarige Mädchen nicht auch besonders und anders riechen. Der sinnliche Duft rothaariger Frauen wird bereits seit der Antike kolportiert, in D'Annunzios Roman *Lust* auch schon mal als »Ziegengeruch« denunziert. Grenouille jedenfalls, dieser mit übersinnlichen Geruchsnerven ausgestattete Ausgestoßene, hat »noch nie etwas so Schönes gerochen«: »Sie hatte rote Haare und trug ein graues Kleid ohne Ärmel. Ihre Arme waren sehr weiß und ihre Hände gelb vom Saft der aufgeschnittenen Mirabellen. Grenouille stand über sie gebeugt und sog ihren Duft jetzt völlig unvermischt ein, so wie er aufstieg von ihrem Nacken, ihren Haaren, aus dem Ausschnitt ihres Kleides, und ließ ihn in sich hineinströmen wie einen sanften Wind.«[13]

Er erwürgt das rothaarige Mädchen, um sich von ihrem Wohlgeruch überschwemmen zu lassen. Der Geruch bleibt ihm als Erinnerung, doch er wird den Rest seines Lebens damit zubringen, eine Technik zu entwickeln, um einen solchen Duft zu konservieren, ihn in Fläschchen abfüllen zu können. Als er endlich soweit ist, ermordet er sozusagen als Übung 25 schöne schwarzhaarige, aber auch brünette und dunkelblonde junge Frauen, wickelt sie in Fettücher und schneidet ihre Haare ab, bis er endlich zum letzten großen Schlag ausholt: er stiehlt den betörenden Duft eines rothaarigen Mädchens, das ebenso riecht wie das damals in Paris ermordete. Er hatte sie in der Parfümstadt Grasse hinter einer hohen Mauer errochen: »Daß er diesen Duft in der Welt wiedergefunden hatte, trieb ihm Tränen der Glückseligkeit in die Augen.«[14] Er erkennt, daß er mit diesem Geruch die Menschen wird beherrschen können: »In ein bis zwei Jahren ... würde dieser Geruch gereift sein und eine Wucht bekommen, der sich kein Mensch, weder Mann noch Frau, würde entziehen können. Und die Leute würden überwältigt sein, entwaffnet, hilflos vor dem Zauber dieses Mädchens, und sie würden nicht wissen, warum.«[15] Und so kommt es. Als Mörder jener Rothaarigen sowie der 25 anderen Jungfrauen überführt, parfümiert Grenouille sich mit dem Geruch des gemeuchelten Mädchens und löst damit eine Massenhypnose aus, die ihn vor der Guillotine rettet. Doch die Tatsache, daß es rothaarige Mädchen sind, die diesen olfaktorischen Taumel auslösen, spielt in der überschwenglichen Kritik zu Süskinds Buch kaum eine Rolle. Offensichtlich ist es selbstverständlich, daß derartige Sinnesverwirrungen nur durch Rothaarige ausgelöst werden können.

Womit wir beim eigentlichen Thema des roten Fadens in der Literatur wären: den rothaarigen Frauen. Da ist zum Beispiel die rothaarige Gilberte, die Tochter von Madame und Monsieur Swann aus Marcel Prousts Werk *Auf der Suche nach der verlorenen Zeit*. Wirres rotes Haar hat Catherine Maheu in Zolas *Germinal*, dem naturalistischen Roman über das Elend der Bergarbeiter am Ende des letzten Jahrhunderts in Nordfrankreich. Auch die *femme fatale* begegnet uns in der Literatur wieder. Charles Baudelaire hat in seinem Gedichtzyklus *Fleurs du Mal* von 1857 eine Ode an eine rothaarige Bettlerin geschrieben, die das verlumpte, kranke Kind zu einer verführerischen Königin erhebt. Sein

Thema, das auch Julien Green in *Moira* wiederaufgegriffen hat, ist der Antagonismus von *spiritualité* und *animalité*; ein Gegensatz, der Liebe nur als Sündenfall gelten lassen kann. In der Unreinheit des Weibes entfaltet das dämonische Böse seine Verführungskünste, und selbst die Bettlerin in Lumpen bringt Verderbnis, zumal wenn sie rothaarig ist.

In der Gegenwartsliteratur findet man bevorzugt den Typ der verführerischen, aber stachligen Rothaarigen. Franziska, in Alfred Anderschs Roman *Die Rote* von 1960 ist so eine. In einem Anfall von akutem Überdruß verläßt die 33jährige Dolmetscherin bei einem Urlaubsaufenthalt in Mailand ihren langweiligen Gatten und den nicht minder unausstehlichen Geliebten und reist, nur ein paar Lire in der Tasche, nach Venedig. Als alleinstehende Frau ohne Gepäck erregt sie mehr Aufmerksamkeit, als ihr lieb ist, zumal sie als Rothaarige keine Chance hat unterzutauchen. »Eine verrückte Hure. Wie ihre Haare flattern. Eine Rothaarige. Keine Italienerin läßt ihre Haare so flattern«, sinniert der Schaffner.[16]
Wenn Andersch seine Franziska über sich selbst nachdenken läßt, dann merkt man, daß er bei dieser Passage nicht nur das Vorurteil im Kopf der anderen, sondern offensichtlich auch sein eigenes beschreibt: »Sie wußte, was diese Burschen dachten, *una rossa*, die Rothaarigen sind scharf, aber dies war nicht zu ändern, so waren die Männer nun einmal, und sie hatten nicht einmal unrecht, ich bin scharf, ich tue es gern, mit einem richtigen Mann, einem zärtlichen, erfahrenen, angenehmen Mann tue ich es sehr gerne, ich lasse mich leicht verführen, wenn der Mann in Ordnung ist und wenn er es richtig anstellt, und deshalb habe ich mich immer nur schwer verführen lassen, aber die Wahrheit ist, daß ich richtig scharf darauf bin, es ist so ein wunderbares Vergnügen.«[17]
Es sind vermutlich solche Passagen, welche die Literaturkritik von »trivialsten Klischees« reden und das Werk in die Nähe von Kolportage- und billiger Unterhaltungsliteratur rücken ließen. Dennoch: Franziska ist eine selbständige, intelligente, willensstarke und mutige Frau, die damit auch alle positiven Klischees über Rothaarige wiedergibt. Insofern ist es völlig in Ordnung, daß Anderschs Roman von der Frau, die in Venedig gemeinsam mit dem Homosexuellen O'Malley den Ex-SS-Mann Kramer besiegt, schon wegen des Titels zum Aushängeschild der Literatur über Rothaarige avanciert ist – Literaturkritik hin oder her.

1969 schuf Graham Greene dann in *Reisen mit meiner Tante* eine rothaarige Figur, die zwar auch allen üblichen Erotik-Klischees über Rothaarige Genüge tut, ansonsten aber eher eine Art alt gewordene Pippi Langstrumpf darstellt. Der frühpensionierte Junggeselle Henry lernt seine vermeintliche Tante Augusta anläßlich der Beerdigung seiner Mutter kennen. »Ihr leuchtend rotes, hoch aufgetürmtes Haar überraschte mich, ebenso wie ihre beiden enormen Schneidezähne, die lebhaft an einen Neandertaler erinnerten.«[18] Tante Augusta ist zu diesem Zeitpunkt schon 75 Jahre alt, was die Dame aber nicht daran hindert, ein erotisch höchst aktives Leben mit ihrem schwarzen Hausdiener (!) zu führen. Außerdem ist sie eine standfeste Trinkerin und geht äußerst großzügig mit Geld um. Der arme Henry, der sein Leben eigentlich mit den Züchten von Dahlien beschaulich beschließen wollte, gerät durch das Zusammentreffen mit der Tante ordentlich durcheinander, verfällt bald dem Charme der alten Dame und begibt sich mit ihr auf Reisen. Am Ende entpuppt sich die verrückte Alte als Henrys Mutter – aber da ist sie wegen einer wiederaufgetauchten alten Liebe auch schon nicht mehr ganz zurechnungsfähig.

Einen etwas unzurechnungsfähigen Eindruck macht auch Bernard Mickey Wrangle, der flüchtige anarchistische Bombenwerfer aus Tom Robbins' *Buntspecht*. Bernard färbt sich seine roten Haare schwarz und es scheint die perfekte Tarnung zu sein. *Still Life with Woodpecker*, wie das Buch im amerikanischen Original von 1980 heißt, ist eine Art Mystiker-Bibel für Rothaarige. Die ebenfalls rothaarige Prinzessin Leigh-Cheri, die mit ihren Eltern im amerikanischen Exil lebt, leidet unter einem Weltverbesserer-Komplex, was der *outlaw* Bernard Mickey Wrangle absolut daneben findet. Sie treffen sich auf einem Kongreß der alternativen Weltverbesserer auf Hawaii, den Wrangle mit ein paar Dynamitstangen ein bißchen aufzumischen versucht. Leigh-Cheri will ihn erst überführen, verfällt ihm aber statt dessen hoffnungslos. Er empfängt sie auf einem Schiff ohne seine Tarnung mit flammendrotem Haar. Nach einem Härtetest, bei dem jeder dem anderen mit einem ausgerissenen Schamhaar die Echtheit seiner Haarfarbe beweist, geht es in Sachen Erotik voll ab mit den beiden.

Das rote Liebespaar verfolgt nun die Herkunft der lunaren Rasse, die die Sonne fürchten und meiden muß, bis zurück zu den Rotbärten des Planeten Argon. Bernard sieht sich in der Nachfolge jener rothaarigen Kaukasier, die gemäß alter Mythen wie Halbgötter die Stämme der Alten und Neuen Welt unterwarfen und offensichtlich aus einer anderen Welt kamen. Leider verliert sich das karottenköpfige Liebespaar kurz darauf wieder, denn Bernard wird vom CIA, der Leigh-Cheris Familie überwacht, überführt und eingebuchtet, und auch die rothaarige Anwältin Nina Jablonski kann nichts mehr für ihn tun. Leigh-Cheri begibt sich daraufhin in eine freiwillige Gefangenschaft auf ihrem Dachboden und löst damit eine romantische Nachahmerwelle im Lande aus, die den *hard-core outlaw* Bernard in seinem Hochsicherheitstrakt anwidert. Total frustriert läßt sich Leigh-Cheri von ihren Eltern mit einem arabischen Prinz verkuppeln, der ihr einen Herzenswunsch erfüllt und eine gewaltige Pyramide in die Wüste setzt – entsprechend der Pyramide auf der Camel-Packung, die ein unbedeutender, aber ebenfalls rothaariger Grafiker für Reynolds Anfang des Jahrhunderts entworfen hatte. Am Abend vor der Hochzeit taucht unverhofft Bernard Mickey Wrangle in der Pyramide auf. »Leigh-Cheri, ich kann nicht glauben, daß du einen Kerl mit schwarzem Haar heiratest«, sagt Bernard gerade, da hat sich das Thema auch schon erledigt, denn der Scheich entdeckt die beiden und läßt sie in der Pyramide einmauern. Kurz vor ihrem Hungertod bomben sie sich frei. Ihr Trommelfell ist kaputt, aber ihr Liebesleben wieder intakt.

Zurück zur deutschen Literatur, in der es in der Regel etwas tragischer oder zumindest getragener zugeht – zumal wenn Rothaarige auftreten. Bemühen wir nicht Thomas Mann, der in den *Buddenbrooks* die rothaarigen Damen Elisabeth und Gerda entzücken oder im *Zauberberg* Madame *Chauchat*, nomen est omen, die Sanatoriumsinsassen bezaubern läßt.

Die Rothaarigen hinterließen ihre Spur auch in der neusten Nachwende-Literatur. In Reinhard Jirgls preisgekröntem Roman *Abschied von den Feinden* ist es »die Frau mit dem Gesicht einer weißen Füchsin, die Augen staunend wie Augen eines Kindes nach einem Mord«.[19] Zwei Brüder sind in sie verliebt und verfeinden sich in der Konkurrenz um die Zuneigung der Rothaarigen. Der ältere Bruder geht schließlich in den Westen, läßt sie verzweifelt zurück. Der jüngere Bruder, der nun endlich seine Chance sieht, wird derb abgelehnt. Sie heiratet statt dessen den Chefarzt einer Ostberliner Klinik, um endlich anständig wohnen und studieren zu können. Doch schon bald will der stasiverstrickte, ältere Mann sie loswerden; er läßt sie in die Psychiatrie sperren.

Als sie schließlich entlassen wird, landet sie in der Provinz. Für die Kleinstädter ist sie die Fremde, die Unglück bringt wie in der neuen Zeit die Ausländer, von denen man hier auch schon mal welche totgeschlagen hat. Die fremde Rothaarige beginnt eine Affäre mit einem Professor, dem »Herrn Genossen Sektionsdirektor«, durch den sie hofft, der quälerischen DDR zu entkommen, doch ihre Direktheit und ihr zuweilen exaltiertes Auftreten machen die Affäre für den verheirateten Mann untragbar. Auch als kurz darauf die Mauer fällt, kommt nicht die Wende für die Füchsin. »Schann Dark«, wie sie die Kleinstädter verächtlich nennen, rennt nun an gegen den fortbestehenden alten Filz, und muß sich schließlich wieder auf ihre Zurechnungsfähigkeit untersuchen lassen. Endgültig am Ende landet sie schließlich in der *Eiche*, wo sie sich jeden Abend vollaufen läßt und zur Hure wird. Schließlich findet man sie tot hinter diesem Gasthof in Mecklenburg-Vorpommern mit durchgeschnittener Kehle; keiner weiß, wer es getan hat. Und irgendwie sind alle erleichtert. Am deutschen Wesen, so macht dieser Roman deutlich, kann auch und gerade eine widerspenstige Rothaarige kaputtgehen ...

Wer sich davon überfordert fühlt, und wer es lieber leicht und seicht mag, wird beim Thema Rothaarigkeit aber auch bestens bedient. Eine wahre Fundgrube für Liebhaber rothaariger Roman-Protagonistinnen sind die Bahnhofsbuchhandlungen. Bei Dienstreisen mit dem Zug eile ich möglichst früh zum Bahnhof, um im Buchladen nach den Neuerscheinungen auf dem rothaarigen Herz-Schmerz- und Krimi-Markt zu suchen. Titel wie *Sünden der Leidenschaft, Führe mich nicht in Versuchung, Liebe ohne Schuld* oder *Roter Rausch* werden geschmückt von Schönheiten mit wallenden Flammenhaaren, die schmachtende Männer schon auf dem Buchumschlag in Bann schlagen und im Innenteil weitere verführerische Kapriolen machen.

13. Kapitel
Redheads International
oder
Die Weltherrschaft der Rothaarigen
Ein Streifzug durch Geschichte, Kultur und Klatsch

> Kannst Du nicht allen gefallen
> durch deine That und dein Kunstwerk,
> mach es wenigen recht.
> Vielen gefallen ist schlimm.
>
> *Schiller*

Der Tag, an dem ich Stephen Douglas, dem Präsidenten von *Redheads International*, begegnete, veränderte mein Leben, denn von nun an war ich Teil einer weltweiten Bewegung für die Rechte der Rothaarigen und nicht mehr eine einsame Minderheit. 25 000 Männer und Frauen kämpfen, von Kalifornien aus straff geführt, für rothaariges Selbstbewußtsein – und ich war begierig, mich ihnen anzuschließen: *Power to the Redheads!* Oder auch *Promotion of Redhead Awareness* – wie Stephen Douglas sein Organisationsziel lieber nennt. Es war der Tag, an dem ich zum ersten Mal in meinem Leben durch das Internet surfte, und gleich machte ich diese sensationelle Entdeckung: *FINALLY! Redheads have their own club AND their own Encyclopedia! If you are a redhead or just love 'em, write to these people quick!* Was ich natürlich sofort tat. In Stephen Douglas' *Redhead Encyclopedia* las ich dann all das, was ich schon immer über Rothaarige wissen wollte, unter anderem, welche bedeutenden Persönlichkeiten in Geschichte und Gegenwart mit mir das anstrengende Schicksal »rote Haare« teilten, respektive noch teilen.

Alle bedeutenden Rotschöpfe der Weltgeschichte hat er ausfindig gemacht und in alphabetischer Reihenfolge in seiner *Encyclopedia* aufgeführt. In guter amerikanischer Tradition – »Hey, my name is Stephen« – natürlich nach Vornamen geordnet. Die Reihe beginnt mit Alexander dem Großen (nein, ehrlich gesagt mit Admiral Peary, aber *who the hell is that?*) und endet mit Woody Allen, respektive Xerxes, den wir jetzt auch mal ignorieren. Überhaupt werde ich bei der Wiedergabe nur eine kleine Auswahl treffen, denn sonst nimmt dies Buch kein Ende – und die Verwunderung über das Erröten so mancher Berühmtheit ebensowenig. Algemon Charles Swinburne – Dichter und Freund des Präraffaeliten Rossetti – Anton Tschechow und Antonio Vivaldi, alles Rothaarige. Sagt jedenfalls Stephen. Billy Wilder, Billy the Kid und Charles de Gaulle (!) – rothaarig. Charlotte Corday, die französische Revolutionärin, die wir von Munch und seinem Marat-Bild kennen, Christopher Columbus und Cleopatra: rothaarig. Cyrano de Bergerac, der demnach nicht nur wie im Film dargestellt unter seiner Nase, sondern auch unter seinem Haar zu leiden hatte, D.H. Lawrence und Eric the Red: Klar, rothaarig. Wobei Erik der Rote schon durch seinen Namen Echtheit verbürgt, denn das politische Rot gab es zur Zeit der

Wikinger bekanntlich noch nicht. Obwohl das Rot der Wikinger mit dem Rot der Kommunisten mehr zu tun hat, als wir Unbedarften bisher ahnten. Jedenfalls wenn man Stephen und seiner *Redhead Encyclopedia* glauben darf:
Erik also war rothaarig und ein echter Wüstling. Er lebte etwa um die Jahrtausendwende in Norwegen, das er jedoch verlassen mußte, nachdem er einen Mord begangen hatte. Sein ebenfalls rothaariger Sohn Leif Ericson war etwas gesitteter und soll als erster Nordamerika entdeckt haben. Er brachte es zu Ansehen und Reichtum und ging in die Geschichte als Leif der Glückliche ein. Um die Wikinger ranken sich hübsche Mythen. So wird das offensichtlich weitverbreitete rote Haar unter den nordischen Völkern damit erklärt, daß das Rot ein Schutzfaktor gegen die Kälte gewesen sei. Warum und wieso bleibt unklar. Offensichtlich sah man das Eisen, auf dessen vermehrtes Auftreten man damals noch rotes Haar zurückführte, als einen solchen Schutzfaktor an. Stephen Douglas hat auch eine nette Geschichte anzubieten. Unter der Überschrift *Those Russians ARE really Reds!* (das Buch erschien 1995, aber alles außerhalb der USA ist für Amerikaner bekanntlich *terra incognita*) berichtet Stephen über den Gründer des alten Rußland, der ein Wikinger-Pirat gewesen sein soll. Dieser skandinavische Abenteurer wurde von den dunkelhaarigen Slawen Rurik, »rothaariger König«, genannt. In Osteuropa hießen die Wikinger allgemein »Rus«, ebenfalls ein Hinweis auf das weitverbreitete rote Haar, denn »Rus« leitet sich ab vom lateinischen Wort »russus«, was »zu Rot gehörig« heißt. Das Reich des Rurik wurde die »Rus-Dynastie« genannt, woraus sich später »Rußland« entwickelt haben soll. Die Russen bezeichnen sich heute selber als »russkiy«, während ein Rothaariger »rishij« gerufen wird, was soviel bedeutet, wie »Haar, das von der Sonne verbrannt wurde«. Die Russen würden sich demnach selber »Rote«, beziehungsweise Rotstämmige nennen, weswegen ein Rothaariger mit einer extra Bezeichnung davon unterschieden werden mußte. Die politische Metapher der roten Russen bekommt so einen ganz neuen, doppelten Sinn: Nicht nur von roter Gesinnung, was sich in ihrer Fahne farbenfroh ausdrückte, sondern auch von rothaariger Abstammung! Der Kalte-Krieger-Spruch »Lieber tot als rot«, gemünzt auf den Normalbürgern unvorstellbaren Horror einer kommunistischen Gesinnung, heißt im Amerikanischen: »I'd rather be dead than red«. Stephen Douglas sieht es als eine ironische Bestätigung seiner historischen Analysen, daß dieser Spruch inzwischen hauptsächlich auf Rothaarige angewendet wird, teilweise in der erweiterten Variante »I'd rather be dead than red on the head!«

Zur selben Zeit, als der rothaarige Leif der Glückliche auf Grönland wirkte, wurde in deutschen Landen ein Mann geboren, den die Italiener später wegen seines roten Bartes Barbarossa nannten. Zeitgenossen beschrieben den um 1022 geborenen Friedrich I. als einen Mann von »wohlgebauter Statur«. Der Kampf seines Lebens galt der Zurückdrängung des Wormser Konkordats, das seine Kaisermacht einschränkte. Und dennoch nahm er im Alter von 55 Jahren das Kreuz und führte den dritten großen Kreuzzug zur Befreiung der heiligen Stätten in Jerusalem an. Friedrich Barbarossa diente den Deutschen wie kein anderer als Symbol nationaler Macht und Größe. Im über die Jahrhunderte immer wieder auflebenden Barbarossa-Mythos wurde all das transportiert, was Deutschland an Glanz in der Geschichte versagt geblieben ist.

Barbarossa selbst war ein widersprüchlicher Mann, der Feinsinnigkeit, politische Vernunft und ritterliche Tugenden mit Grausamkeit und Herrschsucht verband. Ein idealer Nährboden für einseitige Verherrlichung und Mißbrauch. Hat Hitler seine apokalyptische Schlacht gegen das sowjetische Volk, die er »Unternehmen Barbarossa« nannte, nicht auch als Kreuzzug der germanischen Rasse – für ihn im rothaarigen Kaiser versinnbildlicht – gegen den slawischen Untermenschen verstanden? Barbarossa jedenfalls kam von dem von ihm geführten Kreuzzug gegen die Ungläubigen nicht zurück, er ertrank im Fluß Saleph. Hitler ließ beim Rußlandfeldzug Millionen Soldaten und Zivilisten sterben, aber immerhin läutete dieser »Kreuzzug« auch seinen endgültigen Untergang ein.

Am dritten Kreuzzug des Mittelalters nahm ein weiterer rothaariger Herrscher teil: Richard II. (wir erlauben uns aus Gründen der historischen Chronologie einen kleinen Sprung in Stephens Aufzählung von B zu R). Richard war einer der Söhne aus der Ehe

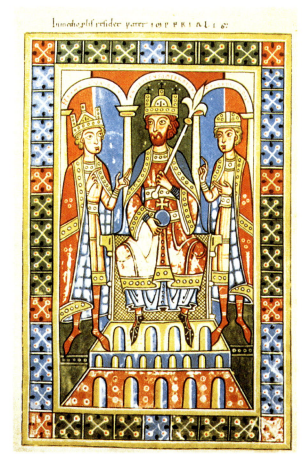

Friedrich I. Barbarossa

der berühmten Eleonore von Aquitanien mit Heinrich II. von England. Er trug den Beinamen Löwenherz und das zu Recht, denn er war ein von Leidenschaften hin- und hergerissener Mensch, dessen hervorragende Charaktereigenschaften von seinem heftigen und maßlosen Wesen oft überdeckt wurden. Er war sozusagen ein echter temperamentvoller Rothaariger, gleichzeitig aber auch ein heiterer und geistvoller Mensch, der, wenn er nicht gerade Kriege führte oder Kreuzzüge organisierte, auch dichtete. In England gilt Richard II. bis heute als Volksheld. Jedes englische Kind kennt die Balladen über ihn und Robin Hood und dessen fröhliche Gefährten aus dem Wald von Sherwood. Obwohl Robin Hood und seine Bande von den Reichen nahmen, um den Armen zu geben – zu ihrem König standen sie in unverbrüchlicher Treue. So kam es zu einer großen Verbrüderung in besagtem Wald, als der als Abt verkleidete Richard erst von den Vogelfreien gefangengenommen und dann als ihr König erkannt wurde. Seltsam übrigens, daß Robin Hood in der Aufzählung von Stephen Douglas nicht auftaucht. Sollte er im Amerika der Tellerwäscher und Millionäre etwa nicht bekannt sein? Denn daß der gerechtigkeitsliebende Räuber Robin Hood auch rothaarig war, steht außer Frage. Jedenfalls las ich das in der *Bunten*. Und paßt er nicht auch wunderbar in das Bild vom für Gerechtigkeit kämpfenden Rebell, das Rothaarigen oft anhaftet?

Ebenfalls nicht aufgeführt bei Stephen ist die erwähnte Mutter Richards II., Eleonore von Aquitanien – aber das wäre vielleicht auch zu viel verlangt an Kenntnis europäischer Geschichte. Der armen Eleonore haftet bis heute der Ruf einer verruchten und lasterhaften Frau an, und es ist deswegen wenig verwunderlich, daß man sie zur Rothaarigen erklärt. Doch wie so oft geben die Quellen für diese Annahme wenig her. Ohne Zweifel überliefert ist lediglich Eleonores außergewöhnliche Schönheit, doch haben die Chronisten keine Einzelheiten beschrieben. Man nimmt deswegen an, daß sie dem damaligen Schönheitsideal entsprach und das hieß: schlank und blond. Doch egal, ob Eleonore nun auch rothaarig war oder nicht, eine beeindruckende Persönlichkeit ihrer Zeit war sie auf jeden Fall. Und es ist wenig verwunderlich, daß man sie, wie alle Frauen, die es zu überraschender geschichtlicher Größe und Einfluß gebracht haben, zur verderblichen Verführerin stilisierte.

Ein Schicksal, das auch Elisabeth I. widerfuhr, obwohl sie zeit ihres Lebens vermutlich Jungfrau blieb. Als der letzte offizielle Bewerber, der erst 22 Jahre alte Franz von Alençon, Bruder des französischen Königs Heinrich III. und Herzog von Anjou, im Jahre 1578 um die Gunst der Königin von England anhielt, war Elisabeth bereits 45 Jahre alt. Aber, wie der französische Gesandte anerkennend feststellte, war sie nie schöner und ansehnlicher gewesen als zu diesem Zeitpunkt. Ihr strahlendweißer Teint, ihr rotblondes Haar und ihre zarten, geschmeidigen Hände waren in ganz Europa Legende, und doch hatte sich Elisabeth bis dato einer Heirat verweigert. Parlament, Staatsrat und Volk waren ob dieser Starrköpfigkeit ganz verzweifelt, denn so würde es nach Elisabeths Tod keinen Thronfolger geben und damit das Land sicherlich wieder dem finsteren Katholizismus anheimfallen. Doch als die Königin sogar Gefallen an dem katholischen Franzosen fand, war es dem Volk wieder nicht recht. Elisabeth beugte sich nicht zum ersten Mal dem populären Willen und wies Anjou schließlich ab. Statt dessen versammelte sie bis ins hohe Alter junge Verehrer um sich, die sie nie wirklich an sich herankommen ließ. Daß Maria Stuart es in Liebesdingen laxer nahm und nicht wie Elisabeth die Staatsräson an die erste Stelle setzte, war wohl der eigentliche Grund für ihre tödliche Fehde. Die Legende will, daß auch die erotisch aktive Maria rote Haare hatte, doch gesichert ist nur, daß die 44jährige bei der Hinrichtung unter der Perücke völlig ergraut war.

Elisabeths Vater, Heinrich VIII., mindestens ebenso rothaarig wie seine Tochter, machte in Eheangelegenheiten weniger Umstände. Die Tatsache, daß es im Königshaus der Tudors so viele Rothaarige gab, soll übrigens zu der englischen Bezeichnung *redhead* für Rothaarige geführt haben. »Rotkopf« ist sozusagen ein Spitzname für das rothaarige Staatsoberhaupt; *the redhaired head of the state* wurde zum *red head*. Heinrich VIII. machte dem *redheadit* – wie man in Schottland zu wütenden Menschen sagt – dem hitzigen, aufbrausenden Rothaarigen, alle Ehre. Wenn ihm eine Frau nicht den gewünschten männlichen Thronfolger bescherte, oder er ihrer auch nur überdrüssig wurde, nahm er sich eine neue – wobei das im 16. Jahrhundert weniger einfach war, als man denkt. Für eine Scheidung oder wahlweise Hinrichtung gab es gesetzlich fixierte Gründe, was für Heinrich aber kein unüberwindliches Hindernis darstellte. Er brachte es bekanntlich auf die stolze Zahl von insgesamt sechs Ehefrauen.

Hans Holbein d. J. *Heinrich VIII.*

Nicholas Hilliard *Elisabeth I.*

Während Elisabeths Regentschaft durchbrachen englische Freibeuter das spanische Monopol im Sklavenhandel. Wie man weiß, waren sie dabei letztlich erfolgreich und verschafften der englischen Krone durch den Menschenhandel neue lukrative Einkommensquellen. Das Schicksal der gequälten Afrikaner besserte sich dadurch aber um keinen Deut. Im Gegenteil. Der Reichtum der Neuen Welt, durch den nach Douglas angeblich auch rothaarigen Kolumbus ein Jahrhundert zuvor entdeckt, erwuchs aus dem Schweiß und Blut Hunderttausender geschundener Sklaven. George Washington, erster Präsident der Vereinigten Staaten und laut Douglas ebenfalls rothaarig, konnte mit der Sklaverei noch prächtig leben. Sein Minister, der spätere dritter Präsident der USA, Thomas Jefferson, hatte damit schon mehr Probleme. Auch Jefferson war rothaarig, und man kann nur spekulieren, ob seine äußerst widersprüchliche Biographie etwas mit dieser Tatsache zu tun hat.

Einem Gerücht zufolge hatte Jefferson nämlich nach dem Tod seiner Frau ein Verhältnis mit einer seiner Sklavinnen und zeugte mehrere Kinder mit ihr. Als ich von dem Gerücht las, war für mich die Sache klar: Der rothaarige Jefferson hatte sich in seine schwarzen Sklaven gut hineinversetzen können, da auch er in seiner Jugend die Erfahrung von Ausgrenzung und Diskriminierung gemacht haben mußte, und hatte sich deswegen mit ihnen, oder zumindest einer von ihnen, verbündet. Heimlich allerdings. Voller Erregung begann ich den Roman von Barbara Chase-Riboud zu lesen, den sie über die schwarze Tochter Jeffersons, Harriet Hemings, geschrieben hat. Die erste Überraschung: Jeffersons schwarze Tochter im Roman ist rothaarig! Eine rothaarige Sklavin! Sie hat nur noch ein Achtel schwarzen Bluts in ihren Adern, denn ihr Großvater und Urgroßvater waren auch bereits weiße Sklavenhalter. Harriet kann deswegen »als weiß durchgehen«, wie das damals hieß. Jefferson setzt sie nicht etwa frei, was ihm auch möglich gewesen wäre, sondern läßt sie an ihrem 21. Geburtstag weglaufen. Sie muß also ihre Herkunft verleugnen, um im Norden eine neue Existenz als Weiße zu beginnen. Mein Bild vom mitfühlenden, mitleidenden Jefferson wird von Barbara Chase-Riboud in ihrem Roman in keiner Weise bestätigt. Er ist ein halsstarriger, herrschsüchtiger, zu keinerlei liebevoller Regung fähiger alter Mann, der seine schwarzen Bastarde als Ballast und minderwertig empfindet. Doch dieser Thomas Jefferson ist natürlich eine Romanfigur, entstanden aus der Feder einer farbigen Amerikanerin, die damit auch die eigene bittere Geschichte aufgeschrieben hat. Möglich, daß aus der Feder eines rothaarigen Autors oder einer Autorin ein ganz anderer Thomas Jefferson entstanden wäre. Welcher Jefferson der Realität näher käme, wäre aber ohnehin nicht mehr festzustellen. Vermutlich ist der rassistische Jefferson realitätsgetreuer, denn von einem weißen Amerikaner im 18. Jahrhundert hätte es mehr als nur Empathie erfordert, sich mit den schwarzen Sklaven solidarisch zu zeigen. Es hätte gesellschaftliche Ächtung, gar Verfolgung bedeutet. Und so ein Rebell war Jefferson sicherlich nicht. So rothaarig und so demokratisch wie er war, letztlich war er eben doch nur ein Großgrundbesitzer.

Jefferson hatte seine »schwarze Venus«, wie man sie schimpfte, übrigens in Paris kennengelernt. Er weilte dort als amerikanischer Botschafter, und die schwarze Sally begleitete seine Tochter Mary als Kindermädchen. Den Sturm auf die Bastille erlebte er noch in Paris mit, dann kehrte er zurück in die USA und sah den blutigen Terror der Jakobiner nur noch von dort. Trotz der Gewaltherrschaft blieb er ein vehementer Verteidiger der Französischen Revolution. Die Aufhebung der Sklaverei in den USA sollte dann übrigens ein Mann vollenden, der auch rothaarig war und damit praktisch zur Rehabilitierung Jeffersons und »der rothaarigen Sache« beitrug. Ulysses S. Grant war General und Befehlshaber der Unions-Armee im amerikanischen Bürgerkrieg, die unter Präsident Lincoln gegen die sklavenhaltenden Südstaaten kämpfte. Später wurde er dann auch Präsident der Vereinigten Staaten. Einer von sechs rothaarigen Präsidenten, die Amerika bisher hatte.

Kurz nach Jeffersons Rückkehr nach Amerika erstach Charlotte Corday am 13. Juli 1793 den Jakobiner Marat in der Badewanne, eine für eine Frau unvorstellbare Tat. Natürlich wird sie in der Legende, die nach ihrer Hinrichtung aufkam, als außergewöhnlich schön – und rothaarig – geschildert. Dabei weiß man trotz vieler überlieferter Porträts nicht wirklich, wie Charlotte Corday aussah. Die meisten dieser Bilder entstanden erst nach ihrem Tod und huldigen eher der Vorstellung, die sich zeitgenössische und spätere Interpreten von einer männermordenden, freiheitsliebenden Jungfrau machten. Je nach politischer Einstellung wurde Corday, über die man trotz intensivster Nachforschungen wenig weiß, von den einen zur Heiligen, einer Art moderner Judith, und von den anderen zum weiblichen Ungeheuer gemacht. Sie ereilte die zweifelhafte Ehre, zur ersten *femme fatale* des 18. Jahrhunderts stilisiert zu werden: mit unter dem Brusttuch verstecktem Messer verschaffte sie sich Zutritt zu dem verhaßten Mann, und während der mächtige Marat selig verwirrt Cordays Sex-Appeal erliegt, ermordet sie den jetzt so Hilflosen hinterrücks. Ein wahrhaft unerhörtes Ereignis, das um 1800 einen regelrechten Corday-Kult in Literatur, Theater und Kunst auslöste. Übrigens: In Douglas' Liste berühmter Rothaariger taucht auch Jean Paul Marat auf. Handelt es sich also beim Meuchelmord an dem Revolutionär durch die schöne Freiheitsliebende genau wie bei Elisabeth I. und der ja angeblich auch rothaarigen Maria Stuart um ein Duell zwischen zwei temperamentvollen, wütenden Rothaarigen? Dann gäbe es vielleicht so etwas wie ein sich neutralisierendes Prinzip in der Geschichte der Rothaarigen.

Doch nicht nur rothaarige historische Figuren listet Stephen Douglas auf, sondern auch eine Reihe von Autoren, die ihnen Leben eingehaucht haben: William Shakespeare, William Blake, Emily Dickinson, D.H. Lawrence, George Bernard Shaw, Mark Twain, James Joyce, Ezra Pound, Sinclair Lewis und Jean Paul Satre. Er vergißt dabei den neben Goethe wichtigsten Dichter der deutschen Klassik: Friedrich Schiller. Ich erlaube mir insoweit eine kleine Ergänzung: »Schiller war von gerader, langer Statur, seine Brust war gewölbt, sein Hals sehr lang. Er hatte etwas Steifes und nicht im mindesten Elegantes in seiner Tournüre. Seine Stirn war breit, die Nase dünn, knorplig, weiß von Farbe, in einem merklich scharfen Winkel vorspringend, sehr gebogen auf Papageienart und sehr spitzig. Die Augenbrauen waren rot, umgebogen, nahe über den tiefliegenden, dunkelgrauen Augen, und inklinierten sich bei der Nasenwurzel nahe zusammen. Der Mund war ebenfalls voll Ausdruck, das Kinn war stark, die Wangen blaß, eher eingefallen als voll und ziemlich mit Sommerflecken besät. Die Augenlider waren meistens inflammiert, das buschige Haupthaar war rot von der dunklen Art.« Diese wenig schmeichelhafte Beschreibung des großen Dichters stammt von seinem Freund Scharffenstein. Schiller war wie viele andere Rothaarige ein rastloser, unermüdlich arbeitender, oft unzufriedener, aber freundlicher Mensch, getrieben von selbstgesteckten Zielen, die ihn Selbstzweifel und Krankheit immer wieder überwinden und Großes schaffen ließen. Friedrich Schiller war ein Rebell, der mit Federkiel und Griffel wider den Stachel seiner Zeit löckte, und wenn man will, kann man darin sicherlich auch eine Folge seines eigenen Andersseins sehen. Inwieweit auch bei den anderen Autoren die roten Haare auf Leben und Werk durchschlugen, wäre sicherlich eine Untersuchung wert.

Doch erst einmal wieder zurück zu Douglas' Liste. Wenn er uns schon Schiller unterschlägt, so ist er dafür umso erschöpfender in Amerikas ureigenster Kulturschöpfung: den Stars der

Anton Graff *Friedrich Schiller*

Hollywood-Filmindustrie. Schauen wir uns also noch ein bißchen unter den rothaarigen Schauspielern um, von denen es nicht sonderlich viele gibt. Das überrascht, wenn man sich vergegenwärtigt, daß in den vierziger Jahren Schauspielerinnen sich extra rot färben ließen, um im Filmgeschäft Erfolg zu haben – und auf diese Weise auch hatten. Man denke nur an den phänomenalen Erfolg von Rita Hayworth. Aber das Geheimnis von Ritas Erfolg ist gerade, daß sie keine echte Rothaarige war. Deswegen konnte man alle Rothaarigen-Klischees in sie hineininterpretieren, ohne daß sie sich dagegen wehrte – wie eine Echte das wohl getan hätte. Die Tragik von Rita war, daß sie als Schwarzhaarige am Rothaarigen-Klischee zugrunde ging. Wie Marilyn Monroe am Blondinen-Klischee. Auch Marilyn hatte von Natur aus eine andere Haarfarbe; sie war brünett.

Rita Hayworth erblickte als Margarita Carmen Dolores Cansino am 17. Oktober 1918 das Licht von New York City – und sie sah aus, wie sie hieß. Das sollte sich ändern, als sie von ihrem geschäftstüchtigen ersten Mann Ed Judson mit der Columbia und derem tyrannischen Boss Harry Cohn, genannt der Schreckliche, verkuppelt wurde. Sie mußte ihren lateinamerikanischen Namen ablegen, und als Dreingabe verschob sie auch gleich noch mit Hilfe von Elektrolyse ihren Haaransatz nach oben. Doch das war nur der Anfang einer fremdbestimmten Inszenierung. Um die begehrte Rolle der Virginia in *The Strawberry Blonde – Die Tizianblonde* zu bekommen, ließ sie sich bald auch noch ihre Haare rot färben. Der endgültige Durchbruch kam 1941 mit dem ersten Farbfilm *Blood and Sand (König der Torreros)*. Sie avancierte zum Sexsymbol Nr. 1, und ihr Pin-up-Bild klebte in jedem Soldatenspind. Denn das Land befand sich im Krieg, und zwischen Rita und dem verunsicherten Amerika entspann sich eine glühende Leidenschaft. So seltsam es klingt, die rot gefärbte Rita Hayworth galt als erste Vertreterin eines natürlichen Aussehens und wurde damit zu einer amerikanischen Institution. Als die Japaner Pearl Harbor bombardierten, erschien sie zum ersten Mal auf dem Titelbild von *Life*. Klatschgeschichten über Rita und Kriegsberichte füllten zu jener Zeit einträglich nebeneinander die Seiten der Presse. Perverser Höhepunkt der Verbindung von rotem Sex und Krieg sollte Ritas Konterfei auf der ersten Atombombe sein, die über dem Bikini-Atoll gezündet wurde.

Und dann kam *Gilda* – das liederliche Weibsstück, eine Schlange in schönster Menschengestalt – und Rita hatte ihr Image für alle Zeiten weg. In dem Film warf sie ihre wundervollen Haare so effektvoll, daß man ihrer Friseuse in Briefen mit dem Fegefeuer drohte. Inzwischen hatte sie bereits ihren zweiten Ehemann Orson Welles hinter sich, es folgten noch drei weitere, alle Ehen waren unglücklich. Und mit jeder gescheiterten Ehe wurden auch ihre Rollenangebote schlechter. Die »nachsichtigste, passivste und unkomplizierteste Schauspielerin« Hollywoods, wie ein Biograph sie beschreibt, wurde fallengelassen, weil sie Gefangene ihres eigenen Sex-Mythos wurde. »Männer verliebten sich in Gilda, aber sie wachten neben mir auf«, kommentierte sie klarsichtig ihr tragisches Liebesleben. Rita war ein Kunstprodukt der Filmindustrie und mußte als solches im wahren Leben scheitern. Bald gab es für die alkoholkranke Schauspielerin nicht mehr viel zu tun. Auf die Frage eines Reporters, was sie denke, wenn sie morgens in den Spiegel sehe und merke, daß sie nicht mehr die Liebesgöttin sei, antwortete sie: »Das Problem habe ich nicht, Honey. Ich stehe nie vor dem Nachmittag auf.« Aber ihre Haare, die blieben rot. Bis an ihr Ende, das in diesem Fall Alzheimer hieß.

Soweit also eine Rothaarige, wie man sie sich vorstellt. Um der Wahrheit die Ehre zu geben, muß allerdings erwähnt werden, daß es zu Stummfilmzeiten tatsächlich einen echt rothaarigen amerikanischen Star gab, der genau das war, was Rita wieder darstellen sollte. Clara Bow (1905–1965) war der erste rothaarige Filmstar überhaupt – auch wenn man davon in den Schwarz-Weiß-Filmen natürlich nichts sah – und der Inbegriff des rothaarigen Stereotyps: sexy, provokativ, skandalös, temperamentvoll. Sie war die Repräsentationsfigur der amerikanischen zwanziger Jahre, des sogenannten *Jazz Age*. Ihren größten Erfolg hatte sie 1927 in dem Film *It!* Sie spielte freche *flappers*, aber auch schon mal ein *good girl*. Clara Bows Erfolg überdauerte jedoch kaum die *Twenties*. Gejagt von Affären und Skandalen und mit den verheerenden psychischen Folgen einer schrecklichen Kindheit kämpfend, erlitt sie mehrere Zusammenbrüche und war ein ständiger Gast in Sanatorien bis ans Ende ihres Lebens. Immerhin heiratete sie nur einmal.

Die Mehrzahl der echt rothaarigen Schauspielerinnen scheint hingegen sehr viel zäher zu sein. Kein Wunder, haben sie doch von Kindesbeinen an gelernt, mit dem Klischee umzugehen und können sich deswegen besser wehren. Und die Rolle eines Sexsymbols hatte interessanterweise keine von ihnen mehr. Eher waren sie eigenwillige, kühle manchmal auch komische Frauen wie zum Beispiel Katharine Hepburn, die sich mit zähem Ehrgeiz, aber ohne Rücksicht auf Zeitgeist und Moden, als Schauspielerin durchsetzte, und das, obwohl die dünne Rothaarige unter Regisseuren als absolut unerotisch und arrogant verschrien war. Damit entsprach sie so gar nicht dem Image der wilden, sexhungrigen Rothaarigen, das – siehe Rita Hayworth – natürlich auch in Hollywood grassierte. Als Harry Cohn Katharine zum ersten Mal begegnete, begrüßte er sie mit den Worten: »Wie ich höre, sind Sie gut in den Federn«. Katharine beschloß, seine Anzüglichkeit zu überhören und einfach weiterzureden, und zwar so lange, bis Cohn schließlich klein beigab. Ihre Weigerung, das Spiel mitzuspielen, hatte für sie aber auch bittere Folgen. Zu gerne hätte sie die Rolle der Scarlett O'Hara in *Vom Winde verweht* bekommen, doch der Produzent Selznick lehnte ab. »Ich kann mir nicht vorstellen, meine Liebe«, rechtfertigte Selznick seine Entscheidung vor der empörten Katharine, »daß Rhett Butler zehn Jahre lang hinter Ihnen her sein würde.«

Lange Zeit schminkte man aus Katharine Hepburn einen sommersprossenfreien Greta-Garbo-Verschnitt, bis sie endlich 1951 in ihrem ersten Farbfilm *African Queen* als alternde Jungfer so ziemlich sie selbst sein durfte: dünn, mit einem roten Schimmer im Haar und leicht sommersprossiger Haut. Sechs Jahrzehnte lang war Katharine Hepburn ein Star, einer der größten überhaupt, und sicherlich eine der stärksten Persönlichkeiten Hollywoods. Sie bekam vier Oscars und neun Nominierungen, eine einmalige Schauspielerbilanz. »Katharina die Große« machte dem Bild einer starrköpfigen, willensstarken und extravaganten Rothaarigen alle Ehre.

Die 1920 geborene Maureen O'Hara kam dem Bild des unbezähmbaren roten Wildfangs schon näher. Man sagte ihr nach, eine irische Hexe mit dem Temperament von zehn Vollblutpferden zu sein. Genau wie Katharine Hepburn bestand sie darauf, ihre Stunts weitestgehend selbst zu machen. Sie war deswegen die Idealbesetzung für feurige, temperamentvolle Westernfrauen, die von starken Männern wie John Wayne geknackt wurden, um ihren weichen, weiblichen Kern zum Vorschein zu bringen. Ihre Filmkarriere begann sie jedoch 1939 mit einer archetypischen Rothaarigen-Rolle als Esmeralda im *Glöckner von Notre Dame*, auch wenn der Film noch in Schwarz-Weiß gedreht wurde.

Die Begeisterung über die Möglichkeiten des Farbfilms haben übrigens zu einem kleinen Boom rothaariger Schauspielerinnen in den 40er und 50er Jahren geführt. Das *Who's Who of the Cinema* ist voll von mehr oder weniger bekannten rothaarigen Schauspielerinnen, die von eifrigen *talent scouts* auf *beauty contests* entdeckt und nach Hollywood geschleppt worden waren.

Eine typische, kämpferische Rothaarige war beispielsweise auch Susan Hayward (1918–1975). Sie kam aus sehr ärmlichen Verhältnissen und war von ihrem Vater früh auf das harte Leben einer Rothaarigen vorbereitet worden. Susan brachte es zu beachtlichem Erfolg, wenngleich sie immer mehr Außenseiter-Figuren, wie eine behinderte Sängerin, eine alkoholkranke Schauspielerin oder eine zum Tode verurteilte Mörderin zu spielen hatte. Auch Susan hatte Probleme mit den Männern in ihrem Leben – liegt es an den roten Haaren, den Rollen oder den typischen Persönlichkeiten, die es überhaupt zu Stars bringen? Die Schottin Deborah Kerr, geboren 1921, hatte wiederum ein ganz anderes Image. Obwohl im wahren Leben eine temperamentvolle Frau, bekam sie im Film bevorzugt die Rollen vornehmer und zurückhaltender Ladies, wurde sozusagen eine Gefangene ihrer vornehm-britischen Herkunft. Womit bewiesen wäre, daß Rothaarige alle Rollen spielen können. Wenn man sie nur läßt.

In späteren Jahren ließ man sie nämlich immer weniger. Man hatte sich an die schönen Technicolor-Farben gewöhnt und konnte deswegen auch wieder der Nichtfarbe Blond ausgiebig huldigen. In den späten fünfziger Jahren kam keine Schauspielerin mehr auf die Idee, sich mit gefärbten roten Haaren den ansonsten versperrten Weg ins Filmgeschäft zu ebnen, wie das noch die 1911 geborene Lucille Ball getan hatte. Wegen ihrer leuchtend rotgefärbten Haare wurde ihr in den Vierzigern sogar der Spitzname »Technicolor Tess« verpaßt. Allerdings kam sie, die ebenfalls auf einem *beauty contest* entdeckt worden war, nie über den Status eines B-Movie-Stars hinaus. Bis sie sich schließlich in den Fünfzigern als rothaarige Komödiantin im Fernsehen mit einer eigenen, äußerst erfolgreichen Show etablierte – wie die Rolle des Clowns überhaupt eine beliebte Variante, um nicht zu sagen, ein möglicher Ausweg für viele rothaarige, insbesondere männliche Schauspieler war und ist – von Danny Kaye bis Woody Allen.

Einen Grund, warum Rothaarige in Filmen nicht mehr so gerne eingesetzt werden, zitiert Stephen Douglas. Rothaarige, so soll ein Produzent zu ihm gesagt haben, ziehen zuviel

Aufmerksamkeit auf sich. Und das lenkt zu sehr von den anderen, zumal den Hauptdarstellern, ab. Mit diesem Problem wurde auch die ebenfalls sehr ehrgeizige Shirley MacLaine konfrontiert, als sie Anfang der fünfziger Jahre als blutjunge Tänzerin in einem Stück am Broadway auftrat. Ihr langes, leuchtend rotes Haar trug sie in einem Pferdeschwanz. Und obwohl sie nur in der zweiten Reihe tanzte, war dieser rote Haarzopf nach Ansicht der Produzenten entschieden zu auffällig. Die Leute würden nur noch das tanzende Mädchen mit den roten Haaren beachten und der Handlung des Stücks keine Aufmerksamkeit mehr schenken. Der rote Pferdeschwanz mußte also ab. Shirley jedoch, ganz eigenwillige Rothaarige, weigerte sich. Da überfielen die Kolleginnen sie vor dem Beginn der nächsten Show und schnitten ihr die Haare einfach ab – eine Geschichte, die Shirley ganz und gar nicht komisch fand.

Zu jugendlichen Zeiten, als man mir schon freundlicher gesonnen war, nannte man mich statt Rotfuchs auch schon mal Irma la Douce. Aber nur wegen der Namensähnlichkeit, vielleicht auch noch wegen des Image, aber auf keinen Fall wegen der roten Haare. Denn obwohl Irma la Douce eine der bekanntesten Hauptrollen Shirley MacLaines war, hatte die berühmte Hure mit dem goldenen Herzen schwarze Haare, dank einer der vielen Perücken, die Shirley im Laufe ihrer Filmkarriere zu tragen bereit war. Shirley ist sozusagen das Gegenteil von Rita Hayworth: sie ist eine echte Rothaarige, aber ihre Sommersprossen und ihre Haare werden oft versteckt, obwohl sie typische Rothaarigen-Rollen spielt: das leichte Mädchen, die Hure mit Herz: durchaus sexy, aber im Gegensatz zu Rita und ganz im Stile der neuen Rothaarigen-Rolle, immer auf die komische Art. Irma ist eine Hure, die errettet wird, die unter ihrer ordinären Schale die Anlage zu einer bürgerlichen Ehefrau trägt. Wie hätte Jack Lemmon eine rothaarige Hure aus der Gosse ziehen können, wo doch allgemein bekannt ist, daß Rothaarige von Geburt an liederlich sind, sich also auch nicht unter der Aufsicht eines liebenden Ehemannes zum Besseren wenden können? Irma la Douce konnte keine roten Haare haben, auch wenn sie von einer Rothaari-

Rita Hayworth einst ...   *... und im Alter*   *Shirley MacLaine*

gen gespielt wurde – Ironie der frühen sechziger Jahre. Das war erst in den Neunzigern wieder möglich, als Julia Roberts in *Pretty Woman* von Richard Gere errettet wird. Auch sie trägt als Hure eine Perücke, diesmal ist es eine blonde. Doch die Frau, die vom Millionär von der Straße geholt wird, hat in Wirklichkeit eine dunkelrote Haarmähne, und mit dieser roten Haarpracht tritt sie auch ins großbürgerliche Leben ihres Märchenprinzen ein. Welch ein Fortschritt, sollte man meinen. Aber es ist mal wieder nur eine unechte Mähne. Wie gehabt, Rita Hayworth läßt grüßen.

Heute fahndet Shirley MacLaine nach ihren verschiedenen Vorleben und hat als den Motor in ihrem jetzigen Dasein die vergebliche Suche nach Anerkennung und Liebe ausgemacht – etwas, das vermutlich alle großen Stars treibt. Sie ist immer noch eine temperamentvolle Entertainerin auf der Bühne, und ihr Haar leuchtet so rot, wie selten zu der Zeit, als sie noch die Sommersprossenkönigin von Hollywood genannt wurde. In ihrem Buch *Tanze, solange du kannst* beschreibt sie die große Mühsal, die es kostete, diese Sommersprossen am ganzen Körper zu überschminken, und als sie eines Tages von Joan Crawford im Studio besucht wurde, entdeckte sie, daß auch diese voller Sommersprossen war und demnach die aufwendige Abdeckprozedur kennen mußte. Den Service eines Körper-Make-ups, wie anstrengend das auch immer gewesen sein mag, hatten Generationen völlig durchschnittlicher rothaariger Frauen natürlich nicht. Schlimmer noch: sie dachten, die makellose Haut der rothaarigen Filmstars sei echt und nur sie hätten mit den lästigen kleinen Punkten zu schaffen.

Selbst rothaarige Schauspielerinnen von heute, wie Isabelle Huppert oder Nicole Kidman, drängeln mit ihren Sommersprossen nicht gerade in den Vordergrund. Allenfalls preist man ihren hellen, durchsichtigen Teint. Nicole Kidman hatte in den Neunzugern mit dem gleichen Problem zu kämpfen, wie sechzig Jahre zuvor Katharine Hepburn. Sie war zu dünn, zu schlaksig und hatte zu viele Sommersprossen. Doch ähnlich willensstark kämpfte sich

Katharine Hepburn   *Esther Schweins*   *Isabelle Huppert*

die Australierin nach oben, und seit dem Film *To die for* ist sie endgültig aus dem Schatten ihres berühmteren Ehemannes Tom Cruise getreten. »Petite freckled Isabelle Huppert«, wie das *Who is Who* die nur 1,53 große französische Schauspielerin zärtlich nennt, ist dagegen eher in den stillen Rollen zu sehen, wie die der Spitzenklöpplerin in dem gleichnamigen Film. Aber sie spielte auch so tragisch-verworfene Gestalten wie Flauberts Madame Bovary in einer Chabrol-Verfilmung. »Mein Typ ist nicht sehr modisch«, stellte sie einmal nüchtern fest, »das liegt an meiner Blässe und den roten Haaren. Meine natürliche Schönheit.«

Während in Filmen aus dem Ausland immer mal wieder rothaarige Frauen, wenn auch zumeist gefärbte, auftauchen, fällt es auf, daß Deutschland keinen rothaarigen weiblichen Star zu bieten hat. Seit Elisabeth Flickenschildt ist eigentlich keine deutschsprachige Rothaarige mehr über Leinwand und Bildschirm geflimmert, sieht man einmal von Senta Berger ab, die von der üppigen Blondine zur ernsthaften Rotbraunen wurde, oder den vielen kleineren Schauspielerinnen in Fernsehfilmen und Serien wie Marianne Rogee oder Rebecca Siemoneit-Barum aus der *Lindenstraße*. Gilt etwa noch heute, was man der Hamburger Kapitänstochter Elisabeth Flickenschildt sagte, als sie sich Anfang der dreißiger Jahre in Berlin der Bühnengenossenschaft vorstellte? »Sie sind kein deutscher Typ«, bekam die rothaarige Frau mit dem ausdrucksvollen, nicht sonderlich schönen Gesicht zu hören. Keine Chance mehr in deutschen Theatern für rothaarige Schauspielerinnen? Aber es sollte anders kommen.

Elisabeth Flickenschildt war wie die vier Jahre später in Amerika geborene Katharine Hepburn eine Einzelgängerin mit Kontaktschwierigkeiten. Während die Amerikanerin ihre roten Haare immer unter einem Handtuch versteckte, trug die deutsche Kollegin ständig ein Kopftuch, von Kindesbeinen an bis ins hohe Alter. Ihren Schwestern, die sie fragten, warum sie denn ihr schönes Haar ständig unter Kopftüchern versteckte, sagte sie: »Ich hab's gern warm um die Ohren.« Vielleicht fand Elisabeth ihre Haare aber gar nicht so schön. Ihre Autobiografie nannte sie *Kind mit roten Haaren*; doch außer der Tatsache,

Otto Sander und Ben Becker

daß sie mit roten Haaren am 16. März 1905 zur Welt kam, hat sie zu dem Thema nichts weiter zu berichten. Offensichtlich versteht sie ihr ganzes Dasein als eine Folge dieser Äußerlichkeit: das Leben einer willensstarken und unabhängigen Frau, die nur für und durch das Drama lebte. Elisabeth Flickenschildt scheint kein Privatleben gehabt zu haben, sie spielte immer eine Rolle. Beschrieben wurde sie als keusch und unnahbar. Eine typische Rothaarige?

Eine rothaarige Schauspielerin, wenn auch eher im Boulevard-Bereich, hat Deutschland inzwischen allerdings doch hervorgebracht: Esther Schweins. Sie avancierte innerhalb kürzester Zeit zu der Rothaarigen überhaupt, dabei ist die Echtheit ihrer beeindruckenden roten Mähne nicht einmal erwiesen. Doch mit ihrem unbestreitbaren Sex-Appeal entspricht sie nun mal genau dem populären Bild, daß man sich von einer Rothaarigen macht. Ihre Entdeckung und Fama als Schöne der Nacht verdankt Esther Schweins denn wohl auch weitestgehend diesen roten Locken, über deren phänomenale Wirkung sie sich oft selbst wundert. »Das neue Sexsymbol des deutschen Fernsehens« (Bild), gar »Miß Dynamit« zu sein, das stimmt mit dem Selbstbild der kühl-kontrollierten Senkrechtstarterin eigentlich gar nicht überein. Sie sieht sich eher als gotische Madonna, als die sie ein Kritiker auch schon mal bezeichnet hat. Das, so sagt sie, sei ihr Lieblingskompliment. So kann das Publikum sich täuschen.

Und Deutschland hat auch noch einen guten, erfolgreichen männlichen Schauspieler mit roten Haaren zu bieten. Otto Sander machte das rote Haar und die Sommersprossen, die er nicht überschminken muß, im deutschen Film und Fernsehen sozusagen salonfähig. Und damit nicht genug. Er bietet auch noch einen rothaarigen Sohn als erfolgreichen Jungschauspieler an – Ben Becker, der interessanterweise nur sein Stiefsohn ist. Otto Sander kann den Ehrgeiz rothaariger Menschen gut verstehen. »Es ist doch klar, daß ein Kind, das wegen seiner roten Haare verspottet wird, irgendwann beschließt, es allen anderen so richtig zu zeigen.«[1] Und weil das bei ihm auch so war, wurde der kleine gehänselte Otto ein großer Schauspieler.

Boris Becker

Vielleicht wurden aus diesem Grunde auch Boris Becker und Matthias Sammer das, was sie sind: erfolgreiche Sportler. Namentlich »Feuerkopf« Sammer wird ein heftiger Ehrgeiz nachgesagt, der ihn bei Kollegen und Fans nicht immer beliebt macht, und ein ungezügeltes Temperament, mit dem er sich in einer Bundesliga-Saison locker zehn gelbe Karten einsammelt. Doch seine angestaute Wut kann eine Mannschaft auch zur Meisterschaft treiben oder zum entscheidenden Tor in der EM '96 in London führen. Die Engländer bestellten ihn gleich zweimal hintereinander zur Doping-Kontrolle. »Die Engländer können wohl nicht glauben, daß Rothaarige nicht gedopt sind«, kommentierte Sammer diese Sonderbehandlung trocken. Denn wenn alles verloren scheint, dann läuft Sammer zu höchster Form auf. Dann versucht er alles zu geben, sich zu wehren, zu kämpfen, so wie Boris Becker beim entscheidenden Matchball. In Stephen Douglas' Enzyklopädie gibt es eine lange, lange Liste amerikanischer rothaariger Sportler, und sie alle mag ein ähnlicher Ehrgeiz und ein vergleichbares Temperament getrieben haben.

Auch rothaarige *Royals* fallen besonders auf, machen dabei aber nicht immer eine gute Figur. Doch auf die Schulden-Herzogin Fergie läßt Stephen nichts kommen. Schließlich ist sie Mitglied bei *Redheads International*, was Stephen mit großem Stolz erfüllt. Ihm ist völlig egal, was die Leute über Fergie reden, es ist ohnehin das übliche Lästern. »Was findet er an ihr?« – diese verwunderte Titelschlagzeile der *Bild*, als der 28jährige Tennisstar Thomas Muster mit der 36jährigen Herzogin anzubandeln begann, kann Stephen natürlich sofort beantworten: Der junge Mann findet die reife Rothaarige mit Sicherheit attraktiv und sexy. Schließlich ist er nicht der erste Mann, der nach Prinz Andrew heftiges Gefallen an der etwas pummeligen Fergie fand. Legendär sind die Fotos, auf denen der Öl-Millionär Johnny Bryan an ihren sommersprossigen Zehen lutscht. Thomas Musters Mutter hat es ebenfalls klar erkannt: »Sie hat ihm den Kopf verdreht, ihn ganz verhext.« Die Klatschpresse sieht in der Liebelei der lebenslustigen Herzogin aber einen gemeinen Hintergedanken: »Gierig auf Muster und seine Millionen«, titelt sie. Da haben wir die Rothaarige par excellence: Sexversessen, geldgierig und hinterhältig. »Nehmen Sie ihr die königlichen Titel. Sie ist ein Schandfleck für den Hof«, verlangte man in London von der Queen. Nun, die Scheidung von Prinz Andrew ist vollzogen, der Ruf der englischen Monarchie aber wohl trotzdem nicht mehr zu retten. Mit oder ohne Fergie.

Fergie

Eine bedeutende Persönlichkeit, die Stephen Douglas in seiner Liste führt, soll nicht unerwähnt bleiben. Es handelt sich um Jesus, Berufsbezeichnung: *Holy man*. Auch Dr. Hepburn hatte seiner Tochter Katharine seinerzeit zur Beruhigung niemand geringeren als den vermeintlich rothaarigen Gottessohn als Vorbild angedient. Seit ich in der Marienkirche zu Anklam in Vorpommern ein sogenanntes Perücken-Kruzifix gesehen habe, dessen Jesusfigur eine dunkelrote Haarperücke trägt, bin ich bereit, sogar das zu glauben. War nicht auch Jesus ein emotionaler Rebell, der gegen das verkrustete Establishment der Priester und Pharisäer aufbegehrte? Irgendwie sind wir Rothaarigen doch alle gleich. Und vielleicht auch ein wenig göttlich. Amen. Ob das auch auf folgende Figuren aus Stephens Liste, die bisher noch nicht erwähnt wurden, zutrifft, lassen wir mal dahingestellt:

Galileo
Henri Matisse
John D. Rockefeller
Judas Ischariot
Katharina die Große
Ludwig I. von Bayern
Malcolm X (????)
Marie Antoinette
Marquis de Sade
Mrs. Karl Marx (!)
Napoleon Bonaparte
Nero
Oliver Cromwell
Otto von Bismarck
Zar Peter der Große
Sir Walter Raleigh
Svetlana Stalin
Tizian
Wladimir Lenin
Wallenstein
Winston Churchill

Hätten Sie's gewußt? Macht nichts. Die Grenze zwischen Wahrheit und Legende ist bei Rothaarigen, zumal historischen, immer recht fließend. War es wirklich ihr Aussehen oder nur ihr Ruf, der sie im Nachhinein erröten ließ? Bei vielen wird man es nie mehr genau herausfinden. Aber letztlich ist es auch egal. Ich glaube, dieses Buch hat gezeigt, daß es die typische Rothaarige, den typischen Rothaarigen nicht gibt, wohl aber einen typischen Rothaarigen-Ruf. Und der war Rothaarigen immer Qual, aber auch Antrieb. Daß sie oft so wurden, wie man es erwartete, wen wundert's? Schämen braucht man sich als rothaariger Mensch deswegen mit Sicherheit nicht. Im Gegenteil. Der Sex-Appeal, die Verruchtheit und die Leidenschaft sind weitestgehend Projektionen, doch Willensstärke, Kämpfergeist, Arbeitswut und rebellisches Temperament sind unbezweifelbar. Weil man nämlich nur mit solchen Eigenschaften als Minderheit bestehen kann.

Auch ich habe deswegen nun meinen Frieden gefunden. Nachdem ich mich so intensiv mit rothaarigen Persönlichkeiten beschäftigt habe, verstehe ich endlich, warum ich immer anders sein mußte – etwas, das auf Dauer recht anstrengend ist. Ich weiß nun: man kann sozusagen als Rebell geboren werden, dann nämlich, wenn man wegen seines angeborenen Aussehens zum Rebellieren gezwungen wird. Und was anderes tun unsere Mitmenschen mit uns, wenn sie sich wahlweise über uns lustig machen oder uns zum Klischee stempeln? Sie zwingen uns zum Widersprechen. Aber ist Widerspruchsgeist nicht eine Eigenschaft, die wir gerade in heutiger Zeit noch viel häufiger bräuchten? Menschen, wie der rothaarige Daniel Goeudevert, der es mit seinem Ehrgeiz erst bis zum Vorstandsvorsitzenden von Ford brachte, nur um dann mit seinem Widerspruchsgeist – »Wer Straßen sät, wird Verkehr ernten« – im Aufsichtsrat der Berliner Verkehrsbetriebe zu landen: Solche Menschen könnten unserer Gesellschaft vielleicht noch einen heilsamen Stoß versetzen. Schade nur, daß Rothaarige eine aussterbende menschliche Variante sind ....

Anmerkungen

1. Kapitel

1 Hans Niedermeier, »Die Rothaarigen in volkskundlicher Sicht«, in: *Bayrisches Jahrbuch für Volkskunde*, 1963, S. 89.
2 Douglas Stephen, *The Redhead Encyclopedia*. Interdata Publishing 1995, S. 205.

2. Kapitel

1 Astrid Lindgren, *Pippi Langstrumpf*, Band 1-3. Hamburg 1986.
2 ebd.
3 ebd.
4 ebd.
5 ebd.
6 Regina Leßner, »Ich freue mich, daß ich geboren bin« – Zum 50. Geburtstag der Kinderbuchheldin Pippi Langstrumpf. WDR 3, 16. November 1994.
7 in: *Lexikon der Kinderliteratur*, Hrsg. v. Klaus Doderer. Weinheim/Basel 1975-1982.
8 Diana Grupp, *Komik und Karneval: Komische Elemente im kinderliterarischen Werk Astrid Lindgrens*. Magisterarbeit am Institut für Jugendbuchforschung. Frankfurt a.M. 1993, S. 15.
9 Maria Führer, »Kinderäußerungen zu Astrid Lindgrens berühmtem Buch, tiefenpsychologisch gedeutet«, in: *Jugendliteratur 1956*, S. 344.
10 Volker Hage in: FAZ vom 14. Mai 1979.
11 Kurt Held, *Die Rote Zora*. Aarau/Frankfurt a. M./Salzburg 1991.
12 ebd.
13 ebd.
14 ebd.
15 Christine Nöstlinger, *Die feuerrote Friedrike*. München 1993.
16 ebd.
17 ebd.
18 Zitate aus: *Lesen in der Schule. Unterrichtsvorschläge für die Primarstufe, Lehrertaschenbuch 1*. München 1991.
19 Christine Nöstlinger in einem Brief an Irmela Hannover vom 5. Februar 1995.
20 Christine Nöstlinger, *Die feuerrote Friedrike*. München 1993.
21 Christine Nöstlinger, *Jokel, Jula und Jericho*. Weinheim 1988.
22 ebd.
23 ebd.
24 Lucy Maud Montgomery, *Anne auf Green Gables*. Bindlach 1986.
25 ebd.
26 ebd.
27 ebd.
28 ebd.
29 ebd.
30 in: *Lexikon der Kinderliteratur*, Hrsg. v. Klaus Doderer. Weinheim/Basel 1975-1982.

3. Kapitel

1 Hans Lehmberg, *Haar und Frisur in der Bildenden Kunst*. Darmstadt, Stuttgart 1983, S. 57.
2 *Der Hexenhammer*, übertragen und eingeleitet von J.W.R. Schmidt. Berlin 1906.

3 ebd.
4 ebd.
5 vgl. Hans Niedermeier, »Die Rothaarigen ...«, S. 83 und Richard van Dülmen, »Imagination des Teuflischen«, in: ders. (Hrsg.), *Hexenwelten – Magie und Imagination*, Frankfurt a. M. 1987.
6 siehe Ulrike Stelzl, *Hexenwelt – Hexendarstellungen in der Kunst um 1900*. Berlin 1983, S. 48.
7 ebd., S. 52.
8 Friederike Müller-Reimerdes, *Der christliche Hexenwahn. Gedanken zum religiösen Freiheitskampf der deutschen Frau (1935)*. Zit. bei: Barbara Schier, *Hexenwahn und Hexenverfolgung – Rezeption und politische Zurichtung eines kulturwissenschaftlichen Themas im Dritten Reich*. Sonderdruck Bayrisches Jahrbuch für Volkskunde 1990, S. 60.
9 Broschüre des Bundes der Adler und Falken, zit. bei: Barabara Schier, *Hexenwahn ...*, S. 60.
10 Hans F.K. Günther, »Wie sah Christus aus?«, in: *Volk und Rasse*, II, 1932, S. 118f.
11 Hans Niedermeier, »Die Rothaarigen ...«, S. 86

4. Kapitel

1 zit. bei: Marie-Luise Könnecker, *Haarproben*. Darmstadt/Neuwied 1983, S. 78.
2 Lilo Aureden, *Schön sein – Schön bleiben*. Gütersloh 1956.
3 ebd.
4 ebd.
5 Edmund Schrümpf, *Lehrbuch der Kosmetik*, 3. neubearbeitete Aufl. Wien, München, Bern 1974.
6 ebd.
7 ebd.
8 Dr. med. Heinz Weyhlredt u. Dr. Phil. nat. Liselotte Enderlein, *Kosmetik heute*, 5. Aufl. 1980.
9 Kurt Pollack, *Knaurs Großes Gesundheitslexikon*. München 1987.
10 ebd.
11 Christel Buscher, *Freundin-Farbberatung*. Niedernhausen/Ts. 1991 und Gisela Watermann u. Franziska Zingel, *Die neue Farbberatung – Der große Ratgeber. Freundin*. Niedernhausen/Ts. 1994.
12 ebd.

5. Kapitel

1 zit. bei: Hans Niedermeier, »Die Rothaarigen in volkskundlicher Sicht« in: *Bayrisches Jahrbuch für Volkskunde*, 1963, S. 94.
2 »Mal erotischer Vulkan, mal kühle Lady – Warum rothaarige Frauen so geheimnisvoll sind«, in: *Quick* vom 17. Oktober 1991.
3 ebd.
4 »Alles rot oder was?«, in: *Prisma, Kölner Stadtanzeiger*, Heft 28/1995.
5 »Rothaarige bevorzugt«, in: *Rhein-Zeitung* vom 17./18. Juni 1995.
6 »Es stimmt: Rothaarige haben ein Geheimnis«, in: *TV neu*, Heft 38/1994.
7 ebd.
8 »Der rote Mythos«, in: *Petra* 11/1989.
9 »Der Stamm des Feuers«, in: *Bunte* vom 12. September 1991.
10 ebd.
11 ebd.
12 E. D. Lawson, »Hair color, personality, and the observer«, in: *Psychological Reports*, 1971 (28), S. 311 bis 322.
13 S. Feinmann u. G.W. Gill, »Sex differences in physical attractiveness preferences«, in: *Journal of Social Psychology* (105), S. 43–52.
14 D. E. Clayson u. M. R. C. Maughan, »Redheads and blonds: Stereotypic images«, in: *Psychological Reports*, 1986 (59), S. 811–816.
15 *Poly-Haarberater. Coloration*. Düsseldorf/Wien 1992.
16 aus der Studie von Dr. Bettina Hannover
17 ebd.

6. Kapitel

1 zit. bei: Marie-Luise Könnecker, *Haarproben*. Darmstadt/Neuwied 1983, S. 80.
2 Hans Bernhard Schiff, *Die Rothaarigen – Die Logik des Widersprüchlichen*. Saarbrücken 1960.
3 ebd.
4 ebd.
5 ebd.
6 ebd.
7 ebd.
8 ebd.
9 Hans Niedermeier, »Die Rothaarigen in volkskundlicher Sicht«, in: *Bayrisches Jahrbuch für Volkskunde*, 1963, S. 98.
10 I. Welpe u. W. Bernhard, »Reifeunterschiede und psychophysische Merkmalsausprägung bei gleichaltrigen pubertierenden Mädchen unterschiedlicher Haarfarbe«, in: *Homo – Zeitschrift für die vergleichende Forschung am Menschen*, 1990, 39(3-4), S. 213–224.
11 Hans Bernhard Schiff, *Die Rothaarigen ...*
12 Ricarda Huch, *Vom Wesen des Menschen*. Prien am Chiemsee, 1922.
13 vgl. Rolf Degen, »Der erste Eindruck trügt oft nicht«, in: *Information Deutscher Psychologen* vom 5. Juni 1996.

8. Kapitel

1 Simone de Beauvoir, *Das andere Geschlecht*. Hamburg 1968, S. 545f.
2 D.E. Clayson u. M.R.C. Maughan, »Redheads and blonds: Stereotypic images«, in: *Psychological Reports*, 1986 (59), S. 816.
3 vgl. Mario Praz, *Liebe, Tod und Teufel – Die schwarze Romantik*. München 1981.
4 Hans Hofstätter, *Symbolismus und die Kunst der Jahrhundertwende*, Köln 1965, S. 178.
5 vgl. Werner Hofmann, *Nana – Mythos und Wirklichkeit*, Köln 1973.
6 vgl. Claudia Balk, *Theatergöttinnen – Inszenierte Weiblichkeit*. Basel/Frankfurt a.M. 1994, S. 63.

9. Kapitel

1 Hans Bernhard Schiff, *Die Rothaarigen – Die Logik des Widersprüchlichen*. Saarbrücken 1960, S. 276.
2 zit. nach: Maria Jedding-Gersterling, *Die Frisur – Eine Kulturgeschichte der Haarmode von der Antike bis zur Gegenwart*. Hamburg 1990, S. 134.
3 zit. nach: Hans Bernhard Schiff, *Die Rothaarigen ...*, S. 277f.
4 Gerfried Ziegelmayer, *Über die Konstitution der Rothaarigen*. München 1958, S. 62.
5 ebd. S. 90.
6 I. Welpe u. W. Bernhard, »Reifeunterschiede und psychophysische Merkmalsausprägung bei gleichaltrigen pubertierenden Mädchen unterschiedlicher Haarfarbe, in: *Homo – Zeitschrift für vergleichende Forschung am Menschen*, 1990, 39 (3-4), S. 213–224.
7 Fritschi et al in: *British Journal of Dermatology*, May 1994, 130 (5), S. 599–603; English u. Armstrong in: *American Journal of Epidemiology*, February 1994, 139 (4), S. 390–401; Weiss, Bertz, Jung in: *Dermatologica* 1991, 183 (2), S. 109–113.

10. Kapitel

1 zit. bei: Marie-Luise Könnecker, *Haarproben*. Darmstadt/Neuwied 1983.
2 Yvan Goll, *Poèmes de Jalousie*, in: *Die Lyrik Bd. 2, Liebesgedichte 1917–1950*. Berlin 1996.
3 zit. nach: *Hart und Zart – Frauenleben 1920–1970*. Berlin 1990, S. 330.
4 Regine Sylvester, »Wenn die Angst sich herauswagt«, in: *Wochenpost* Nr. 51, Dezember 1994.
5 zit. nach: Maria Jedding-Gersterling, *Die Frisur – Eine Kulturgeschichte der Haarmode von der Antike bis zur Gegenwart*. Hamburg 1990, S. 34.

6 Harald Brost, »Farbe – Spiegel der Seele«, in: *Sehnsucht nach Vollkommenheit – Die Sammlung Schwarzkopf in neuem Licht*. Katalog zur Ausstellung im Deutschen Hygiene-Museum Dresden, 1995, S. 69.
7 vgl. Maria Jedding-Gesterling, *Die Frisur* ..., S. 57.
8 Vgl. ebd. S. 79.
9 zit. nach ebd. S. 176.
10 Susanne Meyer-Büser, *Bubikopf und Gretchenzopf – Die Frau der zwanziger Jahre*. Hamburg 1995, S. 51.
11 Ingrid Loschek, *Mode im Zwanzigsten Jahrhundert*. München 1978, S. 86.
12 Kunstkritiker Adolf Dresler 1937, zit. nach: Susanne Meyer-Büser, *Bubikopf* ... S. 65.
13 Poly-Historie. Pressestelle der Henkel KGaA.
14 Hans Niedermeier, »Die Rothaarigen in volkskundlicher Sicht«, in: *Bayrisches Jahrbuch für Volkskunde*, 1963, S. 90.
15 Eberhard Heymann, *Haut, Haar und Kosmetik – eine chemische Wechselwirkung*. Stuttgart 1994.
16 ebd.
17 Harald Brost, »Farbe – Spiegel der Seele« ..., S. 67

11. Kapitel

1 vgl. Naomi Wolf, *Der Mythos Schönheit*. Hamburg 1991.
2 vgl. Bernd Guggenberger, *Einfach schön*. Hamburg 1995.
3 vgl. *Psychologie heute*, April 1985, S. 32ff.
4 Dieter E. Zimmer, »Schönheit, was ist das?«, in: *Zeit-Magazin*, Nr. 2 vom 8. Dezember 1995.
5 K. Rosenkranz, *Ästhetik des Häßlichen*, Darmstadt 1976, S. 40.
6 in: *SZ-Magazin*, Nr. 50 vom 15. Oktober 1995.
7 ebd.
8 in: *People Magazine* vom 16. Mai 1983.
9 in: *Wall Street Journal* vom 11. Oktober 1995.
10 in: *Stern*, Dezember 1985.
11 vgl. Norbert Bolz u. David Bosshart, *Kult-Marketing. Die neuen Götter des Marktes*. Düsseldorf 1995, S. 186.

12. Kapitel

1 Johann Nepomuk Nestroy, *Der Talisman*. Wien 1962, S. 421.
2 ebd., S. 428 u. 507.
3 Jules Renard, *Muttersohn*, München 1989, S. 8.
4 ebd., S. 11.
5 ebd., S. 24.
6 ebd., S. 126.
7 ebd., S. 92.
8 ebd., S. 140.
9 Joseph Roth, *Tarabas*. Berlin/Weimar 1990, S. 123.
10 ebd., S. 125.
11 Jean-Paul Sartre, *Der Ekel*, Reinbek 1949, S. 29.
12 ebd., S. 88.
13 Patrick Süskind, *Das Parfüm*. Zürich 1985, S. 55.
14 ebd., S. 215.
15 ebd., S. 217.
16 Alfred Andersch, *Die Rote*. München 1963, S. 8.
17 ebd., S. 45.
18 Graham Greene, *Die Reise mit meiner Tante*. Wien/Hamburg 1970.
19 Reinhard Jirgl, *Abschied von den Feinden*. München/Wien 1995.

13. Kapitel

1 Hilke Rosenboom, »Ein Mann voller Gegensätze – Otto Sander«, in: Stern TV-Beilage, September 1994.

Verwendete Literatur

Ahrendt-Schulte, Ingrid *Schadenzauber und Konflikte. Sozialgeschichte von Frauen im Spiegel der Hexenprozesse des 16. Jahrhunderts in der Grafschaft Lippe* in: Heide Wunder/Christina Vanja *Wandel der Geschlechterbeziehungen zu Beginn der Neuzeit.* Frankfurt/M. 1991

Andersch, Alfred *Die Rote.* München 1963

Angemessen großartig: Hamburger Theaterleute bringen die Geschichte der NS-Schreckensgestalt Ilse Koch auf die Bühne. Der Spiegel, 11/1995

Arnold, Matthias *Edvard Munch.* Reinbek bei Hamburg 1986

ders. *Henri de Toulouse-Lautrec – Das Theater des Lebens.* Köln 1993

ders. *Toulouse-Lautrec.* Reinbek bei Hamburg 1994

Aschner, Bernhard *Die Konstitution der Frau.* in: *Deutsche Frauenheilkunde*, Bd.4. München 1924

Aureden, Lilo *Schön sein – Schön bleiben.* Gütersloh 1956

Balabanova, Svetlana *»... aber das Schönste an ihr war ihr Haar, es war rot wie Gold« – Haare im Spiegel der Kultur und Wissenschaft.* Ulm 1993

Behringer (Hrsg.), Wolfgang *Hexen und Hexenprozesse in Deutschland.* München 1988

Beise, Arnd *Charlotte Corday – Karriere einer Attentäterin.* Marburg 1992

Bergan, Ronald *Katharine Hepburn – Eine Bildbiographie.* München 1996

Bolz, Norbert/Bosshart, David *Kult-Marketing, Die neuen Götter des Marktes.* Düsseldorf 1995

BUNTE, 12. 9. 91 *Der Stamm des Feuers*

Burschell, Friedrich *Friedrich Schiller.* Reinbek bei Hamburg 1958 (1994)

Cash, Thomas F./Janda, Louis H. *Wie schön darf frau sein?* in: *Psychologie Heute*, April 1985

Chase-Riboud, Barbara *Frei, vogelfrei.* Wien/München 1996

Clayson, D. E. & Klassen, M. L. *Perception of attractiveness by obesity and hair color* in: *Perceptual and Motor Skills*, 1989 (68)

Clayson, D. E. & Maughan, M. R. C. *Redheads and blonds: Stereotypic images* in: *Psychological Reports*, 1986 (59)

Comini, Alessandra *Gustav Klimt - Eros und Ethos.* Salzburg 1975

Courthin, Pierre *Edouard Manet.* Köln 1990

Crocker, J. & Luthanen *Collective self-esteem and in-group bias* in: *Journal of Personality and Social Psychology*, 1990 (58)

Damon, Emma *Lilly Rotschopf.* Hamburg 1996

Degen, Rolf *Der erste Eindruck trügt oft nicht* in: *Information Deutscher Psychologen.* 5. 6. 1996

Doderer, Klaus *Lexikon der Kinderliteratur.* Weinheim/Basel 1975–1982

Douglas, Stephen *The Redhead Encyclopedia.* Interdata Publishing 1995

Drolshagen, Ebba D. *Des Körpers neue Kleider – Die Herstellung weiblicher Schönheit.* Frankfurt/M. 1995

van Dülmen, Richard *Hexenwelten – Magie und Imagination.* Frankfurt/M. 1987

ders. *Imagination des Teuflischen* in: ders. (Hrsg.), *Hexenwelten – Magie und Imagination.* Frankfurt/M. 1987

Elle TopModel, Heft 2/96. *Sybil Buck – Venus mit den roten Haaren*

Ellridge, Arthur *Mucha und der Sieg des Jugendstil.* Paris 1992

Ewers, Hans-Heino (Hrsg.) *Komik im Kinderbuch: Erscheinungsformen des Komischen in der Kinder- und Jugendliteratur.* Weinheim, München 1992

Express, 24. 11. 94 *Das Sex-Geheimnis der Rothaarigen*

FAZ-Magazin, 23.7. 1982 *Die Roten*

Feinman, S. & Gill, G. W. *Sex differences in physical attractiveness preferences* in: *Journal of Social Psychology* (105)

Flickenschildt, Elisabeth *Kind mit roten Haaren – Ein Leben wie ein Traum.* Hamburg 1971

Frank, Herbert *Van Gogh.* Reinbek bei Hamburg 1992

Freedland, Michael *Shirley MacLaine.* Bergisch Gladbach 1990

Führer, Maria *Kinderäußerungen zu Astrid Lindgrens berühmtem Buch, tiefenpsychologisch gedeutet* in: *Jugendliteratur 1956*

Gold, Arthur/Fizdale, Robert *Misia – Muse, Mäzenin, Modell.* Bern/München 1981

Grant, Neil *Rita Hayworth – Mit ihren eigenen Worten.* München 1992

Green, Julien *Moira.* München 1991

Greene, Graham *Die Reise mit meiner Tante*. Wien/Hamburg 1970
Grupp, Diana *Komik und Karneval: Komische Elemente im kinderliterarischen Werk Astrid Lindgrens*. Januar 1993, Magisterarbeit am Institut für Jugendbuchforschung, Frankfurt
Guggenberger, Bernd *Einfach schön*. Hamburg 1995
Günther, Hans F. K. *Wie sah Christus aus?* in: *Volk und Rasse II*, 1932

Hamilton, David L./Toiler, Tina K. *Stereotypes and Stereotyping: An Overview Of The Cognitive Approach*, in: J. F. Davidio/S. L. Gardner (Eds) *Prejudices, Discrimination and Racism*. Orlando 1986
Hanhart, Ernst *Erbpathologie der sog. Entartungszeichen, der allergischen Diathese und der rheumatischen Erkrankungen*. in: Günther Just *Handbuch der Erbbiologie*. Zweiter Band, Berlin 1940
Hart und Zart – Frauenleben 1920–1970. Berlin 1990
Held, Kurt *Die Rote Zora*. Aarau/Frankfurt/M./Salzburg 1991
Heller, Eva *Wie Farben wirken*. Reinbek bei Hamburg 1989
Henderson, Marina *D. G. Rossetti*. London 1973
Der Hexenhammer, übertragen und eingeleitet von J. W. R. Schmidt. Berlin 1906
Heymann, Eberhard *Haut, Haar und Kosmetik – eine chemische Wechselwirkung*. Stuttgart 1994
Hofmann, Werner *Nana – Mythos und Wirklichkeit*. Köln 1973
Huch, Ricarda *Vom Wesen des Menschen*. Prien am Chiemsee 1922
Hurschmann, Rolf *Toilettegeheimnisse antiker Kulturen*. in: *Vollkommenheit*

The Illustrated Who's Who of the Cinema. London 1983

Jackson, Carole *Color me beautiful – Entdecken Sie Ihre natürliche Schönheit durch Ihre Farben*. Bern 1985
Jedding-Gersterling, Maria *Die Frisur – Eine Kulturgeschichte der Haarmode von der Antike bis zur Gegenwart*. Museum für Kunst und Gewerbe, Hamburg 1990
Jeggle, Utz *»Trau keinem Roten«* in: ders., *Der Kopf des Körpers – eine volkskundliche Anatomie*. Weinheim/Berlin 1986
Jentgens, Stephanie *Ein Robin Hood der Kinderwelt. Kurt Helds »Die rote Zora und ihre Bande«* in: Hurrelmann, Bettina (Hrsg.) *Klassiker der Kinder- und Jugendliteratur*. Frankfurt/M. 1995
Jirgl, Reinhard *Abschied von den Feinden*. München/Wien 1995

Fernand Khnopff – Im Lebenstraum gefangen. Ausstellungskatalog Hambuger Kunsthalle, München 1980
Kindlers Lexikon der Malerei, Bd. III, Zürich 1966

Oskar Kokoschka und Alma Mahler – Die Puppe. Epilog einer Passion. Ausstellungskatalog Städtische Galerie im Städel, Frankfurt/M. 1992
Könnecker, Marie-Luise *Haarproben*. Darmstadt/Neuwied 1983
Kuhn, Annette/Pitzen, Marianne (Hrsg.) *Stadt der Frauen – Szenarien aus spätmittelalterlicher Geschichte und zeitgenössischer Kunst*. Frauenmuseum Bonn; Seminar für Geschichte und ihre Didaktik und Politische Bildung, Lehrgebiet Frauengeschichte der Universität Bonn, 1994

Lawson, E. D. *Hair Color, personality, and the observer*. in: *Psychological Reports*, 1971 (28)
Lesen in der Schule, Unterrichtsvorschläge für die Primarstufe, Lehrertaschenbuch 1, München 1991
Levack, Brian P. *Hexenjagd – Die Geschichte der Hexenverfolgungen in Europa*. München 1995
Lindgren, Astrid *Pippi Langstrumpf*. Bd. 1–3, Hamburg 1986
Loschek, Ingrid *Mode im Zwanzigsten Jahrhundert*. München 1978
Lottman Herbert *Colette – eine Biographie*. Wien 1991
Lorenz, Sönke *Himmlers Hexenkartei*. in: Harald Siebenmorgen (Hrsg.) *Hexen und Hexenverfolgung im deutschen Südwesten*. Katalogband, Karlsruhe 1994

Maar, Paul *Neue Punkte für das Sams*. Hamburg 1992
MacLaine, Shirley *Tanze, solange du kannst. Mein Leben*. München 1992
Mahler-Werfel, Alma *Mein Leben*. Frankfurt/M. 1960
Meyer-Büser, Susanne *Bubikopf und Gretchenzopf – Die Frau der Zwanziger Jahre*. Museum für Kunst und Gewerbe Hamburg, Heidelberg 1995
Meyerowitz, Joel *Redheads*. New York 1991
Montgomery, Lucy Maud *Anne auf Green Gables*. Bindlach 1986
Munch und Deutschland. Katalog zur Ausstellung Hamburger Kunsthalle, 1995

Nagera, Humberto *Vincent van Gogh – Psychoanalytische Deutung seines Lebens anhand seiner Briefe*. München/Basel 1973
Nestroy, Johann *Gesammelte Werke*. Wien 1962
Nette, Herbert *Elisabeth I*. Reinbek bei Hamburg 1982
Neumann, Nicolaus/Voss, Jörn *Elisabeth Flickenschildt – »Theater ist Leidenschaft«. Eine Bilddokumentation*. Hamburg 1978
Nicolaisen, Peter *Thomas Jefferson*. Reinbek bei Hamburg 1995
Niedermeier, Hans *Die Rothaarigen in volkskundlicher Sicht*. in: *Bayrisches Jahrbuch für Volkskunde*, 1963
Nölling-Schweers, Claudia *»Hei hopp, was für ein Leben!« Astrid Lindgrens Pippi Langstrumpf*. in: Hurrelmann, Bettina (Hrsg.) *Klassiker der Kinder- und Jugendliteratur*. Frankfurt/M. 1995

Nöstlinger, Christine *Die feuerrote Friederike*. München 1993

Nöstlinger, Christine *Jokel, Jula und Jericho*. Weinheim 1983, 1988

Paris, Rainer »schön braun« – *Warum wir in der Sonne braten oder die soziale Bedeutung der Sonnenbräune*. in: Frankfurter Rundschau, 6. Juli 1985

Paris, Reine-Marie *Camille Claudel*. Frankfurt/M. 1989

Peary, Gerald *Rita Hayworth – Ihre Filme, ihr Leben*. Heyne Filmbibliothek, München 1981

Petra, 11/1989 *Der rote Mythos*

Plutat, Hanna *Das Haar in der bildenden Kunst – Volkskundliche und rechtliche Aspekte*. Magisterarbeit Universität Hamburg 1983

Pohl, Peter, *Jan, mein Freund*. Ravensburg 1989

Pollak, Kurt *Knaurs Großes Gesundheitslexikon*. München 1987

Poly-Haarberater *Coloration*. Düsseldorf/Wien 1992

Praz, Mario *Liebe, Tod und Teufel – Die schwarze Romantik*. München 1981

Prisma, Kölner Stadtanzeiger, Heft 28/95 *Alles rot oder was?*

Pschyrembel – Klinisches Wörterbuch. Berlin/New York 1986 und 1994

Pusch, Luise F. *Berühmte Frauen. Kalender für 1988*, Frankfurt/M. 1987

QUICK, 17. 10. 91 *Mal erotischer Vulkan, mal kühle Lady – Warum rothaarige Frauen so geheimnisvoll sind*

Renard, Jules *Muttersohn. (Poil de Carotte)*. München 1989

Renard, Jules *Rotfuchs*. Baden-Baden 1946

Rhein-Zeitung, 17./18. Juni 1995 *Rothaarige bevorzugt – Der neue Trend im TV*

Ridley, Jasper *Elisabeth I*. Zürich, 1990

Ritter, Robert *Rothaarigkeit als rassehygienisches Problem*, in: *Volk und Rasse*, Bd. 10

Riviere, Anne *Camille Claudel – Die Verbannte*. Frankfurt/M. 1986

Robbins, Tom *Buntspecht*. Reinbek bei Hamburg 1983

Roche Lexikon der Medizin. München/Wien/Baltimore 1984

Rosenboom, Hilke *Ein Mann voller Gegensätze – Otto Sander*. Stern-TV-Beilage, Sept. 1994

Rosenkranz, K. *Ästhetik des Häßlichen*. Darmstadt 1976

Roth, Joseph *Tarabas*. in: *Die Kapuzinergruft*. Berlin/Weimar 1990

Salber, Linde *Lou Andreas-Salomé*. Reinbek bei Hamburg 1990

Sartre, Jean-Paul *Der Ekel*. Reinbek bei Hamburg 1949

Schade, Sigrid *Schadenzauber und die Magie des Körpers*. Worms 1983

Schade, Sigrid *Kunsthexen – Hexenkünste, Hexen in der bildenden Kunst vom 16. bis 20. Jahrhundert*, in: v. Dülmen, a.a.O.

Schatz, Howard *The Rapture of Redheads*.

Schickendanz, Hans-Joachim *Femme fatale – ein Mythos wird entblättert*. Dortmund 1983

Schier, Barbara *Hexenwahn und Hexenverfolgung – Rezeption und politische Zurichtung eines kulturwissenschaftlichen Themas im Dritten Reich*. Sonderdruck Bayrisches Jahrbuch für Volkskunde, 1990

Schiff, Hans B. *Die Rothaarigen – Die Logik des Widersprüchlichen*. Saarbrücken 1960

Schlösser, Hans *Über Menstruation, Wehenschwäche, Nachgeburtsperiode und Haarfarbe und ihre gegenseitigen Beziehungen*. in: Zentralblatt für Gynäkologie, Bd. 50

Schmoll gen. Eisenwerth, J. A. *Rodin und Camille Claudel*. München/New York 1994

Schrümpf, Edmund *Lehrbuch der Kosmetik*. 3. neubearb. Aufl., Wien/München/Bern 1974

Sehnsucht nach Vollkommenheit – Die Sammlung Schwarzkopf in neuem Licht. Katalog zur Ausstellung im Deutschen Hygiene-Museum Dresden, 1995

Siebenmorgen, Harald (Hrsg.) *Hexen und Hexenverfolgung im deutschen Südwesten*. Katalogband. Volkskundliche Veröffentlichungen des Badischen Landesmuseums Karlsruhe Band 2/1, Badisches Landesmuseum Karlsruhe 1994

Siebenmorgen, Harald/Lorenz, Sönke (Hrsg.) *Hexen und Hexenverfolgung ...* a.a.O. Aufsatzband

Simon, Manuel *Heilige, Hexe, Mutter – Der Wandel des Frauenbildes durch die Medizin im 16. Jahrhundert*. Reihe Historische Anthropologie, hrsg. vom Forschungszentrum für Historische Anthropologie der FU Berlin. Berlin 1993

Skinner, Cornelia Otis *Madame Sarah*. Frankfurt/M. 1968

Stein, Gerd *Femme fatale – Vamp – Blaustrumpf. Kulturfiguren und Sozialcharaktere des 19. u. 20. Jahrhunderts*. Frankfurt/M. 1984

Steiner, Reinhard *Egon Schiele – Die Mitternachtsseele des Künstlers*. Köln 1991

Stelzl, Ulrike *Hexenwelt – Hexendarstellungen in der Kunst um 1900*. Berlin 1983

Strempel, Gesine *»Feuerkopf, die Ecke brennt ...« – Rothaarige in Alltag und Literatur*. NDR, 10. Juli 1996

Süskind, Patrick *Das Parfüm*. Zürich 1985

Sylvester, Regine *Wenn die Angst sich herauswagt*, in: Wochenpost Nr. 51, Dezember 1994

SZ-Magazin, Nr. 50, 15. 12. 95, *Sybil Buck*

Thiebaut, Dominique *Botticelli*. Köln 1992

Thiele-Dohrmann, Klaus *Pikant wie ein Engel – Hetären, Kurtisanen, Mätressen*. Hamburg 1995

TV Neu, Heft 38, Sept. 1994 *F.s stimmt: Rothaarige haben ein Geheimnis*

Verwendete Literatur

Weir, S. & Fine-Davis, M. »Dumb blonde« and »temperamental redhead«: The effect of hair color on some attributed personality characteristics of women, in: The Irish Journal of Psychology, 1989 (10)

Welpe, I./Bernhard, W. Reifeunterschiede und psychophysische Merkmalsausprägung bei gleichaltrigen pubertierenden Mädchen unterschiedlicher Haarfarbe. in: HOMO – Zeitschrift für die vergleichende Forschung am Menschen, 1990, 39 (3-4)

Weyhlredt, Heinz/Enderlein, Liselotte Kosmetik heute. 1980

Wies, Ernst W. Kaiser Friedrich Barbarossa – Mythos und Wirklichkeit. Esslingen/München 1990

Wietig, Christina Wer schön sein will, muß leiden, in: Sehnsucht nach Vollkommenheit

Williams, Jay Tizian und seine Zeit, 1488-1576. Amsterdam 1976

Wisselinck, Erika Hexen – warum wir so wenig von ihrer Geschichte erfahren und was davon auch noch falsch ist. München 1986

Witkowski, R./Prokop, O./Ullrich, E. Lexikon der Syndrome und Fehlbildungen. Ursachen, Genetik und Risiken. Berlin/Heidelberg 1995

Wolf, Naomi Der Mythos Schönheit. Reinbek bei Hamburg 1991

Ziegelmayer, Gerfried Über die Konstitution der Rothaarigen. Acta Anthropologica 2. München 1958

Zimmer, Dieter E. Schönheit, was ist das? ZEIT-Magazin, Nr. 2, 8. 12. 95

Zola, Emile Nana. Frankfurt/M./Leipzig 1994

Bildnachweis

S. 11: Suchmaschine Hot Bot im Internet.
S. 15: Optionen im Internet.
S. 17: © Irmela Hannover.
S. 25: *Pippi Langstrumpf*, © Verlag Friedrich Oetinger, Hamburg.
S. 43: Stefan Lochner *Das Weltgericht*, Bildarchiv Preussischer Kulturbesitz.
S. 46: Hans Baldung Grien *Der Hexensabbat*, ARCHIV FÜR KUNST UND GESCHICHTE; BERLIN.
S. 70: *Al Bundy*. © 1997 ELP Communications All Rights Reserved.
S. 81: Howard Schatz *Café au lait*. © Howard Schatz.
S. 83: Joel Meyerowitz Coverfoto *Redheads*. © Joel Meyerowitz.
S. 89: Lucas Cranach *Die Madonna unterm Apfelbaum*, ARCHIV FÜR KUNST UND GESCHICHTE; BERLIN.
S. 89: Sandro Botticelli *Die Geburt der Venus* (Ausschnitt), ARCHIV FÜR KUNST UND GESCHICHTE; BERLIN.
S. 91: Dante Gabriel Rossetti *La Ghirlandata*, ARCHIV FÜR KUNST UND GESCHICHTE; BERLIN. VG Bild-Kunst.
S. 92: John Everett Millais *Ophelia*, ARCHIV FÜR KUNST UND GESCHICHTE; BERLIN.
S. 93: Dante Gabriel Rossetti *La Pia*, ARCHIV FÜR KUNST UND GESCHICHTE; BERLIN.
S. 99: Henri de Toulouse-Lautrec *Marcelle Lender tanzt den Bolero aus Chilperic*, ARCHIV FÜR KUNST UND GESCHICHTE; BERLIN.
S. 100: Henri de Toulouse-Lautrec Plakat *Divan Japonais*, ARCHIV FÜR KUNST UND GESCHICHTE; BERLIN.
S. 101: Henri de Toulouse-Lautrec *A Montrouge – Rosa la Rouge*, ARCHIV FÜR KUNST UND GESCHICHTE; BERLIN.
S. 102: Henri de Toulouse-Lautrec *Carmen la Rosse*, Bildarchiv Preussischer Kulturbesitz.
S. 110: Vincent van Gogh *Selbstbildnis*, ARCHIV FÜR KUNST UND GESCHICHTE; BERLIN.
S. 113: Fernand Khnopff *Die Sphinx*, ARCHIV FÜR KUNST UND GESCHICHTE; BERLIN.
S. 114: Franz von Stuck *Sphinx*, ARCHIV FÜR KUNST UND GESCHICHTE; BERLIN. Franz von Stuck-Nachlaß, Baldham.
S. 116: Gustav Klimt *Nuda Veritas*, ARCHIV FÜR KUNST UND GESCHICHTE; BERLIN.
S. 117: Gustav Klimt *Bewegtes Wasser*, ARCHIV FÜR KUNST UND GESCHICHTE; BERLIN.
S. 118: Gustav Klimt *Beethovenfries* (Ausschnitt *Die feindlichen Gewalten*), ARCHIV FÜR KUNST UND GESCHICHTE; BERLIN.
S. 119: Oskar Kokoschka *Stehender weiblicher Akt, Alma Mahler*, ARCHIV FÜR KUNST UND GESCHICHTE; BERLIN. VG Bild-Kunst.
S. 120: Egon Schiele *Bildnis Wally*, ARCHIV FÜR KUNST UND GESCHICHTE; BERLIN.
S. 122: Edvard Munch *Vampir*, ARCHIV FÜR KUNST UND GESCHICHTE; BERLIN. VG Bild-Kunst.
S. 123: Edvard Munch *Frauenakt mit rotem Haar* (*Die Sünde*), Bildarchiv preussischer Kulturbesitz, VG Bild-Kunst.
S. 124: Edvard Munch *Tanz des Lebens*, ARCHIV FÜR KUNST UND GESCHICHTE; BERLIN. VG Bild-Kunst.
S. 137: © Dr. Gerfried Ziegelmayer *Über die Konstitution der Rothaarigen*, München: Heilkunst Verlag GmbH, 1958.
S. 163: Sybil Buck, pandis media.
S. 181: Buchminiatur *Friedrich I. Barbarossa*, ARCHIV FÜR KUNST UND GESCHICHTE; BERLIN.
S. 183: Hans Holbein d. J. *Heinrich VIII.*, ARCHIV FÜR KUNST UND GESCHICHTE; BERLIN.
S. 183: Nicholas Hilliard *Elisabeth I.*, ARCHIV FÜR KUNST UND GESCHICHTE; BERLIN.
S. 186: Anton Graff *Friedrich Schiller*, ARCHIV FÜR KUNST UND GESCHICHTE; BERLIN.
S. 190: Rita Hayworth, Foto: Ullstein.

S. 190: Rita Hayworth, Foto dpa, Reisfeld.
S. 190: Shirley MacLaine, Foto: Ullstein, Andreas Fabig.
S. 191: Katharine Hepburn, Foto dpa.
S. 191: Esther Schweins, Foto: Ullstein, Siegfried Purschke.
S. 191: Isabelle Huppert, Foto: Ullstein, Inter-Topics GmbH.
S. 192: Otto Sander und Ben Becker, Foto: Ullstein, Arne Weychardt.
S. 193: Boris Becker, Foto: Ullstein, Moenkebild.
S. 194: Sarah, Herzogin von York, Foto: Ullstein, Camera Press Ltd.